cyflwyno **cartrefi** cefn gwlad cymru
introducing **houses** of the welsh countryside

Plasauduon (Carno, Powys)

Garn (Llanychaer, Sir Benfro / Pembrokeshire)

clawr/cover: Llanfair-isaf (Llanfair, Meirionnydd / Meirionethshire) © S4C & Warren Orchard, Fferm Pennant Farm (Pontfadog, Sir Ddinbych / Denbighshire) © S4C & Nigel Hughes, Tŷ-mawr (Castell Caereinion Castle, Sir Fynwy / Montgomeryshire), Fron-deg (Y Rhiw, Penrhyn Llŷn / Llŷn Peninsula)

cyflwyno **cartrefi** cefn gwlad cymru
introducing **houses** of the welsh countryside

Cyflwyniadau gan / Introductions by
RICHARD SUGGETT

Gwerthfawrogiadau gan / Appreciations by
GREG STEVENSON

mewn cydweithrediad â Chomisiwn Brenhinol Henebion Cymru
in association with the Royal Commission on the Ancient and Historical Monuments of Wales

I Peter Smith
For Peter Smith

Argraffiad cyntaf: 2010
Pedwerydd argraffiad: 2017

⑬ Hawlfraint y Goron Comisiwn Brenhinol Henebion Cymru
ar y testun a'r lluniau oni nodir yn wahanol
⑬ Y Lolfa Cyf., 2010

Mae hawlfraint ar gynnwys y llyfr hwn ac mae'n anghyfreithlon i atgynhyrchu unrhyw
ran ohono trwy unrhyw ddull ac at unrhyw bwrpas (ar wahân i adolygu) heb ganiatâd
ysgrifenedig y cyhoeddwyr ymlaen llaw.

Mae'r cyhoeddwr yn cydnabod cefnogaeth ariannol Cyngor Llyfrau Cymru

clawr/cover: Y Lolfa

Rhif Llyfr Rhyngwladol/ISBN: 978 1 84771 276 9

Cyhoeddwyd gan Y Lolfa mewn cydweithrediad â Chomisiwn Brenhinol Henebion Cymru,
ac argraffwyd a rhwymwyd yng Nghymru gan
Y Lolfa Cyf., Talybont, Ceredigion SY24 5HE

First impression: 2010
Fourth impression: 2017

Text and images are Crown Copyright © Royal Commission on the
Ancient and Historical Monuments of Wales, unless otherwise stated
© Y Lolfa Cyf., 2010

The contents of this book are subject to copyright,
and may not be reproduced by any means, mechanical or electronic,
without the prior, written consent of the publishers.

First published in 2010 by Y Lolfa
in association with the Royal Commission

Published by Y Lolfa in association with
The Royal Commission on the Ancient and Historical Monuments of Wales,
printed and bound in Wales

e-bost/email ylolfa@ylolfa.com
gwefan/website www.ylolfa.com
ffôn/phone (01970) 832 304
ffacs/fax 832 782

Cynnwys
Contents

Rhagair gan Gwenda Griffith
Foreword by Gwenda Griffith — **7**

1 Rhagymadrodd
Introduction — **11**

2 Y Tŷ Neuadd
The Medieval Hall — **27**

3 Tai Eryri
The Snowdonian House — **57**

4 Y Tŷ Hir
The Longhouse — **81**

5 Tai'r Ffin
Houses of the Welsh Border — **109**

6 Tuag at y Tŷ Modern
Towards the Modern House — **133**

7 Y Bwthyn
The Cottage — **163**

8 Achub Tai: darn o hunangofiant Peter Smith
Saving Houses: an extract from a memoir by Peter Smith — **193**

Darllen Pellach
Further Reading — **203**

Grisiau yn Nhreowen (Llanwarw, Sir Fynwy)

The great stair at Treowen (Wonastow, Monmouthshire)

Rhagair
Gwelaf Bethau Godidog

Does dim amheuaeth mai llyfr Comisiwn Brenhinol Henebion Cymru, *Houses of the Welsh Countryside*, yw ysbrydoliaeth a sylfaen y gyfres deledu *Cartrefi Cefn Gwlad Cymru*. Mae campwaith Peter Smith, a gyhoeddwyd yn 1975, wedi bod yn gydymaith i mi ar hyd fy nhaith deledol, a thrwy gomisiynau S4C, wedi esgor ar gyfresi megis *04Wal*, *Y Tŷ Cymreig* a'r *Dref Gymreig*. Mae'n fraint cael paratoi rhagair i'r llyfr newydd hwn, fydd yn cyflwyno'r pwnc i genhedlaeth newydd yn ogystal â bod yn gymar parhaol i'n cyfres deledu.

Felly braint o'r mwyaf oedd dychwelyd yng nghwmni Peter Smith i Gastell Caereinion er mwyn ffilmio Tŷ-mawr. Aeth dros ddeng mlynedd ar hugain heibio ers i Peter Smith weld yr adeilad godidog hwn am y tro cyntaf. Bryd hynny, roedd Tŷ-mawr yn adfail truenus ond y tro hwn gwelodd adeilad oedd wedi ei atgyweirio i'w wychder gwreiddiol. Roedd yn eiliad ddwys a wnaeth ddwyn i gof unwaith eto eiriau Howard Carter pan ddarganfu feddrod Tutankhamen, 'I have seen wonderful things'.

Fel Uwch Gynhyrchydd *Cartrefi Cefn Gwlad Cymru*, bûm yn ffodus o'r tîm a fu'n gyfrifol am wireddu'r freuddwyd a throi uchelgais bersonol yn gyfres deledu. Ni fyddai hyn wedi bod yn bosib heb gydweithrediad y Comisiwn Brenhinol a pharodrwydd S4C i gomisiynu'r gyfres.

Bu Dr Greg Stevenson yn rhan allweddol

Foreword
I See Wonderful Things

Houses of the Welsh Countryside, published by the Royal Commission on the Ancient and Historical Monuments of Wales, was undoubtedly the inspiration for the television series *Cartrefi Cefn Gwlad Cymru*. Peter Smith's tour de force published in 1975 has been a constant companion throughout my time as a television producer, and commissions from S4C have enabled me to screen architectural series such as *04Wal*, *Y Tŷ Cymreig* and *Y Dref Gymreig*. I am honoured to provide the foreword to this new book, which is an-up-to date introduction to the subject for a new generation as well as a lasting companion to our landmark series.

It was a great privilege to accompany Peter Smith to Tŷ-mawr, Castle Caereinion. Thirty years and more had passed since Peter Smith first saw this magnificent structure. What he remembered was a building in a sad state of repair – a ramshackle ruin. However, what he saw that day was Glory regained – a superb restoration; an emotional moment, and a reminder once more of Howard Carter's words entering Tutankhamen's tomb, that he saw 'wonderful things'.

As Executive Producer of the television series *Cartrefi Cefn Gwlad Cymru*, I have been fortunate in the team that has made possible the realisation of personal dreams and ambitions. None would have been possible without the cooperation of the Royal

o ddatblygu'r gyfres. Bu'r ddau ohonom ar sawl ymweliad â phencadlys y Comisiwn yn Aberystwyth yn trin a thrafod gyda Richard Suggett beth fyddai cynnwys ein rhaglenni ac yn pori drwy ryfeddodau Cofnod Henebion Cenedlaethol Cymru. Nid gwaith hawdd oedd dewis y tai fyddai'n diffinio ein taith drwy bensaernïaeth frodorol ein gwlad, cymaint oedd y trysordy o enghreifftiau.

Mae fy nyled yn fawr i gyfarwyddwyr y gyfres, Rhodri Davies, Dylan Richards a John Hefin; i'r cynhyrchydd Ffion Jones; i Aled Samuel am ein tywys ar y daith gyda'r fath frwdfrydedd; i'r ymchwilwyr, y timoedd gweinyddu ac ôl-gynhyrchu; i Steve Jones am recordio sain ac i Stephen Kingston am ei waith camera godidog.

Bu'n gyfle i ni i gyd; cyfle i greu cyfres deledu ddiffiniol a oedd yn ddilyniant i lyfr arloesol, a chyfle hefyd i ddefnyddio technegau cyfoes cyfrifiadurol i ddarlunio a dadansoddi pensaernïaeth gwahanol gyfnodau yn ein hanes. Yn hyn o beth, mae diolch yn ddyledus i Susan Fielding o Gangen Arolygu y Comisiwn ac i'r artistiaid graffeg o gwmni See3D am eu hymdrechion i atgyfodi'n ddigidol gynlluniau gwreiddiol yr henebion dan sylw. Rhyfeddod yw gwylio canrifoedd o esblygiad, olion cywiro, ffasiwn, atgyweirio, a hynny i gyd o fewn cwmpas un gyfres deledu.

Mor wahanol i 1975 pan oedd yn rhaid dibynnu ar ysgrifbin ac inc i ddehongli patrymau adeiladau rhanbarthol. Cofiaf imi dreulio oriau yn rhyfeddu at fanylder y mapiau, mapiau oedd, am y tro cyntaf, yn dangos yn glir yr amrywiaeth yng nghymeriad rhanbarthol pensaernïaeth Cymru. Rhydd y gyfrol

Commission and S4C's enlightened commission.

Dr Greg Stevenson played a key role in the development of the series and we both spent many fascinating hours at the Commission's headquarters in Aberystwyth discussing with Richard Suggett the content of our six-hour project and looking through the treasures of the National Monuments Record. Selecting the houses that would define our nation's vernacular architecture was not an easy task as the range of possible inclusions was enticingly vast.

I am indebted to the series directors, Rhodri Davies, Dylan Richards and John Hefin; to the producer Ffion Jones; to Aled Samuel for taking us on the journey with such enthusiasm; to the researchers, the administrative and post-production teams; to Steve Jones for recording sound and to Stephen Kingston for his stunning camerawork.

Our labours proved to be an opportunity for us all – an opportunity to create a television series that evolved from a pioneering book, and also an opportunity to utilise state-of-the-art digital technology to illustrate various periods of our heritage. In this respect thanks is due to Susan Fielding of the Royal Commission and the graphics artists of See3D for their efforts to digitally recreate the original forms and development of the selected houses – images from their computer-generated animations are featured in this book. To witness the centuries of change due to fashion, neglect or restoration in a few hours of screen time was a revelation.

How different from 1975 when one was more or less dependent on pen and ink to convey the distinctive regional patterns of houses. I well

Gwenda Griffith, Uwch Gynhyrchydd/Executive Producer; Stephen Jones, Sain/Sound Recordist; Stephen Kingston, Camera/Cameraman; Rhodri Davies, Cyfarwyddwr/Director
© S4C & Warren Orchard

newydd hon, ynghyd â'r gyfres deledu, gyfle i wyntyllu'r wybodaeth yma o'r newydd, a dangos yn deledol y cyfoeth sy'n bodoli. Fy ngobaith yw y bydd y cyfanwaith yn cymell cynulleidfa i ddarganfod mwy am eu hetifeddiaeth bensaerniol ac am eu cartrefi eu hunain.

Bu S4C yn ddoeth yn rhoi awr i bob rhaglen er sicrhau y sylwedd angenrheidiol i'r fath bwnc gweledol pwysig. Gwerthfawrogaf hynny'n fawr gan fod y Cymry wedi sylweddoli i raddau helaeth fod gan y Ddraig ddau dafod, ond cyndyn o hyd yw'r sylweddoliad fod ganddi ddau lygad – a'r rheini'n rhai mawr, hyfryd, pellweledol!

Megis Peter Smith yng Nghastell Caereinion, cefais innau y fraint anferthol o grwydro Cymru a chael dweud fel yntau … 'fe welais bethau godidog'. Am hynny, pleser yw cyflwyno'r llyfr hwn i Peter Smith, yn y gobaith y bydd y gyfres a'r gyfrol yn deilwng o'i etifeddiaeth.

Gwenda Griffith
Fflic (rhan o Grŵp Boomerang+)

remember spending hours scanning, somewhat in awe, the amazing details of the maps in *Houses of the Welsh Countryside* – maps that for the first time gave credence to the rich diversity of this land's architecture. This new book and the S4C series, in partnership with contemporary scholarship, provide a unique opportunity to visualise this most important subject anew. My sincere hope is that the book and series will stimulate many people to revisit both the rich inheritance of Welsh historic buildings and their own homes.

S4C's decision to designate one hour for each of the six programmes was wise as it ensured a depth of critical analysis of part of a richly visual subject. I appreciated that decision very much since Welsh people on the whole have realised that the Dragon has two tongues but have been somewhat reluctant to accept that it also has two eyes – big, beautiful and far-seeing eyes!

Like Peter Smith in Castle Caereinion, I too have had the privilege of discovering the richness of Wales and I too can say that I saw 'wonderful things'. It is an honour to dedicate this book to Peter Smith, in the hope that the series and the book together will be worthy of his inheritance.

Gwenda Griffith
Fflic (part of the Boomerang+ Group)

Brynyrodyn (Cwm Cynfal, Sir Feirionnydd): manylyn o ddrws y croes-gyntedd

Brynyrodyn (Cwm Cynfal, Meirionethshire): detail of the cross-passage doorway

1 Rhagymadrodd
Introduction

Diben y llyfr hwn yw mawrygu camp cyfrol Peter Smith, *Houses of the Welsh Countryside*, a'r dylanwad mawr a gafodd ers ei chyhoeddi ym 1975 ar ein dealltwriaeth a'n gwerthfawrogiad o bensaernïaeth draddodiadol Cymru. Bwriedir iddo ddiweddaru'r ymdriniaeth â'r themâu a ddatblygwyd yn *Houses of the Welsh Countryside* a chyd-fynd hefyd â'r gyfres deledu *Cartrefi Cefn Gwlad Cymru* wedi i honno gyflwyno'r themâu hynny i gynulleidfa ehangach. Rhywbeth sy'n perthyn i'r ugeinfed ganrif, yn bendant iawn, yw sylweddoli gwir arwyddocâd adeiladau traddodiadol. Am ran helaeth o'r bedwaredd ganrif ar bymtheg a dechrau'r ugeinfed ganrif roedd adeiladau traddodiadol yn cael eu parchu gan hynafiaethwyr a haneswyr lleol am eu diddordeb hanesyddol ac roeddent yn cael eu hedmygu gan artistiaid a ffotograffwyr oherwydd eu hapêl i'r llygad. Er i adeiladau pwysig gyfrannu at ymwybyddiaeth cymunedau o le, yn aml iawn doedd fawr neb yn gwybod amdanynt y tu hwnt i'w bro. Nid oeddynt yn cael eu gwerthfawrogi'n ddigonol, a chollwyd llu ohonynt cyn gweld sefydlu'r drefn bresennol o ddiogelu trwy restru adeiladau hanesyddol.

This book celebrates the achievement of Peter Smith's *Houses of the Welsh Countryside*, which has had a profound influence on the understanding and appreciation of traditional architecture in Wales since publication in 1975. It is intended as both an updated introduction to the themes developed in *Houses of the Welsh Countryside* and as a companion to the television series, *Cartrefi Cefn Gwlad Cymru*, which has presented these themes to a wider audience. The widespread appreciation of traditional buildings belongs very much to the twentieth century. For much of the nineteenth and early twentieth centuries traditional buildings were valued for their historic interest by antiquarians and local historians, and admired for their picturesque qualities by artists and photographers. They contributed to the sense of place in a community, but significant buildings were often barely known outside their immediate localities. They were under-appreciated, and there were many losses before the protection of historic buildings was established through listing.

The regional study of vernacular buildings belongs to the post-War period. In 1975 two outstanding overviews of vernacular architecture

Gwaith sy'n perthyn i'r cyfnod wedi'r Ail Ryfel Byd yw'r astudio ar adeiladau brodorol yn ôl eu rhanbarth. Ym 1975 cyhoeddwyd dau orolwg nodedig o bensaernïaeth frodorol gan Gomisiynau Brenhinol Henebion Cymru a Lloegr, sef *Houses of the Welsh Countryside* gan Peter Smith ac *English Vernacular Architecture* gan Eric Mercer. Yr oedd y ddau lyfr yn wahanol iawn eu dull i *inventories* y Comisiynau o'r siroedd ac yn gyfuniadau cywrain o ymchwil ymarferol a myfyrdod aeddfed. Eu bwriad oedd ceisio cynnig darlun cenedlaethol o gronoleg, dosbarthiad ac arwyddocâd gwahanol fathau o adeiladau traddodiadol. Er bod y ddwy gyfrol yn anelu at roi trefn ar gorff sylweddol o wybodaeth, yr oedd agwedd y naill at y pwnc yn wahanol i'r llall. Lle mabwysiadodd Mercer ddull esblygiadol, gan ddadlau i bensaernïaeth tai weld cyfnodau o ddatblygiad nad oedd yn amrywio rhyw lawer o le i le, gwelai Smith ddatblygiadau pensaernïol newydd yn lledu ar draws Cymru a mathau rhanbarthol-benodol yn datblygu.

I ddeall *Houses of the Welsh Countryside*, cyfrol sy'n gyfuniad o'r personol a'r swyddogol ar yr un pryd, bydd angen i ni wybod rhywbeth am ei hawdur. Ym 1949 yr ymunodd Peter Smith â'r Comisiwn Brenhinol. Yn Tyneside y cafodd ei eni, ym 1926, blwyddyn y streic fawr, ond gan iddo dreulio hafau cyn y Rhyfel yn Abermo o dan yr hen system o 'hanner-bwrdd' yr oedd Peter yn gyfarwydd â gogledd Cymru ac wedi ymserchu yn y wlad ac yn y Gymraeg. Fe gafodd ei gyfweld am swydd ymchwilydd iau yn y Comisiwn gan Syr Cyril Fox,

were published by the English and Welsh Royal Commissions on Ancient Monuments: *English Vernacular Architecture* by Eric Mercer and *Houses of the Welsh Countryside* by Peter Smith. Both were departures from the Royal Commissions' style of county inventories, and both were exhilarating combinations of first-hand research and mature reflection, attempting to provide a national picture of the chronology, distribution and significance of different types of traditional buildings. The books were very different in their attempts to make sense of an enormous amount of information. Mercer adopted an evolutionary approach, broadly arguing that domestic architecture passed through various stages of development irrespective of location; Smith's approach was diffusionist and localist, tracing the spread of architectural innovation across the face of Wales and the development of regionally distinctive types.

To understand *Houses of the Welsh Countryside*, which is at once a personal and an official publication, we need to know something about its author. Peter Smith joined the Royal Commission in 1949 as a junior investigator. Peter had been born in Tyneside in 1926, the year of the general strike. However, Peter knew and loved north Wales, spending pre-War summers in Barmouth under the old system of 'half board', and was to begin a life-long engagement with Wales and the Welsh language. He was interviewed for the post at the Commission by Sir Cyril Fox, director of the National Museum of Wales, who had

Peter Smith gan Dylan Roberts, 1991
Peter Smith by Dylan Roberts, 1991

Yr argraffiad cyntaf o *Houses of the Welsh Countryside* (1975)
The first edition of *Houses of the Welsh Countryside* (1975)

Yr ail argraffiad – argraffiad helaethach – o *Houses of the Welsh Countryside* (1988)
The second, enlarged edition of *Houses of the Welsh Countryside* (1988)

cyfarwyddwr Amgueddfa Genedlaethol Cymru a gŵr a fu â rhan allweddol mewn sefydlu Amgueddfa Werin Cymru yn Sain Ffagan i ailgodi ac astudio adeiladau traddodiadol Cymru. Er i Peter ddod i'r cyfweliad â phortffolio o luniau o bensaernïaeth fawr, holodd Syr Cyril a fyddai ganddo ddiddordeb mewn arolygu ffermdai hanesyddol. Cwestiwn tyngedfennol. Bu Syr Cyril yn gweithio ar arolwg o dai yng nghefn gwlad Sir Fynwy gydag Arglwydd Rhaglan (Llywydd yr Amgueddfa Genedlaethol yn ddiweddarach) ac fe arweiniodd eu gwaith, a gyhoeddwyd mewn tair cyfrol o 1951 ymlaen, at

been instrumental in establishing the Welsh Folk Museum at St. Fagans for the re-erection and study of traditional Welsh buildings. Peter had brought to the interview a portfolio of drawings of grand architecture, but Sir Cyril enquired if Peter would be interested in surveying historic farmhouses. The question was prophetic. Sir Cyril had been working on a survey of houses in rural Monmouthshire with Lord Raglan (later President of the National Museum), and their work, published in three volumes from 1951, in effect established the study of vernacular architecture as a new branch of

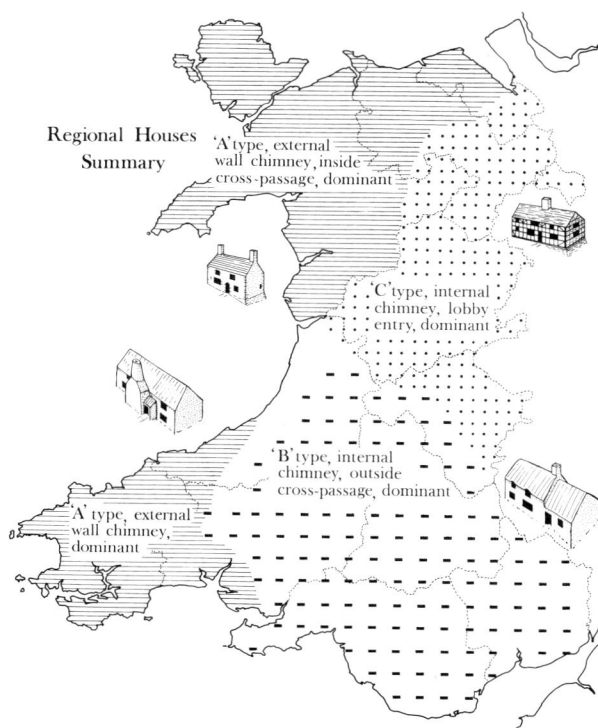

Dosbarthiad mathau rhanbarthol o dai yng Nghymru, *Houses of the Welsh Countryside*, Map 26a

The distribution of regional house types in Wales, *Houses of the Welsh Countryside*, Map 26a

sefydlu astudio pensaernïaeth frodorol yn gangen newydd o fyd archaeoleg. Dyna fyddai maes Peter weddill ei yrfa.

Ymhen rhai misoedd, ac wedi iddo ymgymhwyso'n Gydymaith i Sefydliad Brenhinol Pensaernïaeth Prydain, yr oedd Peter yn rhan o dîm bach a oedd wrthi'n arolygu adeiladau

archaeology, which Peter was to pursue for the rest of his career.

Several months later Peter (having qualified as an Associate of the Royal Institute of British Architecture) was part of a small team surveying historic buildings in Caernarfonshire for the Royal Commission's county *Inventory*. Every farmhouse dating from before the Industrial Revolution was visited. These were halcyon days. "I shall never forget," recalled Peter, "my first bright and frosty winter in Snowdonia, raising my eyes to the blue snow-flecked peaks that formed our western horizon, as we walked from farmstead to farmstead talking our way in, and (often with greater difficulty) talking our way out again."

It was there that Peter encountered the Snowdonian house, drew many plans, and first attempted a reconstruction drawing. As survey work ended in Caernarfonshire, the survey of Glamorgan began. There was a disconcerting contrast between the domestic architecture of the two counties. In Glamorgan there were surprisingly few medieval houses, and houses of the familiar Snowdonian plan-type were perplexingly absent. Instead there were abundant post-medieval houses of different type, many having dressed-stone doorways and windows, details which were largely absent in Caernarfonshire.

The contrast in regional styles was thought-provoking and Peter was able to explore it in a systematic way. In 1963 he was promoted to the new post of threatened buildings investigator for Wales. As domestic buildings were considered the

hanesyddol yn Sir Gaernarfon ar gyfer *Inventory* y Comisiwn Brenhinol o'r sir. Ymwelwyd â phob ffermdy a godwyd cyn y Chwyldro Diwydiannol. Dyddiau dedwydd oedd y rheiny. "Anghofia i byth," medd Peter, "fy ngaeaf braf a rhewllyd cyntaf yn Eryri a chodi fy llygaid i'r copaon glas tua'r gorllewin, yn frith o eira, a ninnau'n cerdded o fferm i fferm gan lwyddo i dynnu sgwrs a chael mynediad i'r tai ac i ddod oddi yno hefyd (peth anoddach, yn aml)."

Yno y daeth Peter ar draws y tŷ a godwyd yn null Eryri. Creodd lu o gynlluniau o'r tŷ a rhoi ei gynnig cyntaf ar ei adluniad. Wrth i'r gwaith arolygu hwnnw yn Sir Gaernarfon ddod i ben, dechreuodd yr arolygu ym Morgannwg. Yr oedd pensaernïaeth adeiladau domestig y ddwy sir yn syndod o wahanol. Prin oedd y tai canoloesol ym Morgannwg ac yr oedd absenoldeb y math o dai a geid mor gyffredin yn Eryri yn peri dryswch. Yn hytrach, roedd yno lu o dai ôl-ganoloesol o fath gwahanol, a llawer ohonynt â cherrig nadd o amgylch y drysau a'r ffenestri – manylion na cheid mohonynt bron o gwbl yn Sir Gaernarfon.

Achosodd y gwrthgyferbyniad yn yr arddulliau rhanbarthol gryn grafu pen ac aeth Peter ati'n drefnus i ymchwilio iddo. Ym 1963 fe'i dyrchafwyd i swydd newydd, sef ymchwilydd i adeiladau dan fygythiad yng Nghymru. A chan y credid mai adeiladau domestig oedd y dosbarth o adeiladau a oedd fwyaf dan fygythiad yng Nghymru wedi'r rhyfel, cynghorwyd Peter i ganolbwyntio ar gofnodi'r rheiny. Bu'r swydd yn fodd iddo gofnodi

most threatened class of buildings in post-war Wales, Peter was advised to concentrate on recording them. The post allowed him to record vernacular buildings throughout Wales for the new National Monuments Record for Wales.

Peter was aware of some of the major regional architectural contrasts in Wales, and Iorwerth Peate's *The Welsh House* (1940) provided many insights into regional building styles and techniques. Peter began to address some perplexing questions. For example, longhouses were thought to be a common if not national housetype, but why (as Peter knew first-hand) were there no examples in Gwynedd? Crucks were common in Gwynedd but why were there so few examples in Glamorgan and Pembrokeshire? Why was the surviving domestic architecture richer and earlier on the eastern side of Wales than on the western side?

Peter began to compile card indexes of significant architectural features and started to map their distributions. The results were at the same time both revealing and challenging. As Peter's reflections on these problems matured, he was invited to prepare the Commission's volume in celebration of Architectural Heritage Year in 1975. The felicitously titled *Houses of the Welsh Countryside* was the result.

The arrangement of *HWC* (as Smith's book became affectionately known) was novel. The sub-title, 'a study in historical geography', drew attention to the heart of the book – a series of fifty maps that plotted the geographical distribution of distinctive architectural features. Some of these maps have

Peter Smith a Cecil Vaughan Owen wrthi'n cofnodi Tŷ-mawr (Castell Caereinion) ym 1971

Peter Smith and Cecil Vaughan Owen recording Tŷ-mawr (Castle Caereinion) in 1971

adeiladau brodorol ledled Cymru ar gyfer sefydliad newydd, sef Cofnod Henebion Cenedlaethol Cymru.

Yr oedd Peter yn ymwybodol o rai o'r cyferbyniadau pensaernïol rhanbarthol mwyaf yng Nghymru, ac yn *The Welsh House* (1940) gan Iorwerth Peate treiddiodd ymhellach i arddulliau a thechnegau adeiladu rhanbarthol. Dechreuodd Peter ystyried rhai cwestiynau dyrys. Er enghraifft, credwyd bod y tai hirion yn fath cyffredin, os nad cenedlaethol, o dŷ, ond pam (fel y gwyddai Peter o brofiad) na cheid enghreifftiau ohono yng Ngwynedd? Roedd nenffyrch yn gyffredin yng Ngwynedd, ond pam yr oedd cyn lleied ohonynt i'w cael yn siroedd Morgannwg a Phenfro? Pam yr oedd y bensaernïaeth ddomestig a oedd wedi goroesi yn gyfoethocach ac yn gynharach yn y dwyrain nag yr oedd yn y gorllewin?

Dechreuodd Peter lunio mynegeion ar gardiau o nodweddion pensaernïol arwyddocaol, ac o amlinellu'r ffordd y'u dosbarthwyd cafodd ganlyniadau dadlennol a heriol. Wrth iddo fyfyrio mwy a mwy ynglŷn â'r problemau hynny, fe'i gwahoddwyd i lunio cyfrol y Comisiwn i ddathlu'r Flwyddyn Treftadaeth Bensaernïol ym 1975. *Houses of the Welsh Countryside* oedd ffrwyth y gwaith hwnnw.

Roedd patrwm newydd sbon i *HWC* (byrfodd poblogaidd llyfr Smith). Tynnai'r is-deitl, 'a study in historical geography', sylw at galon y llyfr, sef cyfres o hanner cant o fapiau a ddangosai ddosbarthiad daearyddol nodweddion pensaernïol

become classics, showing for example the contrasts between building in stone and building in timber, and the regional concentrations of different house types. The consolidated list of sites on which the maps were based was arranged by historic counties, and extended to an astonishing thirty-six double-columned pages: this has proved an indispensible reference point for those working on historic houses. The map-based approach was decisively influenced by Sir Cyril Fox's *The Personality of Britain* (1932). Fox had claimed that the whole of Wales belonged archaeologically to the 'highland zone' of Britain, yet Smith now showed that the 'architectural personality' of Wales was far from uniform, with complex regional distributions of different features.

Peter Smith concluded from maps of date inscriptions that architectural innovation generally spread from east to west, and he employed an amusing railway metaphor to make the point. Numerous maps plotted the medieval Welsh tradition of high-quality carpentry: the distribution of full cruck-trusses showed at a glance the extraordinary number of surviving medieval houses in Wales and their uneven distribution. Smith also demonstrated that medieval hallhouses had an essentially uniform plan, and that they were succeeded by a diversity of regional house types. The timing of the transition from open hall to storeyed house, and the reasons for the diversity of planning of post-medieval houses, are still matters of intense interest.

arbennig. Mae rhai o'r mapiau hyn bellach yn glasuron ac yn dangos, er enghraifft, y cyferbyniadau rhwng adeiladu â cherrig ac adeiladu â choed, a chrynodiadau rhanbarthol gwahanol fathau o dai. Yr oedd y rhestr gyfun o safleoedd – y seiliwyd y mapiau arni – wedi'i threfnu fesul sir hanesyddol, a llenwai'r colofnau dwbl gynifer ag un ar bymtheg ar hugain o dudalennau: mae'n bwynt cyfeirio cwbl angenrheidiol i'r rhai sy'n gweithio ar dai hanesyddol. Daeth *The Personality of Britain* (1932) gan Syr Cyril Fox yn ddylanwad pendant ar y ffordd y defnyddir mapiau. Er i Fox honni bod Cymru gyfan yn perthyn, yn archaeolegol, i 'barth ucheldiroedd' Prydain, dangosodd Smith yn awr fod 'personoliaeth bensaernïol' Cymru ymhell o fod yn unffurf a bod dosbarthiad rhanbarthol y gwahanol nodweddion yn gymhleth.

Ar sail y mapiau o gerrig dyddio, daeth Peter Smith i'r casgliad i ddatblygiadau newydd ym myd pensaernïaeth ymledu, gan amlaf, o'r dwyrain i'r gorllewin. Defnyddiodd fetaffor trawiadol o fyd y rheilffyrdd i gyfleu'r pwynt hwnnw. Dangosai'r mapiau niferus ddosbarthiad daearyddol gwaith graenus seiri coed Cymru'r Oesoedd Canol: yr oedd dosbarthiad y nenffyrch llawn yn dangos yn syth gynifer o dai canoloesol yng Nghymru a oedd wedi goroesi, a'u dosbarthiad anwastad. Dangosodd Smith hefyd fod cynllun unffurf, gan mwyaf, i dai neuadd canoloesol, ac i'r tai hynny gael eu dilyn gan amrywiaeth o fathau rhanbarthol. Materion sy'n dal i gyffroi diddordeb aruthrol heddiw yw amseriad y newid o'r neuadd agored i'r tŷ â dau neu

Smith illustrated the different house types with numerous plans and explanatory cutaway drawings – models for future work in this field. *Houses of the Welsh Countryside* is a very visual book. The illustrations can be 'read' independently of the text of the book and are arranged in a historical sequence. 'One drawing is worth a thousand words' was Peter's own version of a well-known Chinese proverb. Architectural history usually depended on wordy site descriptions. Peter insisted on preparing reconstructed plans and perspective cutaway drawings that showed almost at a glance a building's form and detail. His influential essay on 'Rural Housing in Wales, 1500–1640', in *The Agrarian History of England and Wales, Vol. IV* (1967) encouraged Peter and his illustrators to prepare many drawings that are now classics of their kind.

HWC was – and is – like a voyage of discovery. It became possible to write because of the rapid accumulation of survey information catalogued in the National Monuments Record for Wales, the Royal Commission's public archive. It now seems astonishing that such outstanding sites as Tŷ-mawr (Castle Caereinion, Montgomeryshire) or Bryndraenog (Bugeildy, Radnorshire), and numerous other significant buildings, were identified and put into an architectural context for the first time by Peter Smith and his colleagues. These were by and large houses without an available documented history. Smith showed that buildings were primary sources in their own right, expressing differences in status and phases of prosperity from

ragor o loriau, a'r rhesymau dros yr amrywiaeth yng nghynllun tai ôl-ganoloesol.

Darluniodd Smith y gwahanol fathau o dai gan ddefnyddio amryw o gynlluniau a thorluniadau esboniadol, a daeth y rhain yn batrwm i waith yn y maes hwn yn y dyfodol. Llyfr gweledol iawn yw *Houses of the Welsh Countryside*. Gellir 'darllen' y lluniau'n annibynnol ar destun y llyfr ac fe'u trefnwyd mewn dilyniant hanesyddol. 'Mae un llun cystal â mil o eiriau' oedd fersiwn Peter o'r ddihareb adnabyddus o Tsieina. Fel rheol, roedd hanes pensaernïol yn dibynnu ar ddisgrifiadau amleiriog o safleoedd. Ond mynnodd Peter greu adluniadau a thorluniadau a amlygai ffurf a manylion adeilad bron yn syth. Bu ei draethawd dylanwadol 'Rural Housing in Wales, 1500–1640', a gyhoeddwyd yn y bedwaredd gyfrol o'r *Agrarian History of England and Wales* (1967), yn anogaeth iddo ef a'i ddarlunwyr lunio llu o luniau sydd bellach yn glasuron o'u bath.

Taith ddarganfod oedd – ac yw – *HWC*. Yr oedd modd ei ysgrifennu am fod y wybodaeth a ddeilliai o arolygon unigol wedi'i chrynhoi a'i chatalogio'n ddioed yn y Cofnod Henebion Cenedlaethol, archif cyhoeddus y Comisiwn Brenhinol. Syndod erbyn hyn yw sylweddoli mai Peter Smith a'i gyd-weithwyr oedd y rhai cyntaf i ddod o hyd i safleoedd mor nodedig â Thŷ-mawr (Castell Caereinion, Sir Drefaldwyn) a Bryndraenog (Bugeildy, Sir Faesyfed), ac amryw o adeiladau pwysig eraill, a'u gosod yn eu cyd-destun pensaernïol. Tai oeddent, gan mwyaf, nad oedd eu hanes wedi'i gofnodi ar bapur.

which historical comparisons and generalizations could be made. More generally, *HWC* enriched and broadened appreciation of the historic architecture of Wales, leading to the protection and conservation of many houses that would otherwise have disappeared. At the end of this book (in an extract taken from an unpublished memoir) Peter describes his own role in saving several key houses.

Houses of the Welsh Countryside presented for the first time an overview of historic architecture in Wales. It built on regional studies of houses in Monmouthshire by Fox and Raglan (1951–54) and in Breconshire by Jones and Smith (1963–72), as well as the Royal Commission's *Inventories* of Anglesey (1937) and Caernarvonshire (1956–64). It informed the Royal Commission's thematic surveys of farmhouses and cottages in Glamorgan (1988) and Radnorshire (2005). Peter Smith, after retirement, wrote overviews of domestic architecture in Cardiganshire and Merioneth for the county histories. In combination this is an astonishing body of work, and the work of discovery has not yet been completed.

The enlarged second edition of *HWC* (1989) presented further reflections with some new drawings and distribution maps, and listed many sites that had come to light since publication of the first edition. Gratifyingly, these new sites tended to confirm the distribution patterns already plotted. Peter's single-minded determination to establish the architectural facts sticks in the memory of colleagues who assisted him, whether it entailed a

Dangosodd Smith fod adeiladau'n ffynonellau sylfaenol ynddynt eu hunain a'u bod yn cyfleu gwahaniaethau mewn statws a chyfnodau o lewyrch a fyddai'n fodd i fynd ati i lunio dulliau o gymharu a chyffredinoli yn hanesyddol. Yn fwy cyffredinol, bu i *HWC* gyfoethogi ac ehangu'r gwerthfawrogi ar bensaernïaeth hanesyddol Cymru, gan sicrhau diogelu a chadwraeth llu o dai a fyddai, fel arall, wedi diflannu. Ar ddiwedd y llyfr hwn (mewn darn a gymerwyd o'i hunangofiant sydd heb ei gyhoeddi) mae Peter yn disgrifio'i ran wrth achub sawl tŷ allweddol.

Houses of the Welsh Countryside oedd y tro cyntaf i arolwg o bensaernïaeth hanesyddol Cymru gael ei gyhoeddi. Ynddo fe adeiladwyd ar yr astudiaethau rhanbarthol o dai a wnaed yn Sir Fynwy gan Fox a Rhaglan (1951–54) ac yn Sir Frycheiniog gan Jones a Smith (1963–72) ac ar y wybodaeth yn *Inventories* y Comisiwn Brenhinol o Fôn (1937) a Sir Gaernarfon (1956–64). Bu'n fodd hefyd i fwydo gwybodaeth i arolygon thematig y Comisiwn Brenhinol o ffermdai a bythynnod yn siroedd Morgannwg (1988) a Maesyfed (2005). Ar ôl i Peter Smith ymddeol, fe luniodd orolygon o bensaernïaeth ddomestig siroedd Aberteifi a Meirionnydd ar gyfer y cyfrolau ar hanes y ddwy sir. Mae hyn i gyd yn gorff rhyfeddol o waith, ac nid yw'r gwaith darganfod wedi'i gwblhau eto.

Yn yr ail argraffiad – un helaethach – o *HWC* (1989), cafwyd rhagor o fyfyrdodau ynghyd â lluniau a mapiau dosbarthiad newydd. Rhestrwyd llu o safleoedd a ddaethai i'r amlwg ers cyhoeddi'r

roof crawl in semi-darkness or the exploration of the recesses of a latrine shute. Peter often called unannounced at a house but his reputation had in many cases preceded him. There is often very little time to come to an assessment of the significance of a house which one may never visit again. Peter's invariable practice was first to identify the historic plan-type of a sub-medieval house and then to date it from the detail. It is interesting that architectural historians often work the other way round from datable detail outwards to the plan. Peter worked methodically on a sketch-plan while his colleague was assigned the role of 'conversation officer' (having many memorable conversations) until he was ready to start measuring. A survey was usually completed before leaving the house, sometimes surprisingly late at night. On returning to the office the plan was drawn up, the site written up, and additions made to the card indexes of architectural features on which the distribution maps were based. Keeping the card indexes up-to-date was a major preoccupation.

The 'where' and the 'what' of vernacular architecture are *HWC*'s enduring achievements. The 'when' and the 'why', that is the dating and context of different types of houses and architectural features, continue to be matters of discussion. Dating in particular has been transformed by the science of tree-ring dating (dendrochronology). Some fifty buildings of all types have now been dated by the Royal Commission's rolling programme of tree-ring dating, which began in 1996. We now know that surviving late-medieval houses in Wales date

argraffiad cyntaf, a braf oedd gweld y duedd i'r safleoedd newydd gadarnhau'r patrymau dosbarthu a wnaed eisoes. Yr hyn sy'n aros yng nghof y cyd-weithwyr a fu'n helpu Peter yw ei benderfyniad di-ildio i sefydlu'r ffeithiau pensaernïol, boed hynny'n golygu cropian ar draws to yn y gwyll neu ynteu ymchwilio i gilfachau'r llithrfa mewn geudy. Yn aml, byddai Peter yn galw heibio i dŷ'n ddirybudd, ond byddai'r trigolion eisoes yn gwybod amdano. Gan nad oes, yn aml, fawr o amser i asesu arwyddocâd tŷ na fyddid, efallai, yn ymweld ag ef byth eto, arfer cyson Peter oedd mynd ati'n gyntaf i ganfod y math o gynllun hanesyddol a oedd i dŷ is-ganoloesol ac yna'i ddyddio ar sail y manylion. Mae'n ddiddorol mai fel arall, yn aml, y bydd haneswyr pensaernïaeth yn gweithio, sef gweithio o'r manylion y gellir eu dyddio ac yna allan at y cynllun. Gweithiai Peter yn drefnus ar fraslun tra cyflawnai ei gyd-weithiwr rôl y 'swyddog sgwrsio' (a chael llu o sgyrsiau cofiadwy) tan iddo fod yn barod i ddechrau mesur. Fel rheol, llwyddid i gwblhau arolwg cyn gadael y tŷ a hynny, weithiau, yn syndod o hwyr y nos. Ar ôl dychwelyd i'r swyddfa, llunid y cynllun yn fanwl a mynd ati i greu disgrifiad ffurfiol o'r safle. At y mynegai cardiau wedyn, ychwanegid disgrifiad o'r nodweddion pensaernïol er mwyn gallu seilio'r mapiau dosbarthiad arno. Rhoddid pwys mawr ar ddiweddaru'r mynegeion cardiau'n gyson.

Camp safadwy *HWC* yw sefydlu 'ble' a 'beth' pensaernïaeth frodorol Cymru. Deil y 'pryd' a'r 'pam' – dyddio gwahanol fathau o dai a nodweddion pensaernïol a phennu eu cyd-destun

Hafodygarreg (Erwd, Sir Frycheiniog): y nenfforch gynharaf sy'n hysbys yng Nghymru. Dyddiwyd ei blwyddgylchau i 1402

Hafodygarreg (Erwood, Breconshire): the earliest known cruck-truss in Wales, tree-ring dated 1402

from after 1400, that is after the revolt of Owain Glyndŵr. If any pre-1400 houses have survived as standing structures they have yet to be identified. Tree-ring dating has established that there was a great late-medieval rebuilding, but it was socially and chronologically staggered. High-status houses are generally earlier and larger than low-status houses. As small-farmers built their own diminutive versions of great hallhouses in the earlier sixteenth century, the gentry began building houses of a new type with

– i fod yn destun trafod. Mae sefydlu dyddiad adeilad, yn arbennig, wedi'i drawsffurfio gan wyddor dyddio blwyddgylchau (dendrocronoleg). Er 1996, mae rhaglen dreigl y Comisiwn Brenhinol wedi sefydlu dyddiadau rhyw hanner cant o adeiladau o bob math drwy astudio blwyddgylchau'r pren sydd ynddynt. Gwyddom bellach i'r tai sydd wedi goroesi yng Nghymru ers tua diwedd yr Oesoedd Canol gael eu codi wedi 1400, sef ar ôl gwrthryfel Owain Glyndŵr. Os oes tŷ a godwyd cyn 1400 yn dal ar ei draed, ni chafwyd hyd iddo eto. Mae dyddio blwyddgylchau wedi dangos bod ailadeiladu mawr wedi digwydd tua diwedd yr Oesoedd Canol ond na ddigwyddodd y cyfan ar yr un pryd – nac yn gymdeithasol nac yn gronolegol. Fel rheol, mae'r tai uchel eu statws yn gynharach ac yn fwy o faint na thai isel eu statws. Wrth i'r ffermwyr bach godi eu fersiynau bach eu hunain o'r tai neuadd mawr yn gynnar yn yr unfed ganrif ar bymtheg, dechreuodd yr uchelwyr godi math newydd o dŷ – tŷ ac iddo sawl llawr, lle tân a simnai a hefyd, gan amlaf, o gerrig yn hytrach na choed. Cyn 1550 cynllun unffurf oedd i dai, a hwnnw'n seiliedig ar y neuadd agored; ar ôl 1550, cafwyd amryw byd o wahanol fathau brodorol o dŷ. Er mai un o lu cyfraniadau *HWC* yw iddi feithrin gwerthfawrogiad o fathau rhanbarthol arbennig o dai, braidd yn niwlog, o hyd, yw'r ffactorau sy'n diffinio'u dosbarthiad.

Gan bwyll y bydd ein dealltwriaeth o gyd-destun hanesyddol adeiladau brodorol yn tyfu. Gwyddom gryn lawer erbyn hyn am gyd-destun llu o adeiladau canoloesol nad ildient fawr o

upper storeys, fireplaces and chimneys, and more often in stone rather than timber. Before 1550 there was a uniform house plan based on the open hall; after 1550 numerous different types of vernacular houses emerged. The appreciation of distinctive regional house types has been one of the many contributions of *HWC*, but the factors defining their distribution remain rather obscure.

Our understanding of the historical context of vernacular buildings gradually increases. We now know a great deal about the context of many medieval houses that had seemed documentary blanks, including (for example) Tŷ-mawr, Tŷ-draw, and Bryndraenog. We now understand the social distinctions between different types of hallhouse, approximately distinguished as greater halls, gentry halls, and peasant halls. It should be mentioned that the special nature of Welsh historical records, with a particularly rich corpus of poetry and pedigrees, provides sources for contextualising a medieval house that are unavailable to the historian of the English medieval house. The period after 1575 saw the construction of many new storeyed houses and the adaptation of old open hallhouses with the insertion of ceilings and fireplaces. More records become available for contextualising these houses – legal documents, deeds, wills, and so on. Some house histories have been written but many more are needed to understand the housing culture of late-medieval and early-modern Wales.

The aim of this book and television series is to introduce a new audience to *Houses of the Welsh*

wybodaeth gynt. Yn eu plith, er enghraifft, mae Tŷ-mawr, Tŷ-draw a Bryndraenog. Bellach, fe ddeallwn ni'r gwahaniaethau cymdeithasol rhwng y gwahanol fathau o dŷ neuadd a'u bras ddosbarthu'n neuaddau mawr, neuaddau uchelwyr a neuaddau gwerinol. Dylid nodi bod natur arbennig cofnodion hanesyddol Cymru, sy'n cynnwys corff arbennig o gyfoethog o achau a barddoniaeth, yn ffynonellau pwysig ar gyfer pennu cyd-destun tai canoloesol. Does mo'r fantais honno gan hanesydd tai canoloesol Lloegr. Wedi 1575 gwelwyd cyfnod o godi llu o dai newydd ac iddynt ddau neu ragor o loriau, ac addasu hen dai neuadd agored drwy osod nenfydau a lleoedd tân ynddynt. Daw mwy a mwy o gofnodion i'r amlwg – yn ddogfennau cyfreithiol, gweithredoedd, ewyllysiau ac ati – i ni allu rhoi cyd-destun i'r tai hynny. Mae hanes rhai tai eisoes wedi'i lunio ond mae angen llawer mwy i ni allu deall diwylliant byd tai yng Nghymru tua diwedd yr Oesoedd Canol a dechrau'r cyfnod modern.

Nod y llyfr hwn a'r gyfres deledu yw cyflwyno cynulleidfa newydd i *Houses of the Welsh Countryside* ac i faes hynod ddifyr pensaernïaeth hanesyddol Cymru. Daeth epigraff priodol *Houses of the Welsh Countryside* o lyfr O. M. Edwards, *Cartrefi Cymru*: 'Tybed fy mod wedi codi awydd ar rywun, yn y dalennau sydd yn y llyfr hwn, i fyned ar bererindod i rai o gartrefi Cymru…' Gallwn ni, yn ein tro, osod yr un nod i *Cartrefi Cefn Gwlad Cymru*.

Mae'r ddau argraffiad o *Houses of the Welsh Countryside* allan o brint, a llawer o chwilio amdanynt. A fydd trydydd argraffiad o'r gyfrol?

Aled Samuel, cyflwynydd *Cartrefi Cefn Gwlad Cymru* a Peter Smith
Aled Samuel, the presenter of *Cartrefi Cefn Gwlad Cymru* and Peter Smith
©: S4C & Warren Orchard

Countryside, and to the inexhaustible interest of the historic architecture of Wales. *Houses of the Welsh Countryside* aptly took its epigraph from O. M. Edwards's *Cartrefi Cymru*: 'Tybed fy mod wedi codi awydd ar rywun, yn y dalennau sydd yn y llyfr hwn, i fyned ar bererindod i rai o gartrefi Cymru…' (I wonder if I have, through the pages of this book, inspired anyone to venture on a pilgrimage to some of the houses of Wales.) We can in turn apply this sentiment to *Cartrefi Cefn Gwlad Cymru*.

Both editions of *Houses of the Welsh Countryside*

Mae'n anodd dweud – ond bwriad y Comisiwn Brenhinol yw ailystyried yr holl ddata fu'n sail i'r llyfr. Er hynny, mae angen dweud bod datblygu *Coflein*, cronfa ddata ar-lein y Comisiwn, yn golygu bod llawer o'r wybodaeth ar gael yn archif y Comisiwn. Yn wir, mae *Coflein* wedi datblygu'n arf ymchwil ynddi'i hun am fod modd, bellach, chwilio'r gronfa ddata honno mewn amryw o ffyrdd. Cyn hir, bydd modd llunio mapiau dosbarthiad yn uniongyrchol ar sail *Coflein*, ac mae hwnnw'n ddatblygiad sy'n cyd-fynd yn llwyr ag ysbryd *HWC*.

Gan fod y Comisiwn Brenhinol bob amser wedi gweithio'n gydweithredol ac wedi annog defnyddwyr ei archif i gyfnewid gwybodaeth, gwahoddir darllenwyr y llyfr hwn i anfon atom hanes tai a manylion adeiladau hanesyddol sydd heb eu rhestru yn *Houses of the Welsh Countryside* neu wedi'u nodi ar *Coflein*. Hoffem gael gwybod yn arbennig am arysgrifau dyddiad ac am nenffyrch ac addurniadau peintiedig ac ati, ac fe ddigwydd yn aml mai wrth newid neu adfer hen adeiladau y daw nodweddion o'r fath i olau dydd.

Ceir categorïau o adeiladau brodorol sy'n dal mewn perygl mawr. Mae llu o fythynnod brodorol, yn enwedig rhai clai, wedi mynd â'u pennau iddynt ers yr Ail Ryfel Byd neu wedi'u moderneiddio drwyddynt. Esbonnir apêl anghyffredin y 'cartrefi o waith cartref' hynny yng nghyfrol Eurwyn Wiliam, *Y Bwthyn Cymreig* (2010), a gyhoeddwyd gan y Comisiwn yn ddiweddar. Y dosbarth mwyaf niferus o adeiladau traddodiadol yng Nghymru o hyd yw adeiladau fferm: y rhain yr ydym yn eu deall a'u diogelu leiaf. Mae'r newidiadau mewn technegau

are out of print, and the book is much sought after. Will there be a third edition of *Houses of the Welsh Countryside*? That is difficult to say, but it is the Royal Commission's intention to revisit all the data on which the book is based. But it needs to be said that the development of the Royal Commission's on-line database *Coflein* is making available much of the information in the Commission's archive. Indeed *Coflein* has become a research tool in its own right as it is now possible to search the database in numerous ways. Soon it will be possible to compile distribution maps directly using *Coflein*, a development that is very much in the spirit of *HWC*.

The Royal Commission's work has always been collaborative, encouraging the exchange of information by users of the archive. Readers of this book are invited to send us house histories and details of historic buildings that are not listed in *Houses of the Welsh Countryside* or noted on *Coflein*. We are particularly keen to learn about date inscriptions, the discovery of crucks, painted decoration, and so on. These features often come to light during the alteration or restoration of old buildings.

There are categories of vernacular buildings that are still very much at risk. Since World War II many vernacular cottages, especially when clay-built, have become derelict or thoroughly modernised. The extraordinary interest of these 'home-made' homes is explained by Eurwyn Wiliam in *The Welsh Cottage* (2010), recently published by the Commission. Farm buildings remain the most numerous, least understood and least protected class of traditional buildings in Wales. Changes in farming techniques

ffermio a chydio fferm wrth fferm wedi dileu'r angen i ddefnyddio llawer o adeiladau traddodiadol. Addaswyd rhai ohonynt i gyd-fynd â dulliau ffermio heddiw a throwyd rhai ohonynt yn lleoedd byw, ond dadfeilio yw hanes y rhelyw ohonynt. Dal i fynd rhagddo, felly, y mae'r ymchwilio i adeiladau cefn gwlad Cymru, a'r gwaith o'u cofnodi.

and farm amalgamations have rendered redundant many traditional farm buildings. Some have been adapted to suit modern farming, some have been converted to residential use, but more slide into dereliction. The work of exploring and recording the buildings of the Welsh countryside continues.

"Mae Cymru yn drysorfa o adeiladau arbennig ... dim ond trwy astudio hanes pensaernïol rydym ni'n cael darlun clir o sut oedd pobl yn byw o gyfnod i gyfnod."

"Wales is a treasure trove of superb buildings .. only by studying Wales's architectural history do we get a clear picture of how people lived from one period to the next."

Llangwathen (Sir Frycheiniog / Breconshire)
dyfyniad a llinlun gan Aled Samuel, *Cartrefi Cefn Gwlad Cymru*, S4C
quotation and linedrawing by Aled Samuel, *Cartrefi Cefn Gwlad Cymru*, S4C

Plas-ucha (Llan-gar, Sir Feirionnydd): y neuadd agored ar ôl ei hadfer
Plas-ucha (Llangar, Meirionethshire): the restored open hall

2 Y Tŷ Neuadd / The Medieval Hall

Man cychwyn yr ail adran yn *Houses of the Welsh Countryside* yw'r map sy'n dangos dosbarthiad tai tŵr – aneddiadau canoloesol ag amddiffynfeydd – ym Mhrydain. Dyma, medd Peter Smith, y map pwysicaf 'o unrhyw safbwynt' yn y llyfr.

Beth yw pwysigrwydd y map? Yn gyntaf, fe ddangosodd i'r awdur y gallai mapio ddadlennu'n drawiadol o glir nad yw dosbarthiad gwahanol nodweddion pensaernïol mewn gwahanol rannau o Brydain yn gyson o bell ffordd, a bod angen esbonio hynny. Dangosodd y mapiau fod gwahaniaeth dramatig rhwng de-ddwyrain a gogledd-orllewin Prydain o ran tai tŵr. Ceir nifer fawr ohonynt yn Iwerddon a'r ddwy ochr i ffin Lloegr a'r Alban. Prin yw'r tai tŵr yng Nghymru ac yn ne a chanolbarth Lloegr. Dangosodd hynny i Peter Smith na cheid, ar hyd ffin Cymru a Lloegr, mo'r amddiffyn mawr a welwyd ar diroedd yn sgil y cyrchoedd a geid ar ddwy ochr ffin yr Alban yn yr Oesoedd Canol. Ac ni cheid yng Nghymru ychwaith y crynodiad mawr o dyrau a geid yn ne a gorllewin Iwerddon oherwydd cyflwr anhrefnus y wlad honno y tu hwnt i'r 'Pale'.

Datblygodd hanes pensaernïaeth ddomestig yng Nghymru mewn ffordd wahanol i'r hyn a geid yn

The second section of *Houses of the Welsh Countryside* opens with a map that shows the distribution of tower-houses – fortified medieval dwellings – in the British Isles. Peter Smith says that this map is 'from any point of view' the most important in the book.

Why is this map so important? Firstly it demonstrated to the author that the simple exercise of mapping could reveal in a striking way that different architectural features were far from evenly distributed in different parts of Britain, and this needed explanation. Tower-houses are fortified medieval houses. Mapping revealed a dramatic difference between the south-east and north-west of the British Isles. They are found in large numbers in Ireland and on both sides of the English-Scottish border. Few tower-houses are found in Wales and in the Midlands and south of England. For Peter Smith this showed that the wide belt of heavily-defended territory associated with raiding that grew up on both sides of the Scottish border in the Middle Ages was not repeated along the border between Wales and England. Nor was the heavy concentration of towers in Ireland, especially in the south and west, which

Iwerddon a'r Alban, yn enwedig ar ôl gwrthryfel Owain Glyndŵr, ac mae hynny'n dangos bod yma gymdeithas heddychlon a roddai bwys ar dipyn o sioe bensaernïol yn hytrach nag ar amddiffyn. Wrth i'r tŷ tŵr ddatblygu dros y canrifoedd yn Iwerddon a'r Alban, yng Nghymru ni ychwanegid amddiffynfeydd at y tŷ ac fe'i cysylltid yn hytrach â lletygarwch ac adloniant. Datblygodd pensaernïaeth y neuadd yn grefft aruchel ac fe'i gwelid yn aneddiadau'r arglwydd a'r werin fel ei gilydd. Y datblygiad rhyfeddol hwnnw yw craidd *Houses of the Welsh Countryside*.

Tyrau Cymru

Ceid rhai tai tŵr yng Nghymru ac fe gwelir eu dosbarthiad gwasgaredig ar y map. Yn y gogledd, ceid sawl tŵr enwog. Roedd i ragflaenydd Castell y Penrhyn dŵr, a gwnaeth Moses Griffith fraslun ohono cyn iddo gael ei ddymchwel, ond fe ymgorfforwyd y fowt ym mhlasty castellog enfawr perchennog y chwareli yn y bedwaredd ganrif ar bymtheg. Mae'r Penrhyn yn bwysig am fod y drwydded a roddwyd gan y Goron ym 1438 i weddw Gwilym ap Gruffudd i grenelu (neu amddiffyn) y tŵr yn dangos mai gwedd amddiffynnol oedd i'r tŵr hwnnw a'i fylchfuriau. Tebyg yw'r fowt yn y Penrhyn i'r un ym Mroncoed, ger yr Wyddgrug. Adeiladwyd Broncoed (neu Dŵr Rheinallt) ym 1445 gan Reinallt ap Gruffudd ap Bleddyn, ychydig flynyddoedd ar ôl cwblhau'r Penrhyn. Mae i'r tŵr islawr fowtiog, llawr gwaelod fowtiog, neuadd ar y llawr cyntaf, a rhodfa mur. Peth amheuthun ynddo oedd geudai neu lithrfeydd geudai. Wrth ragweld ei

reflected the disturbed condition of the country beyond the Pale, matched in Wales.

Domestic architecture in Wales, especially after Owain Glyndŵr's revolt, developed in a different way to Ireland and Scotland and reveals a relatively peaceful society with an emphasis on architectural display rather than defence. While the tower-house was developing over several centuries in Ireland and Scotland, the house in Wales was undefended and was associated with hospitality and entertainment. The architecture of the hall developed into a high craft, found in the dwellings of lord and peasant alike. It is this remarkable development which forms the core of *Houses of the Welsh Countryside*.

The Welsh Towers

There were some Welsh tower-houses. The map shows their scattered distribution of the towers. In north Wales there were several famous towers. The predecessor of Penrhyn Castle had a tower that was sketched by Moses Griffith before it was taken down, though the vault was incorporated in the nineteenth-century quarry-owner's vast castle-mansion. Penrhyn is important because a license to crenellate (or fortify), granted by the Crown in 1438 to the widow of Gwilym ap Gruffudd, shows that the tower had the appearance of a defensive structure with battlements. The vault at Penrhyn is similar to that at Broncoed, near Mold. Broncoed (or Rheinallt's Tower) was built in 1445 by Rheinallt ap Gruffudd ap Bleddyn, a few years after Penrhyn was completed. This tower has a vaulted basement, a vaulted ground floor, a

ddyfodol, cafodd ei gynllunio fel tŵr amddiffynnol, ac fe welodd rywfaint o weithredu treisgar ym 1465 pryd y bu yno ymryson ffyrnig â rhai o ddinasyddion Caer (yn ôl Thomas Pennant) wedi i Reinallt, mae'n debyg, gipio un o bwysigion Caer a'i grogi o'r 'trawst yn ei neuadd fawr'.

Yn y de a'r gorllewin ceir nifer helaethach o dai cryf neu amddiffynnol sy'n gysylltiedig â'r traddodiad o godi cestyll. Hyd yn oed os nad oes diben amddiffynnol amlwg i dai, gall neuadd ar y llawr cyntaf adleisio traddodiad y tŵr. Dosbarthiad gwasgaredig sydd i'r neuaddau llawr-cyntaf hynny, ond fe'u ceir hwy yn fwyaf arbennig yn siroedd Penfro a Morgannwg.

Yn Sir Benfro y gwelir y traddodiad fowtio a thraddodiad y tŵr ar eu cryfaf. Mae Sir Benfro hanner ffordd i Iwerddon mewn ystyr ehangach nag yn ddaearyddol ac mae map a luniwyd ar gyfer yr ail argraffiad o *Houses of the Welsh Countryside* yn dangos bod de Sir Benfro yn gyforiog o eglwysi fowtiog. Cewch yno lu o dyrau eglwysi – rhai cryf a fowtiog sydd efallai'n fannau i gilio iddynt rhag tân. Ceir hefyd ddyrnaid o dai tŵr bach nad ydynt yn annhebyg i dyrau bach 'decpunt' Iwerddon. Er i fferm West Tarr (St Florence), Carswell (Penalun) a'r Hen Reithordy (Angle) gael eu harolygu ar gyfer yr argraffiad cyntaf o *Houses of the Welsh Countryside*, mae ambell dŵr 'newydd' wedi dod i'r golwg, gan gynnwys tŵr fowtiog sydd bellach yn un o'r adeiladau ar fferm Kingston (St Michaels) a'r tyrau sydd wedi'u hymgorffori mewn cyfadeiladau mwy o faint yn Sandyhaven House (Llanismel) a'r Sisters' House (Mynwar). Braidd yn niwlog o hyd yw

first-floor hall, and a wall-walk, and had the luxury of garderobes or latrine shutes. This was envisaged as a defensive tower and it did see violent action of a sort in 1465 when (according to Thomas Pennant) there was a violent fracas with some citizens of Chester after Rheinallt had captured and apparently hanged a Chester dignitary from 'the staple in his great hall'.

In south and west Wales there are a greater number of strong or defensive houses which related to the castle-building tradition. Even when houses are not obviously defensive, a hall sited on the first-floor may echo the tower tradition. These first-floor halls have a scattered distribution, but are found particularly in Pembrokeshire and Glamorgan.

It is in Pembrokeshire that the vaulting tradition and the tower tradition are at their strongest. Pembrokeshire is halfway to Ireland in more than a geographical sense. A map prepared for the second edition of *Houses of the Welsh Countryside* shows that southern Pembrokeshire is full of vaulted churches. Church towers abound – strong, vaulted, and perhaps a fire-proof place of refuge. There is also a scattering of small tower-houses which are not unlike the diminutive Irish 'ten pound' towers. West Tarr Farm (St Florence), Carswell (Penally), and the Old Rectory (Angle) were surveyed for the first edition of *Houses of the Welsh Countryside*. A few 'new' towers have since come to light. They include a vaulted tower now used as a farmbuilding at Kingston Farm (St Michaels), and the towers incorporated in larger complexes at Sandyhaven House (St Ishmael's) and Sisters' House (Minwear). The status and function of these towers remain rather obscure. Some seem to

Y Tŵr, Broncoed (yr Wyddgrug): y tu allan a'r tu mewn fowtiog, 1942

The Tower, Broncoed (Mold): exterior, and vaulted interior, 1942

statws a diben y tyrau hynny. Mae rhai ohonynt fel petaent yn rhan o gyfadeiladau mwy o faint ac wedi'u defnyddio fel tyrau haul neu'n fannau encilio (o'u diffinio'n fras) mewn neuadd sydd bellach wedi ei dymchwel. Mae tyrau eraill fel petaent wedi'u codi'n aneddiadau annibynnol, ond ansicr yw cyd-destun y rhai hynny.

Tai neuadd

Er nad oes gan Gymru lawer o dai tŵr, maent yn eithriadau o bwys i'r rheol gyffredinol mai tai neuadd an-amddiffynnol oedd yr aneddiadau a godwyd ar ôl gwrthryfel Owain Glyndŵr ac mai'r drefn arferol oedd codi tai gan ddefnyddio coed yn hytrach na cherrig.

Prin yw'r neuaddau heddiw sydd â'r ffurf wreiddiol ac agored honno. Yn aml, cuddiwyd llawer ar aneddiadau canoloesol wrth wneud sawl ymgais i'w gwella a'u moderneiddio. Mae angen creu adluniadau i ddangos nodweddion hanfodol y tŷ neuadd, ac maent yn nodwedd amlwg yn *Houses of the Welsh Countryside*. Gelwir tai yn dai neuadd am mai'r brif ystafell ynddynt oedd y neuadd, ystafell fawr a oedd yn agored i'r to ac a gâi ei gwresogi gan aelwyd agored yn ei chanol. Mae angen pwysleisio bod y lle tân â simnai, a'r nenfwd o drawstiau, yn rhan o *repertoire* yr adeiladydd yn yr Oesoedd Canol ond y dewiswyd peidio â'u defnyddio yn y neuadd fawr. Bernir yn aml mai uchelwr yn dangos ei orchest a gododd y neuadd a'r gofod mawr ac ymddangosiadol wag ynddi, ond dangosodd *Houses of the Welsh Countryside* nad tŷ uchelwr yn unig

have been part of larger complexes and used as solar towers or places of retreat (broadly defined) from a lost hall. Other towers seem to have been built as free-standing dwellings, but their context is uncertain.

Hallhouses

The Welsh tower-houses are not common but they are significant exceptions to the general rule that after Owain Glyndŵr's revolt dwellings were non-defensive hallhouses and that the favoured building material was timber rather than stone.

Few halls can be seen today in this original, open form. Medieval dwellings are often heavily disguised by numerous campaigns of improvement and modernisation. Reconstruction drawings are necessary to show the essential features of the hallhouse, and they are a prominent feature of *Houses of the Welsh Countryside*. The hallhouse is so called because the principal room was the hall, a large room open to the roof and heated by a centrally-placed open hearth. It needs to be emphasized that both the chimneyed fireplace and the beamed ceiling were part of the repertoire of the medieval builder, but they chose not to use them in the great hall. The hall, with its large and apparently empty space, is often thought of as an aristocratic indulgence. However, *Houses of the Welsh Countryside* showed that the hallhouse was not exclusively an aristocratic house but rather the characteristic dwelling of gentleman and farmer alike in late-medieval Wales. Peter Smith emphasized the uniformity of the 'three-unit' hallhouse plan: an open hall was set between

oedd y tŷ neuadd ond ei fod, yn hytrach, yn annedd nodweddiadol i'r bonheddwr a'r ffermwr fel ei gilydd tua diwedd yr Oesoedd Canol yng Nghymru. Pwysleisiodd Peter Smith unffurfiaeth cynllun 'tair uned' y tŷ neuadd: fel arfer, ceid neuadd agored rhwng y baeau uchaf ac isaf a bod gan y rheiny, gan mwyaf, lofftydd neu siambrau.

Tŷ o goed, fel rheol, oedd y tŷ neuadd canoloesol. Y ffordd orau o sylweddoli mai o goed yr adeiladwyd cynifer o adeiladau yng Nghymru gynt (a thipyn o syndod yn yr unfed ganrif ar hugain) yw astudio'r mapiau yn *Houses of the Welsh Countryside*, yn enwedig y gwrthgyferbyniadau rhwng y mapiau o nenffyrch a fowtiau. Cyplau hynod yw nenffyrch wedi'u gwneud o goed ac iddynt lafnau sy'n estyn o'r llawr i frig y to, o'r sil

Y tŷ neuadd ac iddo dair uned a nenfforch: lluniad esboniadol sy'n seiliedig ar ffermdy Leeswood Green (Yr Wyddgrug Wledig, Sir y Fflint)

The three-unit, cruck-framed hallhouse: an explanatory drawing based on Leeswood Green Farm (Mold Rural, Flintshire)

storeyed upper and lower bays that usually had lofts or chambers.

The medieval hallhouse was characteristically a timber house. The best way to appreciate the former (and, in the twenty-first century, surprising) dominance of timber building in Wales is to examine the maps in *Houses of the Welsh Countryside*, especially the contrasts between the maps of crucks and vaults. Crucks are remarkable timber trusses with paired blades that reach from the floor to roof apex, from sill to ridge, in the form of an arch. Full cruck-trusses made from two blades are found extensively in northern and eastern Wales. Scarfed or jointed crucks extend the distribution of cruck-framing south and west where it meets the stone-vaulting tradition of the south. The distribution map of vaulting shows that stone building was especially marked in south Glamorgan and south Pembrokeshire, which were historically areas of Anglo-Norman settlement and the nucleated village. This contrast between building in timber and building in stone is strongest between the north-east and south-west. In Pembrokeshire one encounters the all-stone house where every part possible is stone built; in Powys and Clwyd there are many buildings where almost every part, including the fireplace, is made from timber.

Cruck-trusses are an indication of the extensive survival of medieval buildings in Wales. In Radnorshire, where practically every farm has been visited by Royal Commission staff, several hundred crucks have been identified, both *in situ* and reused, representing some ten per cent of medieval farmsteads.

i'r brig, ar ffurf bwa. Mae nenffyrch llawn sydd wedi'u gwneud o ddau lafn i'w cael yn helaeth yn y gogledd a'r dwyrain. O gynnwys tai â nenffyrch sgarff neu gymalog, estynnir dosbarthiad y nenffyrch tua'r de a'r gorllewin nes cwrdd â thraddodiad y de o godi fowtiau o gerrig. Yn ôl y map sy'n dangos dosbarthiad y fowtio, adeiladwyd adeiladau o gerrig yn ne Morgannwg a de Penfro yn arbennig, sef, yn hanesyddol, yr ardaloedd lle'r ymsefydlodd yr Eingl-Normaniaid a lle ceid pentrefi cnewyllol. Gwelir yn fwyaf clir y cyferbyniad hwnnw rhwng adeiladu mewn coed ac adeiladu mewn cerrig rhwng y gogledd-ddwyrain a'r de-orllewin. Yn Sir Benfro ceir tai lle mae pob rhan bosibl ohonynt wedi'u codi o gerrig; ym Mhowys a Chlwyd ceir llawer o adeiladau lle mae bron pob rhan, gan gynnwys y lle tân, wedi'u gwneud o goed.

Mae amlder y nenffyrch yn arwydd bod llu o adeiladau canoloesol wedi goroesi yng Nghymru. Wrth ymweld â bron pob fferm yn Sir Faesyfed, daeth staff y Comisiwn Brenhinol o hyd i rai cannoedd o nenffyrch – rhai sy'n dal ar eu traed a rhai sydd wedi'u hailddefnyddio – a hynny ar ryw ddeg y cant o'r ffermydd canoloesol. Rhaid bod llawer o rai eraill heb eu darganfod eto mewn croglofftydd a pharedau mewn mannau eraill yng Nghymru.

Mantais annisgwyl i'r ymchwilydd yn yr unfed ganrif ar hugain yw'r ffaith y defnyddiwyd cymaint o goed mewn adeiladau canoloesol. Ers cyhoeddi *Houses of the Welsh Countryside* gyntaf, mae gwyddor dyddio blwyddgylchau coed, neu ddendrocroneleg, wedi tyfu'n aruthrol o bwysig wrth ddyddio adeiladau. Bydd coed derw, a ddefnyddid yn aml

Many more must await discovery in attics and partitions elsewhere in Wales.

The extensive use of timber in medieval buildings has an unexpected advantage for the researcher in the twenty-first century. Since *Houses of the Welsh Countryside* was first published the science of tree-ring dating or dendrochronology has become hugely important for dating buildings. Oak trees, characteristically used in construction, lay down annual growth rings which vary in width according to the growing season. If full sapwood has survived (to the bark edge) then a precise felling date can be obtained scientifically, sometimes accurate to the season of felling. As timber was used 'green', construction dates closely follow felling dates.

It is true to say that tree-ring dating has revolutionised our understanding of the chronology of medieval building, which before scientific dating was largely intuitive. So far some fifty medieval buildings have been tree-ring dated by the Royal Commission and the findings, which are very consistent, can be summarised.

First, no house has been found which dates from before the fifteenth century. This cut-off seems fundamental. There are documentary (especially literary) references to substantial houses before 1400 but none appear to have survived as a standing structure. The earliest scientifically-dated house is Hafodygarreg, near Builth Wells, built from timber felled in 1402. The surviving truss is a beautifully proportioned and ornate cruck-truss. This house was obviously built in a mature building tradition but its contemporaries and predecessors have not been

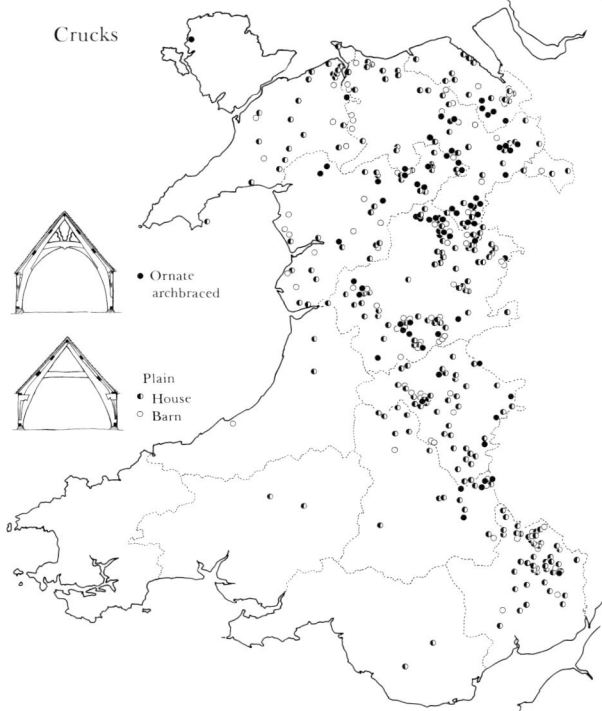

Dosbarthiad nenffyrch yng Nghymru, *Houses of the Welsh Countryside*, Map 12. Mae llawer mwy o nenffyrch wedi'u cofnodi ers llunio'r map hwn

The distribution of cruck-trusses in Wales, *Houses of the Welsh Countryside*, Map 12. Many more cruck-trusses have been recorded since this map was compiled

Map o dai fowtiog yng Nghymru, *Houses of the Welsh Countryside*, Map 7
Map of vaulted houses in Wales, *Houses of the Welsh Countryside*, Map 7

wrth godi adeiladau, yn tyfu cylchoedd blynyddol sy'n amrywio o ran eu lled yn ôl y tymor tyfu. Os yw'r nodd llawn wedi goroesi (hyd at ymyl y rhisgl), mae modd cael dyddiad cwympo manwl-gywir, weithiau hyd at union dymor y cwympo. Gan i'r coed gael eu defnyddio'n 'ir', bydd dyddiadau codi'r adeiladau'n dilyn y dyddiadau cwympo bron yn syth.

Mae'n wir dweud bod dyddio blwyddgylchau wedi chwyldroi'n dealltwriaeth ni o gronoleg

found. The absence of houses dating from before 1400 can be attributed to the devastating effects of Owain Glyndŵr's revolt. We know from Rees Davies's study, *The Revolt of Owain Glyn Dŵr*, that the devastation was great and the recovery slow.

Secondly, the rebuilding after Owain Glyndŵr's revolt was staggered by social class. Large and elaborate houses are earlier in date than simple and modest buildings. Put another way, those with greater

adeiladu yn yr Oesoedd Canol. Cyn oes y dyddio gwyddonol, cronoleg reddfol oedd honno gan mwyaf. Mae'r Comisiwn Brenhinol wedi dyddio rhyw hanner cant o adeiladau canoloesol hyd yn hyn, ac isod crynhoir darganfyddiadau cyson iawn y broses honno.

Yn gyntaf, ffaith gwbl sylfaenol i bob golwg yw na chafwyd hyd i'r un tŷ a godwyd cyn y bymthegfed ganrif. Mae'r trobwynt hwn yn allweddol. Er bod cyfeiriadau dogfennol (a llenyddol yn arbennig) at dai sylweddol cyn 1400, mae'n debyg nad oes yr un ohonynt wedi goroesi. Y tŷ cynharaf i'w ddyddio'n wyddonol oedd Hafodygarreg, ger Llanfair-ym-Muallt, tŷ a godwyd o goed a gwympwyd ym 1402. Mae'r nenfforch sydd wedi goroesi yno yn gelfydd a chywrain ei chyfrannau. Er ei bod hi'n amlwg bod y broses o godi'r tŷ hwn yn perthyn i draddodiad aeddfed o godi tai, ni chafwyd hyd i'r un cyfoeswr na'r un rhagflaenydd iddo. Gellir priodoli'r diffyg tai a godwyd cyn 1400 i effeithiau dinistriol gwrthryfel Owain Glyndŵr. O ddarllen astudiaeth Rees Davies, *The Revolt of Owain Glyn Dŵr*, gwyddom mai mawr oedd y dinistr ac araf yr adferiad.

Yn ail, dosbarth cymdeithasol y perchnogion oedd yn pennu cyflymder yr adeiladu ar ôl gwrthryfel Owain Glyndŵr. Adeiladwyd tai mawr a chywrain yn gynharach na'r rhai syml a dirodres. Hynny yw, aeth y cyfoethogion ati ynghynt i godi tai, ac ar raddfa fwy, na'r rhai prinnach eu modd.

Yng Nghymru'r Oesoedd Canol, yr oedd maint tŷ yn bwysig. Gellir rhannu tai canoloesol yn dri grŵp yn ôl maint y neuadd neu nifer y baeau (y gofod rhwng y ddwy nenfforch) ynddi. Y rhai

Tŷ neuadd gwerinol yn Upper Hem (Ffordun, Sir Drefaldwyn)
A peasant hallhouse at Upper Hem (Forden, Montgomeryshire)

resources built earlier and to a larger scale than those with lesser resources.

In medieval Wales, size mattered. Medieval houses can be divided into three status groups according to the size or baying (the space between two trusses) of the hall. The largest were the great halls, that is halls having significance within the medieval lordships, usually the residence of the steward of a great lord and with an administrative function, or those halls that belonged to a great religious house. The great halls that have been dated belong to the first half of the fifteenth century and were built within a relatively short period between about 1430 and 1450. They include: Bryndraenog (Bugeildy, Radnorshire), dated 1436; the Abbot's house at Cymer Abbey, dated 1441; and Tretower Court (Tre-tŵr, Breconshire), dated around 1447. These houses are characterised by very large halls of three or more bays, they are sometimes winged or H-plan, and the timberwork is highly ornate. The

mwyaf, ac uchaf eu statws, oedd y neuaddau mawr, neuaddau o bwys yn yr arglwyddiaethau canoloesol ac felly, fel rheol, yn drigfannau i stiwardiaid yr arglwyddi mawr a oedd yn cyflawni swyddogaeth weinyddol; tai crefydd mawr oedd eraill o'r neuaddau hyn. Mae'r neuaddau mawr y cafwyd dyddiadau iddynt yn perthyn i hanner cyntaf y bymthegfed ganrif ac fe'u hadeiladwyd mewn cyfnod cymharol fyr rhwng tua 1430 a 1450. Yn eu plith mae Bryndraenog (Bugeildy, Sir Faesyfed), dyddiedig 1436; tŷ'r Abad yn Abaty Cymer, dyddiedig 1441; a Chwrt Tre-tŵr (Tre-tŵr, Sir Frycheiniog), a godwyd tua 1447. Nodweddir hwy gan neuadd fawr ac iddi dri neu ragor o faeau, ac weithiau mae adenydd neu gynllun ar ffurf H iddi. Mae'r gwaith pren yn hynod o gywrain. Pwysleisir nodweddion dramatig y neuaddau mawr hynny yn *Houses of the Welsh Countryside*.

Fel rheol, gosodid neuadd o ddau fae rhwng ystafelloedd mewnol ac allanol yn aneddiadau'r uchelwyr lleol. Gellir adnabod y neuaddau hynny'n syth oherwydd y nenfforch ganolog agored sydd fel rheol â bwâu cynnal a chysbau iddi. Perthynai'r tai neuadd hynny i ddosbarth o bobl a oedd yn fawr eu dylanwad ar lefel y plwyf. Roedd yr uchelwyr hyn yn olrhain eu tras i deuluoedd y tywysogion brodorol a noddent feirdd a cherddorion. Yn nogfennau cyfreithiol y cyfnod, fe'u gelwir weithiau'n 'franklins', sef rhydd-ddeiliaid cymedrol eu cyfoeth, yn hytrach nag yn 'wŷr bonheddig'. Ond yn eu plith yr oedd rhai a oedd wrthi'n gweinyddu arglwyddiaethau – bonheddwyr yng ngwir ystyr y gair – a byddent yn aml yn ychwanegu cwpl eil at fynedfa'u neuadd.

reconstruction drawings of these great halls in *Houses of the Welsh Countryside* emphasize their dramatic qualities.

The dwellings of the local gentry class generally had a hall of two bays set between inner and outer rooms. These halls are immediately recognizable by the central, open truss, which was generally distinguished by archbracing and cusping. These hallhouses belonged to a class influential at a parish level. They were high born, called *uchelwyr* by the poets, and traced their pedigrees from the native princely families, and were patrons of the bards and musicians. They are sometimes described as 'franklins' rather than gentlemen in the legal documents of the period, that is freeholders of modest means. However, among them were those involved in lordship administration, truly gentlemen, who typically enhanced their halls by placing an aisle-truss at the entry, the 'speres' or posts of which defined and dramatized the entry into the hall. Examples include Tŷ-mawr, Castle Caereinion, which was built from timber felled in spring 1460.

Until recently it seemed unlikely that the medieval dwellings of ordinary farmers had survived. However, after intensive fieldwork in Powys, it is clear that the halls of small-scale 'peasant' farmers form the structural core of many farmhouses in Wales today. Most cruck-framed peasant halls are fragmentary but a few complete examples have survived. Numerous small-scale peasant hallhouses had the same plan: a single-bayed hall was set between an upper parlour and a lower passage and cowhouse. Those single-bayed halls that have been dated

Trawstiau palis neu byst oedd y rheiny i ddiffinio a dramateiddio'r fynedfa. Ymhlith yr enghreifftiau mae Tŷ-mawr, Castell Caereinion, tŷ a godwyd o goed a gwympwyd yng ngwanwyn 1460.

Prin y tybid tan yn ddiweddar fod aneddiadau canoloesol ffermwyr cyffredin wedi goroesi. Ond mae gwaith maes dwys ym Mhowys wedi dangos mai neuaddau ffermwyr 'gwerinol' bach yw craidd adeiladwaith llu o ffermdai Cymru heddiw. Ac er mai tameidiog yw'r mwyafrif o neuaddau nenffyrch y werin, mae ambell enghraifft gyflawn wedi goroesi. Yr un cynllun oedd i lawer iawn o'r tai neuadd gwerinol bach: sef neuadd ac iddi un bae rhwng y parlwr uchaf a chyntedd isaf a beudy. Codwyd hwy yn ystod hanner cyntaf yr unfed ganrif ar bymtheg, yn enwedig tua chanol y ganrif honno, a hynny o'r elw a geid o bori da byw; y tai hyn oedd rhagflaenwyr uniongyrchol y tŷ hir (pennod 4).

Adlunio'r neuadd

Yn *Houses of the Welsh Countryside* cewch lawer o luniau sy'n ail-greu golwg wreiddiol y neuaddau. Mae'r adlunio hwnnw'n gam hanfodol am mai prin yw'r rhai sy'n dal i fod yn agored at y to, ar wahân i nifer fach ohonynt sydd wedi goroesi fel ysguboriau. Er mai tuedd yr adluniadau yw dangos y neuaddau'n ofodau mawr gwag, rhaid cofio'u bod yn llawn o fwg o'r tân agored. Sut beth oedd bywyd yn y neuadd agored a sut oedd hi'n cael ei dodrefnu? Awgryma'r dystiolaeth lenyddol nad oedd llawer o gelfi ynddynt a bod yna rai rheolau penodol ynglŷn â'u trefn.

Drwy gyfuno archaeoleg, cofnodi pensaerniol a'r

were built in the first half of the sixteenth century, especially towards the mid-century. They were built from the profits of livestock grazing and are the direct ancestors of the longhouse (chapter 4).

Reconstructing the hall

Houses of the Welsh Countryside has many drawings which reconstruct the original appearance of a hall. This is essential as few remain open to the roof, apart from a small number which have survived as barns. The drawings tend to show halls as large empty spaces, although it must be remembered that they were full of smoke from the open fire. What was life in the open hall like and how were halls furnished? The literary evidence suggests that halls were not elaborately furnished but they were arranged according to certain rules.

It is possible from a combination of archaeology, architectural recording, and literary evidence to reconstruct how a hallhouse was used. The crucial point is that they were arranged socially, and sometimes physically, from low to high ends. The hall was entered from a cross-passage. The lower end of the range might be for storage or food preparation or housed livestock. The upper part of the range contained the hall and the more private chamber or 'solar' beyond, used as a kind of parlour-bedroom. In many cases the entrance to the hall was framed by a partition. The central feature of the hall was the open hearth where a fire burnt day and night, blackening the roof with a sooty deposit. The hall fire was used for cooking unless there was a separate kitchen (as

dystiolaeth lenyddol, mae modd adlunio sut y byddai tŷ neuadd yn cael ei ddefnyddio. Y pwynt hollbwysig yw bod iddynt drefn gymdeithasol, a ffisegol weithiau, o'r pen isaf i'r pen uchaf. Eid i mewn i'r neuadd o groes-gyntedd. Yn rhan isaf yr adeilad gellid storio neu baratoi bwyd neu gadw da byw. Yn y rhan uchaf ceid y neuadd a'r siambr fwy preifat neu'r 'solar' y tu hwnt iddi, a defnyddid honno'n fath o barlwr ac ystafell wely. Mewn llawer achos, ceid pared yn ffrâm i fynedfa'r neuadd. Nodwedd ganolog y neuadd oedd yr aelwyd agored lle y llosgai tân ddydd a nos gan dduo'r to â'i huddygl. Defnyddid tân y neuadd i goginio oni bai bod yno gegin ar wahân (fel sydd ym Mryndraenog). Yr oedd peth offer coginio'n hanfodol, yn enwedig y crochan haearn a'r brigynnau neu'r gobedau (heyrn y bêr); ceir y naill a'r llall ar aelwyd Hendre'rywydd-uchaf. Canolbwynt y neuadd oedd y nenfforch gelfydd a fyddai'n destun balchder mawr i'r perchennog. Y tu hwnt i'r nenfforch, ac wedi'i fframio ganddi, ceid llwyfan neu ben uchaf y neuadd. Yno, fe osodid bwrdd a mainc y perchennog o flaen pared o byst a phanelau solet o dderw. Ceir cyfeiriadau llenyddol at y tapestrïau a oedd weithiau'n crogi o waliau'r neuadd ac er nad yw'r tapestrïau wedi goroesi, ceir hyd i ambell baentiad mur sy'n eu hefelychu. Yr enghraifft fwyaf rhyfeddol yw'r tapestri peintiedig yng Nghiliau (Llandeilo Graban, Sir Faesyfed) ac arno luniau adar ac anifeiliaid yng nghanol llu o ddail a blodau.

Beth oedd arwyddocâd cymdeithasol y neuadd? Fel mewn neuadd coleg yn Rhydychen neu Gaergrawnt heddiw, gofod mawr ydoedd i giniawa'n ffurfiol ynddo. Digwyddiad cyson oedd y ciniawa

at Bryndraenog). Certain cooking implements were essential, notably the iron cooking pot and the firedogs; both furnish the hearth at Hendre'rywydd-uchaf. The centre of the gentry hall was marked by an ornate truss, the pride and joy of the owner. Beyond the truss, and framed by it, was the dais or upper end of the hall where the owner's table and bench were placed in front of a partition of solid oak posts and panels. Literary references refer to tapestries that sometimes hung from the walls of the hall. These have not survived but wallpaintings which imitate tapestries can be found occasionally. The most remarkable example is the painted tapestry at Ciliau (Llandeilo Graban, Radnorshire) which depicts birds and other animals in a luxuriant cover of leaves and flowers.

What was the social significance of the hall? As in an Oxford or Cambridge college hall today, it was a grand space for formal dining. Formal dining, with or without guests, occurred regularly even though the food may usually have been simple. Feasts at which food was elaborate were occasional and much anticipated, and intended to maintain and enhance the reputation of the owner of a hall. Literary references show that the poets had an appreciative interest in food, and visited the halls during the Easter and Christmas holidays, on certain saints' days, and for family occasions like marriages.

All hallhouses in Wales had essentially the same plan. The gentry and peasant halls were scaled-down versions of the halls of great lords. The gentry chose to spend their disposable income on houses and entertainment, emulating an aristocratic life style. The evidence suggests that after 1500 peasants began

Manylyn o'r 'tapestri' a baentiwyd yn yr unfed ganrif ar bymtheg yng Nghiliau (Llandeilo Graban, Sir Faesyfed)

A detail of the sixteenth-century painted 'tapestry' at Ciliau (Llandeilo Graban, Radnorshire)

ffurfiol, p'un a oedd yno westeion ai peidio, ond gallai'r bwyd fod yn ddigon syml fel rheol. Ar adegau, cynhelid gwleddoedd y byddai edrych ymlaen mawr atynt, a'r bwriad wrth ddarparu'r bwyd oedd cynnal a chynyddu bri perchennog y neuadd. Dengys y cyfeiriadau llenyddol fod y beirdd yn ymddiddori yn y bwyd ac yn ei werthfawrogi a'u bod yn ymweld â'r neuaddau adeg gwyliau'r Pasg a'r Nadolig, ar rai o ddyddiau'r seintiau ac ar achlysuron teuluol fel priodasau.

Yn ei hanfod, yr un cynllun oedd i holl dai neuadd Cymru, a fersiynau llai o neuaddau'r arglwyddi mawr oedd neuaddau'r uchelwyr a'r werin. Dewisai'r uchelwyr wario'u hincwm ar dai ac adloniant gan efelychu ffordd y gwŷr mawr o fyw. Awgryma'r dystiolaeth i'r werin bobl fynd ati, ar ôl 1500, i godi tai neuadd go gadarn, a'r rheiny'n fersiynau llai o neuaddau'r uchelwyr. Roeddent yn efelychu'r ffordd o fyw a geid yn y neuaddau mawr, sef y ciniawa ffurfiol a'r adloniant a geid yn ei sgil. Yr oedd yr efelychu cymdeithasol hwnnw'n ganmoliaeth ac yn fygythiad. Wrth i'r werin bobl godi eu neuaddau, felly, yr oedd haenau uchaf cymdeithas yn symud ymlaen at batrymau newydd o dai a roddai fwy o bwys ar fod yn gyffyrddus ac yn breifat. Ac yn Eryri y ceir y tai cynharaf o'r math hwnnw.

"Mae Tai Neuadd yn gartrefi agored ysblennydd oedd yn bodoli yn ystod cyfnod cyffrous yn hanes Cymru."
"Medieval Houses were open and majestic homes which existed during an exciting time in Wales's history."

Tŷ-mawr (Castell Caereinion, Sir Drefaldwyn): y lle tân ag iddo ffrâm bren
Tŷ-mawr (Castle Caereinion, Montgomeryshire): timber-framed fireplace

dyfyniad a llun gan Aled Samuel / quotation and drawing by Aled Samuel

building durable hallhouses, scaled-down versions of gentry halls, and by implication imitated the way of life associated with greater halls: formal dining and the entertainment that went with it. Social emulation was both flattering and threatening. As peasants were constructing their halls, elites were moving on to new models of housing that placed greater emphasis on comfort and privacy. The earliest houses of this type are found in Snowdonia.

Cartrefi Cefn Gwlad Cymru **40** Houses of the Welsh Countryside

Gwerthfawrogiadau
Appreciations

Bryndraenog
Bugeildy, Sir Faesyfed

O dan garpedi modern Bryndraenog ac uwchlaw ei nenfydau plastr cewch dystiolaeth mai neuadd uchelwr oedd y ffermdy hwn, i gychwyn, yn yr Oesoedd Canol. Yn ôl y blwyddgylchau, codwyd y tŷ o goed a gwympwyd ym 1436, ac mae arysgrif yn cofnodi i'r oriel sy'n rhedeg o amgylch y tŷ ar lefel y llawr cyntaf gael ei osod yno union ddwy ganrif yn ddiweddarach, ym 1636.

Mae'n fwy na thebyg mai'r sawl a gododd y neuadd oedd rhingyll a fu'n gyfrifol am weinyddu arglwyddiaeth Maelienydd. Mewn cywydd cynnar gan Ieuan ap Hywel Swrdwal o'r Drenewydd sy'n canmol Llywelyn Fychan ab Ieuan, Bryndraenog, ac yn tystio i gryfder y Gymraeg mewn ardal sydd bellach wedi'i Seisnigo, disgrifir y tŷ fel 'morwyn falch o galch a gŵydd'.

Ar y pryd, ffurf U oedd i gynllun y tŷ, sef neuadd â thri bae ac adain allanol ym mhob pen gyda pharlwr, geudy ac ystafell olau yn y pen uchaf, a chegin ac ystafelloedd gwasanaethu yn y pen isaf. Er mwyn ychwanegu at y symbolau pensaernïol o statws ceir cyntedd deulawr eithriadol ac ar ei lawr cyntaf ystafell bwysig a arferai fod, efallai, yn gapel neu'n oratori.

Bu ailadeiladu, newid ac estyn yr adenydd ers

Bryndraenog
Buguildy, Radnorshire

Underneath the modern carpets and above the plaster ceilings of Bryndraenog lies the evidence that this farmhouse started life as a medieval hall of lordship status. Tree rings reveal that the house was built from timber felled in 1436, and an inscription records that the gallery that runs around the hall at first-floor level was inserted exactly two centuries later, in 1636.

The hall was probably built by the *rhingyll*, or reeve responsible for administration in the lordship of Maelienydd. An early poem by Ieuan ap Hywel Swrdwal of Newtown in praise of Llywelyn Fychan ab Ieuan of Bryndraenog is testament to the former strength of the Welsh language in this now Anglicised area, and he describes the house as 'a proud maiden of lime and timber'.

The house at that time followed a U-shaped plan formed from a three-bay hall with outer wings at each end. These would have contained a parlour, privy and first-floor solar at the upper end, and kitchen and service-rooms at the lower end. Adding to the architectural symbols of status is the exceptional storeyed porch, which contained a first-floor room of significance, possibly a chapel or oratory.

Bryndraenog: y tu blaen / the front elevation

y cyfnod cyntaf hwnnw, ac erbyn heddiw mae'r to addurnol â'i ategion cysbedig a'i dreswaith pigfain o feillion o'r golwg yn y llofft. Ond nid yw'r ffenestri newydd a'r rhannu a fu ar yr adenydd yn amharu dim ar arwyddocâd cyffredinol Bryndraenog fel un o'r cartrefi canoloesol sydd wedi'u diogelu orau yng Nghymru.

Houses and History in the March of Wales, ffigurau 34-50.

There has been rebuilding, alteration and extension of the wings since that first phase, and today the decorative roof with its cusped windbraces and trefoiled ogee tracery is hidden in the loft space. But the replacement windows and subdivided wings do not detract from the overall significance of Bryndraenog as one of the best-preserved medieval homes in Wales.

Houses and History in the March of Wales, figs 34–50.

Egryn Abbey
Llanaber, Meirionnydd

Am resymau cymdeithasol ac ymarferol dechreuodd y ffasiwn am neuaddau agored canoloesol ddiflannu tua diwedd yr unfed ganrif ar bymtheg, ac erbyn y ganrif ddilynol cawsai llawer ohonynt eu haddasu i'w gwneud yn debycach i dai deulawr modern a gynhwysai leoedd tân a simnai. Y drefn arferol fyddai ychwanegu llawr dros y neuadd a lle tân ar hyd un o'r waliau ochr. Er i'r 'Ailadeiladu Mawr' hwnnw, fel y'i gelwir, ddigwydd ledled Prydain, mae'n debyg i fwy o neuaddau yng Nghymru gadw'u ffurf wreiddiol am gyfnod hwy nag a wnaeth y rhai dros y ffin (yn wir, mae'n debyg i neuaddau agored gael eu codi'n ddiweddarach yng Nghymru hefyd).

Mae Egryn yn enghraifft dda o addasu neuadd. Fe'i codwyd tua 1510 ac yna, ganrif yn ddiweddarach, ychwanegwyd llawr a ffenestri dormer a lle tân ochrol heb wneud fawr o niwed i'r fframwaith gwreiddiol. Nid amharodd ychwanegu adain sylweddol ati yn oes Victoria hyd yn oed ryw lawer ar y neuadd er bod y gwaith adeiladu diweddarach hwnnw'n cymryd lle'r ystafelloedd gwreiddiol islaw pared y cyntedd croes.

Mae'r addasu ar Egryn yn ddiddorol am ei fod yn dangos y newid yn agweddau pobl at ofod ar draws y canrifoedd. Tua dechrau'r unfed ganrif ar bymtheg yr oedd ar bobl eisiau neuadd agored addurnol a thrawiadol a adlewyrchai eu statws. Yn gynnar yn y ganrif ddilynol fe addaswyd y tŷ i greu rhagor o ofod preifat i'r teulu gan ychwanegu

Egryn Abbey
Llanaber, Merioneth

Medieval open halls began to fall from fashion in the later sixteenth century in Wales for social and practical reasons, and by the seventeenth century many were modified to make them more like modern storeyed houses with chimney-fireplaces. Typically, a floor would be inserted over the hall and a fireplace would be added along one of the side walls. This 'Great Rebuilding', as it has become known, took place across Britain, though it appears that more halls retained their original form for a longer time in Wales than across the border (indeed, open halls seem to have been built later in Wales as well).

Egryn is a good example of a modified hall. Built around 1510, the modifications of a century later involving inserting a floor and adding dormered windows and a lateral fireplace have done little to damage the original structure. Even the addition of a substantial Victorian wing has left the hall largely unscathed, though the later construction does replace the original rooms below the cross-passage partition.

The modifications at Egryn are interesting as they show changing attitudes to space across the centuries – in the early sixteenth century people wanted an impressive and decorative open hall space that reflected their status. In the early seventeenth century the house was modified to create more private space for the family, and also to make it more practical with its chimney-fireplace. Around 1850 a

Egryn: y tu mewn gan ddangos y to addurnol a adferwyd.

Egryn: interior showing the restored decorative roof.

lle tân a simnai i'w wneud yn ofod mwy ymarferol. Tua 1850 fe ychwanegwyd adain newydd sy'n cyferbynnu'n fawr â maintioli a chynllun y tŷ gwreiddiol.

Enw rhyfedd yw Egryn Abbey am nad oes yr un cofnod o fodolaeth adeilad eglwysig yma, ond cred rhai y gall ysbyty fod wedi'i godi yma yn y bedwaredd ganrif ar ddeg. Yn ddiddorol ddigon, mae dyddio'r blwyddgylchau wedi dangos i ail dŷ sylweddol gael ei godi ger yr un gwreiddiol tua 1618, yr un pryd, efallai, ag yr addaswyd y neuadd. Rhyw ffurf ar uned ddomestig eilaidd, a thŷ agweddi, efallai, oedd yr adeilad newydd.

Erbyn heddiw, mantais fawr ychwanegu'r llawr newydd yw ei fod yn dod â'r ymwelydd yn nes at fframwaith addurnol a chysbedig y to – pleser a fyddai wedi bod yn amhosibl o weld y to o lawr isaf y neuadd.

Houses of the Welsh Countryside, ffigurau 53, 56b, 64a.

Gloddaeth

Llandudno, Sir Gaernarfon

Ynghudd yn yr ychwanegiadau Fictoraidd sylweddol yng Ngholeg Dewi Sant yn Llandudno mae neuadd y tybir iddi gael ei chodi'n gynnar yn yr unfed ganrif ar bymtheg (ac efallai'n gynt) ac yr ychwanegwyd croes-adain ati tua 1700. Dyma gartref hynafiaid teulu Mostyn, un o dirfeddianwyr pwysicaf Cymru a'r teulu fu'n gyfrifol am ddatblygu Llandudno'n dref glan-môr yn y bedwaredd ganrif ar bymtheg.

new wing was added which contrasts strongly with the proportions and design of the original.

The name Egryn Abbey is curious, since there is no record of any ecclesiastical building here, though some believe a fourteenth-century hospital may have been at this location. Interestingly, tree-ring dating has established that a substantial second house was built close to the original around 1618, possibly at the same time that the hall was being modified. This new building was some form of secondary domestic unit, possibly a dower-house.

The great advantage to the modern viewer of the inserted floor is to bring you close to the decorative cusped roof structure – a delight that would have been impossible when the roof was seen only from the ground floor of the hall.

Houses of the Welsh Countryside, figs. 53, 56b, 64a.

Gloddaeth

Llandudno, Caernarfonshire

Buried within substantial Victorian additions at St David's College, Llandudno, is a hall assumed to date from the early sixteenth century (possibly earlier) with a cross-wing addition dating from around 1700. This was the ancestral home of the Mostyns, one of the most significant landowning dynasties in Wales, and the family (in the nineteenth century) responsible for the development of Llandudno into the resort it is today.

Gloddaeth: tu mewn y neuadd fawr

Gloddaeth: the interior of the great hall

Hawdd deall pam y gwnaeth Peter Smith werthfawrogi Gloddaeth. Mae'r manylion addurnol cynnar yno'n helaeth ac mewn cyflwr arbennig o dda. Yr addurno yw'r prif bleser yma: y trawstiau gordd sy'n cynnal estyll mowldiedig y to; y pentanau mowldiedig, tarian herodraidd ac arysgrifau ar y lle tân Tuduraidd; y canopi peintiedig gwych sydd i bared y llwyfan; a'r paentio a'r gwaith addurno arall yn yr adain ddiweddarach.

Er i beth gwaith addurno ddigwydd wrth adfer y neuadd yn oes Victoria, mae'r neuadd wedi cadw ei naws wreiddiol. Ac er bod yr ychwanegiadau diweddarach gan E. W. Nesfield a John Douglas yn parhau â themâu addurnol oes y Tuduriaid, mae'n hawdd gweld y gwahanol gyfnodau, ac i raddau helaeth nid yw 'gwelliannau' y rhai fu wrthi'n addasu'r brif neuadd yn ystod oes Victoria wedi amharu fawr ddim arni.

Houses of the Welsh Countryside, ffigurau 71-2, 179g.

Hendre'rywydd-uchaf
o Langynhafal, Sir Ddinbych (bellach yn Sain Ffagan)

Er nad yw ffurf hir ac isel Hendre'rywydd-uchaf yn awgrymu'n syth mai tŷ neuadd sydd yma, dyna'n union ydyw – 'neuadd werinol' ac ynghlwm wrthi mae beudy sy'n rhoi golwg adeilad hir i'r tŷ. Ychydig bach yn gamarweiniol yw'r term neuadd 'werinol' am fod y cartref hwn yn nodweddiadol o ffermdy eithaf chwaethus yng Nghymru'r Oesoedd Canol, ond mae hi ymhell islaw neuaddau'r uchelwyr fel

It is easy to understand why Peter Smith appreciated Gloddaeth, as the early decorative detail is lavish and in excellent condition. Decoration is the chief delight here: the moulded roof timbers are supported by hammer-beams; the Tudor fireplace sports moulded jambs, a heraldic shield and inscriptions; the dais partition has a superb painted canopy; painting and other decorative work are found in the later wing.

Although there was some embellishment during the Victorian restoration, the hall retains its original feel. Although the later additions by E. W. Nesfield and John Douglas continue the Tudor decorative themes, it is easy to tell the phases apart, and the main hall has survived largely unscathed from the attention of Victorian 'improvers'.

Houses of the Welsh Countryside, figs. 71-2, 179g.

Hendre'rywydd-uchaf
from Llangynhafal, Denbighshire (now at St Fagans)

The long, low form of Hendre'rywydd-uchaf doesn't immediately suggest a hallhouse, but this is what the building is – a 'peasant hall' with an attached byre that gives it its elongated appearance. The term 'peasant' hall is slightly misleading as this home is typical of the better class of Welsh farmhouse in the Middle Ages, but it is also a long way down the social scale from such gentry halls as Gloddaeth or Cochwillan.

Hendre'rywydd-uchaf: ar ôl ei ailgodi yn Sain Ffagan / after re-erection at St Fagans

Gloddaeth neu Gochwillan ar y raddfa gymdeithasol.

Gall y trigfannau mwyaf gwerinol fod â chyn lleied â dau fae, ond yma cewch gynifer â phump ohonynt. Defnyddid y ddau isaf i gadw gwartheg (cadw pethau gwerthfawr wrth law oedd gallaf). Er ein bod ni heddiw'n dehongli adeiladau ar sail ein system ein hunain o'u dosbarthu (sef tŷ neuadd/tŷ hir ac ati), diffiniadau go ddiweddar yw'r rheiny, ac ym 1508 pan godwyd Hendre'rywydd-uchaf ni fyddai'r perchnogion yn poeni dim am ei osod mewn unrhyw gategori o'r fath.

Pedair nenfforch dderw sylweddol sy'n cynnal y to, a ffrâmiau pren wedi'u gwyngalchu yw'r waliau. Dyna'r arfer cyffredin ar y pryd. Yn ddiweddarach yn yr unfed ganrif ar bymtheg y gwelwyd ymdrech fawr i ddefnyddio ffrâmiau'r adeiladwaith i greu addurn allanol. Fel yn y neuaddau mawr, roedd y tân yn

The humblest dwellings can be as small as two bays, but here there are five, with the lower two in use for cattle (keeping valuable assets close to hand). Although we understand buildings today through our own classification system (hallhouse/longhouse, and so on) such definitions are of recent making, and in 1508 when Hendre'rywydd-uchaf was built the owners would not have been concerned with fitting it into any such category.

The roof is supported on four substantial oak crucks, and the walls are timber-framed and lime-washed, as was the common practice. It was not until later in the sixteenth century that there was a concerted effort to combine structural framing as external decoration. As in larger halls the fire was an open hearth on the

aelwyd agored ar y llawr yng nghanol yr ystafell, a'r mwg naill ai'n treiddio drwy'r to gwellt neu'n dianc drwy'r ffenestri di-wydr. Fe oroesodd llai o neuaddau bach o'r fath nag o'r rhai uwch eu statws ac, felly, mae'n fwy na thebyg mai Hendre'rywydd-uchaf yw'r enghraifft orau sydd wedi goroesi o'r lefel gymdeithasol hon.

Y tŷ hwn oedd un o'r adeiladau cyflawn cyntaf i gael eu hailgodi yn yr Amgueddfa Werin yn Sain Ffagan. Pan benderfynodd Cyngor yr Amgueddfa Genedlaethol gefnogi'r syniad o greu amgueddfa awyr-agored ym 1943, y bwriad oedd creu 'fersiwn bach o Gymru lle y gall … yr ymwelydd grwydro drwy amser a gofod'.

floor in the centre of the room, smoke either filtering through the thatched roof or escaping via the unglazed windows. Lesser halls like this have survived in fewer numbers than their high-status counterparts, and Hendre'rywydd-uchaf is probably the best surviving example at this social level.

This house was one of the first complete buildings re-erected at the Welsh Folk Museum in St Fagans. When the National Museum Council decided to support the idea of an open-air museum in 1943 it was intended to create 'a Wales in miniature where … the visitor will be able to wander through time and space'.

The Hall House, Rhydycarw
Trefeglwys, Sir Drefaldwyn

Aeth tai neuadd allan o ffasiwn erbyn canol yr ail ganrif ar bymtheg ac fe addaswyd y mwyafrif ohonynt yn gartrefi mwy modern neu ynteu fe roddwyd y gorau iddynt a chodi tŷ deulawr neu drillawr newydd a hardd yn yr un man. Yn achos Rhydycarw, fel y gwnaed mewn llawer achos yng Nghymru, y neuadd wreiddiol â'i nenffyrch, a godwyd tua 1525 i fod yn adeilad amaethyddol. Gwnâi'r gofod mawr agored a grëwyd yn y neuaddau nhw'n ddelfrydol ar gyfer storio cnydau neu gadw anifeiliaid, ac mae'r ffaith na fu unrhyw ddatblygu domestig arnynt wedi arbed llawer o'r elfennau pwysicaf o'n hadeiladau cynnar. Yn yr achos hwn, fe ddihangodd y neuadd rhag y ffasiwn o ailgodi waliau o gerrig ac ychwanegu elfennau megis lloriau

The Hall House, Rhydycarw
Trefeglwys, Montgomeryshire

By the mid-seventeenth century hallhouses had fallen from fashion and most were either being modified into more modern homes or, as in this case, were abandoned in favour of a handsome new storeyed house in the same location. At Rhydycarw, the original cruck-framed hall of about 1525, like many in Wales, was converted to agricultural use. The large uncluttered spaces provided by halls made them ideal for either crop storage or keeping stock, and the absence of domestic development has saved many of our most significant early buildings. In this case the hall escaped the fashion for rebuilding walls in stone and additions like internal floors, fireplaces

The Hall House (Rhydycarw)

mewnol, lleoedd tân a grisiau. Yr hyn sydd wedi'i golli yw'r croes-gyntedd a safle'r aelwyd ganolog wreiddiol, ond eto mae'r duo ar estyll y to gan fwg yn awgrymu lleoliad tebygol yr aelwyd honno.

Bu'n rhaid aros tan yr unfed ganrif ar hugain i Tony a Junko Burton ddod yno â'r weledigaeth a'r egni i adfywio'r fframwaith bregus hwn a'i droi'n gartref i deulu. Mae'r addasu ar Rydycarw yn gynllun beiddgar, cyfoes a gonest. Er ei fod yn parchu'r cyfan o'r fframwaith o'r unfed ganrif ar bymtheg yn ogystal â phatrwm y tŷ gwreiddiol, moderniaeth syml a chlir yw'r estheteg yno, yn gymysg â thipyn o flas Siapan, gwlad enedigol Junko.

Braf gweld yr adeilad yn gweithio unwaith eto

and stairs. The elements that have been lost are the cross-passage and the position of the original central hearth, though smoke-blackening of the roof timbers indicates a likely location.

It was not until the twenty-first century that Tony and Junko Burton came along with the vision and energy to revive this delicate structure as a family home. The conversion at Rhydycarw is a bold, contemporary and honest design. Although it respects all of the sixteenth-century structure as well as the layout of the original dwelling, the aesthetics are of clean, simple modernism with some influence from Japan, the country of Junko's birth.

ar ei ffurf wreiddiol i greu tŷ sy'n cyd-fynd â bywyd heddiw. Mae'r fframwaith o'r unfed ganrif ar bymtheg – neuadd a dau fae ynddi ac ystafelloedd mewnol ac allanol bob ochr iddi – yn gweithio'n dda fel lolfa a chegin ar un ochr iddi a stydi yr ochr arall. Mae golwg wych ar y cyplau nenffyrch (un ohonynt wedi'i addurno) wrth iddyn nhw godi drwy'r tu mewn cyfoes. Mae'r hyn a dybiwyd nad oedd yn addas ar gyfer bywyd 'modern' yn yr ail ganrif ar bymtheg yn gynllun delfrydol yn yr unfed ganrif ar hugain. Roedd cynaliadwyedd yn elfen ganolog i'r ailddatblygu a chymhwyswyd y dechnoleg ddiweddaraf at yr hyn sydd, mae'n rhaid, yn un o adeiladau cynharaf y fro. Inswleiddwyd y waliau â selwlos chwythedig o bapurau a ailgylchwyd, mae'r tŷ'n defnyddio system awyru drwy-adfer-gwres, yn gwresogi drwy bwmp gwres o ffynhonnell yn y ddaear, yn cronni dŵr glaw, a chrëwyd ffenestri o fewn y fframiau bocs gwreiddiol i gael cymaint o heulwen â phosibl. Peth hyfryd yw gweld bod Rhydycarw yn ôl mewn ffasiwn ryw hanner mileniwm ar ôl iddo gael ei gynllunio'n wreiddiol.

Houses of the Welsh Countryside, ffigurau 20a, 37c.

Tŷ-mawr

Castell Caereinion, Sir Drefaldwyn

Bu rhestru Tŷ-mawr, Castell Caereinion, yn adeilad Gradd I yn ddigwyddiad rhyfeddol o ystyried nad oedd yn edrych ar ddechrau'r 1990au damaid yn fwy cyffrous nag ysgubor yn mynd â'i phen iddi. Wedi

It is pleasing that the building works again in its original form to provide a house suited to modern living. The sixteenth-century structure of a two-bay hall flanked by inner and outer rooms works well as a lounge flanked by kitchen and study. The fine cruck trusses (one decorated) look magnificent rising through a contemporary interior. What was deemed unsuitable for 'modern' living in the seventeenth century makes for an ideal floor-plan in the twenty-first century. Sustainability has been at the heart of the redevelopment and the latest technology has been applied to what must be one of the earliest buildings in the area. The walls are insulated with blown cellulose from recycled newspapers, the house uses a heat recovery ventilation system, a ground-source heat pump and rain-water harvesting, and windows have been opened within the original box framing to maximise solar gain. Happily, Rhydycarw has found itself back in fashion some half a millennium after it was originally designed.

Houses of the Welsh Countryside, figs. 20a, 37c.

Tŷ-mawr

Castle Caereinion, Montgomeryshire

The Grade I listing of Tŷ-mawr, Castle Caereinion, is remarkable considering that in the early 1990s it appeared externally to be no more exciting than a collapsing barn. Recognised as highly significant by Peter Smith in 1971, and restored in 1998, it

Tŷ-mawr (Castell Caereinion): ar ôl ei adfer a chynt

Tŷ-mawr (Caereinion Castle): after and before restoration

i Peter Smith sylweddoli ym 1971 fod yr adeilad yn un hynod bwysig, fe'i hadferwyd ym 1998 ac adfer iddo'r un olwg, mae'n debyg, â phan godwyd ef ym 1460. Ar ôl yr adfer (a'r ailadeiladu rhannol) mae hi'n bosibl deall yr adeilad unwaith eto fel neuadd ag eiliau a ffrâm o goed ac efallai mai hon yw'r enghraifft orau o'i bath sydd wedi goroesi.

Mae dyddio blwyddgylchau coed derw ffrâm y neuadd wedi datgelu'r hanes arferol o addasu adeilad. Cynhwyswyd llawr cyntaf ynddo ym 1594, ac ychwanegwyd lwfer mwg ato erbyn 1631. Mae ffrâm bren lwfer mewnol y simnai wedi'i chadw ond fel arall mae'r adferiad yn mynd â'r adeilad yn ôl i'w ffurf wreiddiol sef, yn ei hanfod, tŷ neuadd petryal o dair uned ac unedau deulawr bob pen i'r neuadd agored a'i heiliau.

Mae graddfa ac ansawdd y grefftwriaeth mewn derw yn adlewyrchu statws uchel y trigolion gwreiddiol. Atgynyrchiadau yw rhai o'r craffrwymau addurnol, ond mae'r holl dderw newydd yn cydredeg â'r morteisiau gwreiddiol ac mae'r pedeirdalennau newydd yn ddyfaliad teilwng. Wrth y fynedfa i'r neuadd mae pyst derw'r eiliau (rhan o eil hir bob ochr i brif ofod y neuadd) yn arbennig o ddeniadol ac wedi'u haddurno â phennau colofnau sy'n atgoffa dyn o greneliadau tŷ caerog. Prin yw'r tai yng Nghymru sydd cystal am ddwyn i gof fywyd uchelwyr Cymru'r Oesoedd Canol.

Houses of the Welsh Countryside, ffigurau 46-7, 55d, 62b, 67b, 68b.

is reconstructed to its probable appearance when built in 1460. Following the restoration (and partial reconstruction) it is possible once again to understand the building as a timber-framed aisled hall, and probably the best surviving example of its type.

Tree-ring dating of the structural oak timbers of the hall has revealed a typical history of adaptation, which included having a first floor inserted in 1594, and a smoke-hood added by 1631. The timber-framed internal chimney hood has been retained in a restoration that otherwise takes the building back to its original form - essentially a rectangular hallhouse of three-unit plan with storeyed units at either end of the open, aisled hall.

The scale and quality of the craftsmanship in oak reflect the high status of the original occupants. Some of the decorative bracing is reproduction, but the new oak is all lined up with original mortises and the new quatrefoils are a reasonable conjecture. Particularly attractive are the oak aisle-posts (part of a long aisle on each side of the main hall space) at the entrance to the hall, which are decorated with capitals reminiscent of the crenelations of a fortified house. Few properties in Wales so readily evoke the life of the Welsh gentry in medieval times.

Houses of the Welsh Countryside, figs. 46-7, 55d, 62b, 67b, 68b.

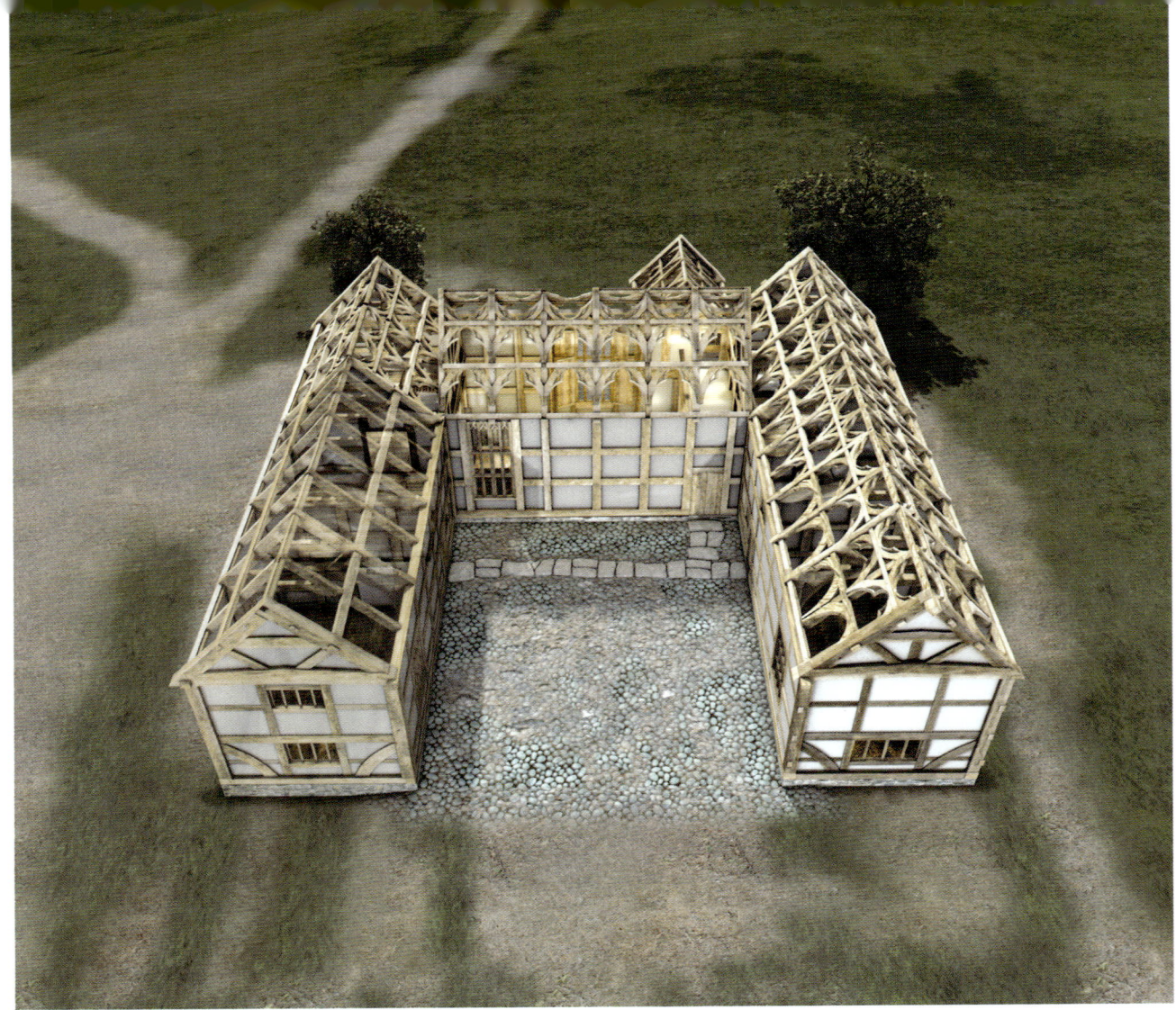

Bryndraenog (Bugeildy, Sir Faesyfed) golygfeydd o'r awyr a'r neuadd y tu mewn. Crewyd y lluniau hyn sydd wedi eu cynhyrchu gan gyfrifiadur yn arbennig gan y Comisiwn Brenhinol a See 3D ar gyfer y gyfres deledu *Cartrefi Cefn Gwlad Cymru* ar S4C. Maent yn cynnig cyfle arbennig i weld tai fel y byddent yn wreiddiol yn allanol ac yn fewnol

Bryndraenog (Buguildy, Radnorshire) aerial view and hall interior. These computer generated pictures were created especially by the Royal Commission and See 3D for the television series *Cartrefi Cefn Gwlad Cymru* on S4C. They provide a valuable insight into how houses would have looked originally from exterior to interior

Tyddynyfelin (Llanfair, Meirionnydd): tŷ o fath Eryri, dyddiedig 1592
Tyddynyfelin (Llanfair, Merioneth): a Snowdonian house dated 1592

3 Tai Eryri
The Snowdonian House

I bob pwrpas, perthynai'r tai neuadd a ddisgrifiwyd ym Mhennod 2 i fath o dŷ a geid ledled y wlad: fe welir y neuadd agored a'i phen 'isaf' ac 'uchaf' ledled Cymru ac, yn wir, ledled Prydain. Effaith y trawsnewid rhyfeddol ar gynllun tai yn yr unfed ganrif ar bymtheg a'r ganrif ddilynol, o'r tŷ â neuadd agored i'r annedd ac iddo fwy nag un llawr, fu creu sawl math gwahanol o dai rhanbarthol, sef pwnc y bennod hon a'r penodau dilynol. Rydym yn tueddu i feddwl bod diwylliant materol, yn enwedig mewn oes o globaleiddio, yn un sy'n tyfu'n fwyfwy unffurf. Fodd bynnag, amrywio mwyfwy wnaeth y diwylliant tai yn yr unfed ganrif ar bymtheg a'r ganrif ddilynol wrth i sawl math rhanbarthol o dŷ ddisodli'r math o dŷ a geid gynt.

Gellir honni efallai mai tŷ Eryri yw'r math cynharaf o dŷ deulawr yng Nghymru. Yn sicr, mae'n perthyn i ranbarth penodol am mai yn siroedd hanesyddol Meirionnydd a Chaernarfon y ceir y mwyafrif o dai o'r fath. Ar ben hynny, mae'n rhan bwysig o hanes bywyd Peter Smith.

Beth yw nodweddion arbennig tŷ Eryri? Y ffordd orau o'u hesbonio yw cyfeirio at dorlun ohonynt, y torlun esboniadol cyntaf i Peter ei lunio.

The hallhouses described in Chapter 2 were to all intents and purposes part of a nationally distributed house type: the open hall with its 'low' and 'high' ends was recognizably the same throughout Wales, and indeed throughout Britain. The remarkable transformation in housing in the sixteenth and seventeenth centuries from open-hallhouse to storeyed dwelling created several regionally distinctive house types, the subject of this and the following chapters. We tend to think of material culture as becoming more uniform over time, especially in an age of globalisation. However, in the sixteenth and seventeenth centuries, housing culture became more diverse as a single dominant model of housing was replaced by several different regional house types.

The Snowdonian house has some claim to be the earliest type of storeyed house in Wales, and it is certainly regionally distinctive as it is concentrated in the historic counties of Merioneth and Caernarvonshire. It is moreover important in Peter Smith's biography.

What are the distinctive features of the Snowdonian house? These are best explained by

Un gwrthwynebiad iddo ar y cychwyn oedd bod y llun yn cyfuno nodweddion a geid mewn sawl tŷ yn hytrach na'i fod yn ddarlun o dŷ 'go-iawn'. Ond buan iawn y gwerthfawrogwyd ei werth fel llun esboniadol.

Y nodweddion cyntaf i sylwi arnynt yw bod y tŷ wedi'i godi o gerrig a bod iddo ddau lawr cyfan; er nad oes yna dai o goed wedi goroesi yn Eryri, efallai'n wir mai o goed y codwyd eu rhagflaenwyr canoloesol. Annedd o ddwy uned yw'r tŷ. Hynny yw, mae'r llawr gwaelod wedi'i rannu'n ddwy y naill ochr a'r llall i'r cyntedd mynediad. Fel rheol, bydd neuadd fawr neu gegin ar un ochr i'r fynedfa a dwy ystafell allanol fach â sgrin, parlwr oer a llaethdy/pantri ar ochr arall y fynedfa ar y llawr isaf. Yn y neuadd/gegin ceir lle tân mawr yn y talcen, a hwnnw yw canolbwynt yr ystafell. Ar un ochr i'r lle tân fel rheol ceir grisiau cerrig sy'n esgyn i'r llawr uchaf. Ar y llawr hwnnw ceir dwy siambr, ac mae'r un gyntaf ar ben y grisiau yn arwain i'r brif siambr y tu hwnt iddi. Câi'r brif siambr ei gwresogi gan le tân yn y talcen ac o bosib y byddai i'r ystafell gwpl agored a chywrain a bwâu cysbedig (fel yn y llun). Un o nodweddion arferol tŷ Eryri yw'r cyfuniad o waliau cerrig a'r saernïaeth gadarn a safonol y tu mewn iddo. Y mae gwedd hynod i'r tŷ oherwydd fod ei simneiau yn y pen, ei ddrws ar y naill ochr a myliynau diemwnt i'w ffenestri, ac edrychai'n wahanol iawn i'r tŷ neuadd hir ac isel a'i rhagflaenodd.

Mae'r map hwn o ddosbarthiad tai Eryri yn dangos yn glir eu bod yn niferus ac mai yn y

reference to a cutaway drawing, the first explanatory cutaway that Peter produced. There were initially objections that this drawing did not represent a 'real' house but was an amalgam of features found in several houses. Nevertheless, its value as an explanatory drawing was soon appreciated.

The first features to note are that the house is stone-built and fully storeyed; there are no surviving timber-built Snowdonian houses, although their medieval predecessors may well have been constructed from timber. The house is a 'two-unit' dwelling, that is the ground floor is divided into two parts on either side of the entrance passage. Characteristically the ground floor has a large hall or kitchen on one side of the entrance and two smaller screened outer rooms, cold parlour and dairy/pantry, on the other side of the entry. The hall/kitchen has a large gable-end fireplace which is the focus of the room. Typically, to one side of the fireplace there is a winding stone stair that leads to the upper floor. There are two chambers on the first floor: the first or inferior chamber at the head of the stairs leads into the principal chamber beyond. The principal chamber is heated by a gable-end fireplace and the room may have an ornate open truss and (as in the drawing) cusped windbraces. The combination of stone walling with robust and high-quality interior carpentry is one of the characteristic features of the Snowdonian house. With its end chimneys, offset doorway, and diamond-mullioned windows it presented a very distinctive elevation, especially

gogledd-orllewin y ceid hwy gan mwyaf. Er bod enghreifftiau gwasgaredig ohonynt y tu allan i Wynedd, ychydig iawn o enghreifftiau o fathau rhanbarthol eraill o dai sydd i'w cael yn y rhanbarth hwnnw.

Beth yw tarddiad tŷ Eryri, a pha mor gynnar yw ef? Yn ddiweddar yn unig y dangoswyd bod tŷ Eryri yn perthyn i'r cam cyntaf yn hanes y tŷ deulawr. Yr enghraifft gynharaf yn ôl yr arysgrif arno yw Uwchlaw'r-coed ger Harlech, sydd â'r dyddiad 1585 wrth y fynedfa ac ar bared y cyntedd. Ond mae dyddio blwyddgylchau wedi dangos bod yr hynaf o dai Eryri yn perthyn i ganol oes y Tuduriaid, yn hytrach nag i oes Elisabeth. Yn Sir Gaernarfon, gwnaed cyplau to'r Garreg-fawr (a symudwyd o Waunfawr i Sain Ffagan) o goed a gwympwyd rhwng 1540 a 1554. Ym Meirionnydd, cafwyd dyddiad cwympo manwl iawn, sef gaeaf 1547/8, i gyplau to Cae-glas, Llanfrothen. Mae manylion y tri thŷ hyn yn bur debyg, sef bod iddynt bennau drysau pigfain o gerrig bach, cysbiau yn y to a lleoedd tân corbelog ar y llawr cyntaf. Ar ben hynny, gosodwyd simnai amlwg Garreg-fawr ar letraws i bwysleisio newydd-deb y tŷ cynnar hwnnw a'i simnai pen. Mae cynllun y ddau dŷ cynnar hyn yn aeddfed heblaw am un peth, sef nad oes ynddynt y grisiau cerrig wrth ymyl y lle tân a ddaeth yn fwyfwy cyffredin mewn tai o'r math hwn. I gyrraedd y llawr cyntaf byddai'n rhaid dringo grisiau ysgol, fel y gwneid yn wreiddiol yn Uwchlaw'r-coed. Mae'r ffaith nad oes yno na grisiau cerrig na ffrâm grisiau yn dangos pa mor newydd oedd y tŷ deulawr cynnar

when contrasted with its long and low hallhouse predecessors.

Snowdonian houses were both numerous and concentrated in north-west Wales, as the distribution map clearly shows. There are scattered examples outside Gwynedd but very few examples of other regional house types are present in the region.

What is the origin of the Snowdonian house, and how early is it? It has only recently been demonstrated that the Snowdonian house belongs to the earliest phase of storeyed houses. The earliest example dated by inscription is Uwchlaw'r-coed near Harlech, dated 1585 at the entrance and on the passage partition. However, tree-ring dating has shown that the oldest Snowdonian houses are mid-Tudor rather than Elizabethan. In Caernarfonshire the roof-trusses of Y Garreg-fawr (moved from Waunfawr to St Fagans) were fashioned from timber felled between 1540 and 1554. In Merioneth a precise felling date of winter 1547/8 has been obtained from the roof-trusses in Cae-glas, Llanfrothen. These houses are quite similar in their detail having arch-headed doorways of small stones, cusping in the roof, and corbelled-out first-floor chamber fireplaces. In addition, Y Garreg-fawr has a prominent diagonally-set chimney that emphasizes the novelty of this early end-chimney house. These two early houses have a mature plan except in one respect: both lack the stone stair next to the fireplace which was to become ubiquitous in houses of this type. Access to the first floor was provided by a ladder stair, as it was initially at Uwchlaw'r-coed.

Torlun gan Peter Smith sy'n dangos nodweddion allweddol y math Eryri o dŷ
A cutaway drawing by Peter Smith showing the key features of the Snowdonian house type

a pha mor agos oedd tŷ Eryri i'w ragflaenwyr â'u neuaddau agored.

Beth oedd perthynas tŷ Eryri â'r tŷ ac iddo neuadd agored? Ar hyd ochr ddwyreiniol Cymru ceir tystiolaeth fynych o'i ragflaenydd canoloesol yn y tai brodorol rhanbarthol. Yno'n aml ceir tystiolaeth ddigamsyniol i'r prif le tân gael ei ychwanegu yn y neuadd. Mae'n anodd dod o hyd i'r math yna o dystiolaeth yn Eryri ac mae llawer o'r tai rhanbarthol fel petaent newydd eu codi ac wedi ymddangos yn eu llawn dwf tua diwedd yr unfed ganrif ar bymtheg a'r ail ganrif ar bymtheg. Ond, ambell waith, wrth

The absence of stone or framed stairs reveals the novelty of the early storeyed house and the closeness of the Snowdonian house to their open-hall predecessors.

What was the relationship of the Snowdonian house to the open-hallhouse? On the eastern side of Wales one often finds evidence for a medieval predecessor in the vernacular houses of regional type, where there is often incontrovertible evidence that the main fireplace has been inserted into the hall. In Snowdonia this type of evidence is hard to find and the regional house often seems to have been new-built, appearing fully formed in the later sixteenth and seventeenth centuries. However, occasionally when plaster is removed internally, the stubs of crucks can be revealed, cut off flush with the walls. Tŷ-mawr (Wybrnant near Betws-y-coed), the home of Bishop Morgan (born about 1545), provides a very instructive example of this type of alteration made when ceilings were inserted and roofs raised. The downslope siting of many other Snowdonian houses often strongly hints at a medieval origin even though it cannot usually be demonstrated from the surviving fabric.

However, even if medieval fabric is difficult to find in a Snowdonian house, it is important to appreciate that the ground-floor plan of the Snowdonian home was a truncated version of the hallhouse plan. The ground-floor layout preserved the principal part of the hallhouse plan from the outer room to the upper end of the hall. The third unit of the three-unit hallhouse – the inner-

dynnu'r plastr, gwelir bonion nenffyrch wedi'u torri'n gyfwyneb â'r waliau. Mae Tŷ-mawr (Wybrnant, ger Betws-y-coed), cartref yr Esgob Morgan (a aned tua 1545), yn enghraifft hynod ddiddorol o'r math hwn o newid a wnaed pan ychwanegwyd y nenfwd a chodi'r to. Mae'r ffaith fod llawer o dai eraill Eryri wedi'u codi ar lethr yn awgrymu'n gryf iddynt gael eu codi yn yr Oesoedd Canol, er nad oes modd profi hynny fel rheol o'r hyn sydd wedi goroesi.

Ond hyd yn oed os yw hi'n anodd dod o hyd i ddefnydd canoloesol yn un o dai Eryri, mae'n bwysig sylweddoli mai fersiwn llai o gynllun y tŷ neuadd oedd cynllun llawr tŷ Eryri. Cadwai cynllun y llawr gwaelod brif ran cynllun y tŷ neuadd, sef o'r ystafell allanol hyd at ben uchaf y neuadd. Yn nhŷ Eryri, mae trydedd uned y tŷ neuadd dair-uned – yr ystafell fewnol – wedi'i symud i'r llawr cyntaf, ac mae lle tân a tho da wedi'u hychwanegu at y brif siambr.

Os disodlwyd tai neuadd y gogledd-orllewin gan y tai deulawr hyn rhwng 1540 a 1640, beth oedd statws yr aneddiadau newydd? Rhaid pwysleisio mai cartrefi rhydd-ddeiliaid o bwys a bonheddwyr oedd llawer o'r tai hynny, er eu bod yn gymharol fach. Darlunnir llawer ohonynt yn *Inventories* Sir Gaernarfon. Yn yr ail argraffiad o *Houses of the Welsh Countryside*, aiff Peter Smith â ni ar daith o amgylch rhai o'r enghreifftiau yn Ardudwy, i'r de o Harlech. Eiddo oeddent i aelodau o *élite* cydgysylltiedig gyda rhai ohonynt yn dod yn bersonoliaethau o bwys y tu allan i Gymru. Cysylltir tri o'r tai â John Jones, y milwr a'r Seneddwr a lofnododd y warant i ddienyddio Charles I ac a ddienyddiwyd ei hun ar

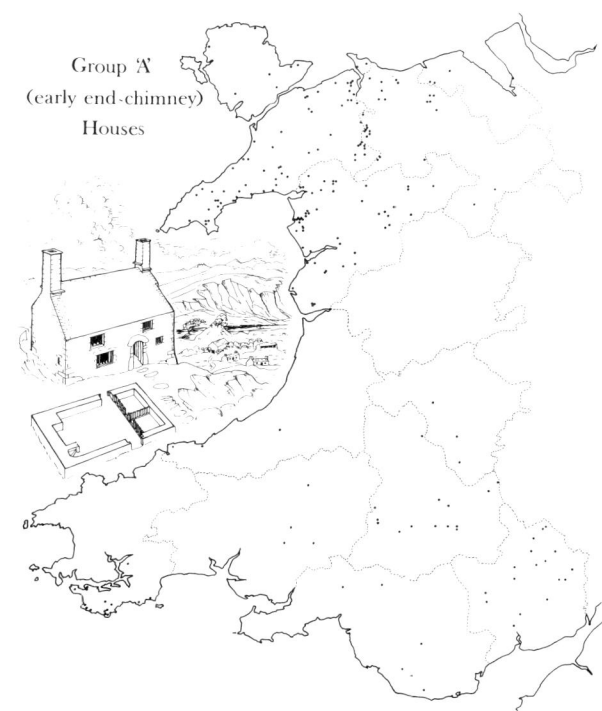

Dosbarthiad y math Eryri o dŷ, *Houses of the Welsh Countryside*, Map 27
The distribution of the Snowdonian house type, *Houses of the Welsh Countryside*, Map 27

room – has been transferred to the first floor of the Snowdonian house where the principal chamber has been given the luxury of a fireplace and dignified with a good roof.

If, during the century 1540 to 1640, the hallhouses of north-west Wales were replaced by these storeyed houses, what was the status of these new dwellings? It must be emphasized that these Snowdonian houses, despite their relatively small

Tai Eryri   **61**   The Snowdonian House

ôl yr Adferiad. Mae tŷ John Jones, Uwchlaw'r-coed, yn arbennig o ddiddorol. Cafodd ei adeiladu yn yr unfed ganrif ar bymtheg (y dyddiad arno yw 1585), ond fe ychwanegodd y Cyrnol Jones ato gegin fawr a gwblhawyd, yn ôl arysgrif arall, ar 28ain Ebrill 1654.

Mae tai Eryri'n syndod o fodern; yn wir, maent wedi'u haddasu'n ddidrafferth i fod yn dai ac iddynt risiau canolog yn ôl y patrwm diweddarach. O'r tu allan, mae hi weithiau'n anodd gwahaniaethu rhwng tai o Oes Victoria a'r Oes Sioraidd – â'u drysau canolog a'u simneiau pen – a ffermdai cynharach Eryri. Tueddu i fod yn gymharol brin yw'r newidiadau. Weithiau, troid y ddwy ystafell wrth y fynedfa yn un, sef, fel rheol, yn barlwr ac ynddo le tân. Enghraifft wych o hynny yw Hafodlwyfog (Beddgelert), dyddiedig 1638. Weithiau, ychwanegid cegin mewn adain gefn, fel y gwnaed yng Nghwmbychan. Yno, yn ôl arysgrif fach ar gilbost y drws, cafodd adain y gegin (neu'r tŷ-croes) ei hychwanegu yn y ddeunawfed ganrif at dŷ a godwyd yn wreiddiol ym 1612.

Lluniodd Thomas Pennant, yr hynafiaethydd, ddisgrifiad cofiadwy o'i ymweliad â Chwmbychan yn Ardudwy tua 1775. Cafodd groeso hael gan arglwydd y mynyddoedd, Evan Llwyd, gŵr a honnai ei fod yn ddisgynnydd i'r tywysog Bleddyn ap Cynfyn. Yr oedd y tŷ bychan hwnnw yn Eryri yn ganolbwynt i ystâd fynyddig a ymestynnai am rai milltiroedd. Yn ôl Pennant, yr oedd y plasty bach yn 'true specimen of an ancient seat of a gentleman of Wales'. Diaddurn ('rude') oedd y dodrefn. Y pethau hynotaf oedd y 'cistiau styffylog' lle y cedwid cyflenwad y teulu o geirch. Dangoswyd i

size, were often the homes of substantial freeholders and gentlemen. Many examples are illustrated in the Caernarvonshire *Inventories*. In the second edition of *Houses of the Welsh Countryside*, Peter Smith takes us on a tour of some of the examples in Ardudwy, south of Harlech. These belonged to members of an interconnected élite, some of whom became considerable figures outside Wales. Three of the houses were associated with John Jones, the soldier and Parliamentarian, who signed Charles I's death warrant and was himself executed after the Restoration. John Jones's own house, Uwchlaw'r-coed, is of special interest. The sixteenth-century house (dated 1585) has been preserved but Col. Jones added to it a large kitchen which (according to another inscription) was completed on 28th April 1654.

Snowdonian houses have a surprising modernity; indeed they have been adapted without difficulty into houses with central stairs on the more modern plan. It is sometimes difficult to distinguish externally Victorian and Georgian houses with central doorways and end chimneys from earlier Snowdonian farmhouses. Alterations tend to be relatively few. The two rooms at the entry are sometimes converted into a single room, generally a heated parlour; Hafodlwyfog (Beddgelert) provides a fine example dated 1638. A working kitchen was sometimes added as rear wing, as at Cwmbychan where the kitchen wing (or *tŷ-croes*) was added in the eighteenth century to a house originally built in 1612, according to a small inscription on the door jamb.

Y tu mewn â llafnau'r nenfforch wedi'u torri'n gyfwyneb â'r wal yn Nhŷ-mawr (Wybrnant, Sir Gaernarfon)
Interior with cruck blades cut off flush with the wall at Tŷ-mawr (Wybrnant, Caernarfonshire)

Pennant lestr yfed hanesyddol y teulu, un a wnaed, mae'n debyg, o geillgwd tarw. Mae cistiau ceirch i'w gweld o hyd ond, gwaetha'r modd, mae llestr yfed hanesyddol Cwmbychan wedi hen ddiflannu.

The eighteenth-century antiquarian, Thomas Pennant, memorably recorded a visit to Cwmbychan in Ardudwy in about 1775. Pennant was hospitably received by the lord of the mountains, Evan Llwyd, who claimed descent from prince Bledcyn ap Cynfyn. This small Snowdonian house was the

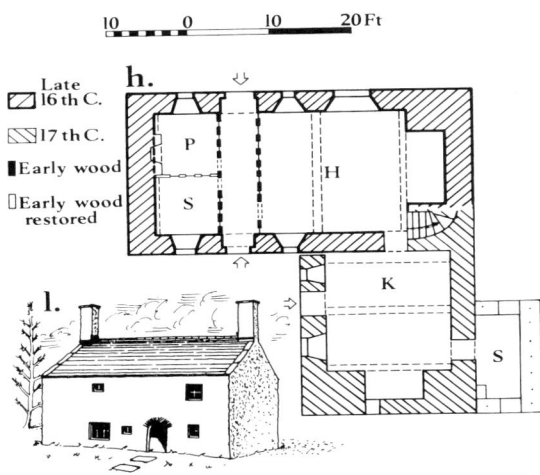

Brynyrodyn (Cwm Cynfal): *Houses of the Welsh Countryside* (1988) ffig. 217/fig. 217

System yr Unedau

Cyfeiria Pennant hefyd at 'dyddyn y traean': 'an ancient customary appendage to most of the Welsh houses [h.y. yn Eryri] of any note.' Yr arfer oedd i weddw tirfeddiannwr hawlio traean o ystâd ei gŵr tra byddai hi. Yn y gogledd-orllewin, fe fyddai'r hawl honno'n cael ei pharchu'n fanwl fel rheol ac fe'i cofnodwyd mewn cytundebau cyn-briodasol. Roedd 'arfer y gogledd' yn caniatáu i weddw symud i fwthyn cyfagos ar ôl i'w gŵr farw ac i'w mab etifeddu'r ystâd. Arweiniodd hynny at amryw byd o enghreifftiau o 'system yr unedau' yn y gogledd, sef codi ail dŷ yn agos iawn at y prif dŷ ac weithiau gornel wrth gornel iddo. Ymhlith yr enghreifftiau niferus o'r ffenomen drawiadol hon

centre of a mountainous estate that stretched for several miles. Pennant declared the little mansion was 'a true specimen of an ancient seat of a gentleman of Wales'. The furniture was unrefined ('rude'). Most remarkable were the chests (*cistiau styffylog*) that held the family's supply of oatmeal. Pennant was shown the family's historic drinking vessel, apparently made from a bull's scrotum. Oatmeal chests are still to be seen but – alas – Cwmbychan's historic drinking vessel has long since disappeared.

Unit System

Pennant also refers to the 'tyddyn y traian': 'an ancient customary appendage to most of the Welsh [=Snowdonian] houses of any note.' The term may be translated as the 'cottage of the widow's third' or more simply as 'dower-house'. By custom the widow of a landowner was entitled to the third part of his estate for life. In north-west Wales this entitlement was usually scrupulously observed and enshrined in pre-nuptual agreements. The 'custom of north Wales' allowed a widow to move into an adjacent cottage after her husband had died and her son succeeded to the estate. This led to numerous examples of the 'unit system' in north Wales, where a secondary house was built in close proximity to the principal house, sometimes set corner-to-corner. Among numerous examples of this striking phenomenon are Plas y Dduallt (Ffestiniog), Penarth (Llanbedr), Llanfair-isaf (Llanfair), and Plasnewydd (Llanfrothen). A few examples have now been scientifically dated, as at Llwyn-du (Llanaber) where

mae Plas y Dduallt (Ffestiniog), Penarth (Llanbedr), Llanfair-isaf (Llanfair) a Phlasnewydd (Llanfrothen). Erbyn hyn, mae ambell enghraifft wedi'i dyddio'n wyddonol, fel yn Llwyn-du (Llanaber) lle dangosodd dendrocronoleg i do'r prif dŷ gael ei godi o goed a gwympwyd ym 1581 a bod coed y bwthyn neu'r tŷ agweddi wedi'u cwympo ym 1592/3. Er mor niwlog yw tarddiad y system o unedau, mae'n debyg iddi darddu, fel y gwnaeth cynifer o ddatblygiadau pensaernïol arloesol, ymhlith yr uchelwyr. Efallai i'r cyfuniad adnabyddus o adeiladau yng Nghastell Gwydir fod yn batrwm a bod llawer o gopïo wedi bod arno. Yng Ngwydir mae'r prif dŷ, a godwyd yn null tŵr yn gynnar yn yr unfed ganrif ar bymtheg, gornel wrth gornel â thŷ a godwyd ganol yr unfed ganrif ar bymtheg dan drefn y system unedau. Yn wir, efallai y gellid honni mai tŵr Gwydir oedd rhagflaenydd tŷ Eryri ac i'w fri ddylanwadu ar ddatblygiad y tŷ deulawr newydd yn y rhanbarth hwnnw o ryw 1540 ymlaen.

dendrochronology established that the roof of the principal house was built with timber felled in 1581 and the cottage or dower-house has timbers dated 1592/3. The origin of the unit system is obscure but, like so many architectural innovations, it probably had high-status origins. The famous complex at Gwydir Castle may have provided a much-copied example. At Gwydir the early-sixteenth-century tower-like principal house stands corner-to-corner with a mid-sixteenth-century house in a unit system arrangement. Indeed, the tower at Gwydir has some claim to be regarded as the precursor of the 'Snowdonian' house itself, influencing – such was its prestige – the development of the new storeyed house in the region from about 1540.

"... mae'r math Eryri o dŷ yn llai cyfarwydd i ni'r Cymry. A dweud y gwir mae Tŷ Eryri yn fath o gyfrinach bensaernïol."

"... the Snowndonian type of house is less familiar to us Welsh people. To be honest the Snowdonian House is a kind of architectural secret."

Hafodlwyfog (Beddgelert, Sir Gaernarfon / Caernarfonshire)

dyfyniad a llun gan Aled Samuel / quotation and drawing by Aled Samuel

Gwerthfawrogiadau
Appreciations

Brynyrodyn
Cwm Cynfal, Meirionnydd

Am fod yr enghreifftiau ohono'n tueddu i fod yn rhyfeddol o unffurf, gogoniant y math 'Eryri' o dŷ yw bod modd ei adnabod yn y dirwedd ar unwaith. Gallech dynnu Brynyrodyn o Eryri a byddai'n dal i fod yn hawdd ei adnabod yn dŷ o'r math a geir yn y gogledd-orllewin.

Bernir mai tua diwedd yr unfed ganrif ar bymtheg y codwyd y ffermdy sylweddol hwn o'r garreg leol, ac mae iddo'r cynllun a'r manylion nodweddiadol. Mae agoriad 'bwa basged' y prif ddrws, a'r cerrig ymledol wrth ei ben, yn nodweddiadol o'r fro. Ceir ynddo gyntedd croes a phared o byst a phaneli ar bob ochr, simnai yn y pen, ac nid yw cynllun ei lawr wedi newid fawr ddim dros y canrifoedd. Mae'r pâr o ddrysau ym mhared y cyntedd yn arwain at barlwr a wresogir ac at ystafell wasanaethu fach wrth ei ochr.

Yn yr ail ganrif ar bymtheg, ychwanegwyd adain cegin at y cefn gan roi ffurf 'L' i'r tŷ. Byddai'r grisiau cerrig i'r llawr cyntaf wedi'u haddasu bryd hynny gan eu bod nhw bellach yn ymrannu i gyrraedd yr ystafell uwchben y gegin yn ogystal â'r prif lawr cyntaf. Mae ansawdd y gwaith coed yn dda, yn enwedig yn y paredau

Brynyrodyn
Cwm Cynfal, Merioneth

The beauty of the 'Snowdonian' house type is that it is immediately recognisable in the landscape, as the examples tend to be remarkably uniform. You could take Brynyrodyn out of Snowdonia and it would still be identifiable as a house of the north-west Wales regional type.

Assumed to be of late sixteenth-century date, this substantial farmhouse is built from the local stone and has the typical plan and detail. The 'basket arched' opening to the main doorway, with radiating stones as the head, is characteristic of the region. There is a cross-passage with a post-and-panel partition on each side, an end chimney, and a floor plan that has changed little over the centuries. Paired doors in the passage partition lead to a heated parlour and a small service-room alongside.

In the seventeenth century a rear kitchen wing was added, giving the house an 'L'-shaped plan. The stone stairs to the first floor would have been modified at this stage as they now split to serve the room over the kitchen as well as the main first floor. The quality of the woodwork is good, especially in the strong post-and-panel

Brynyrodyn

cryf o byst a phaneli yn y siambrau uchaf. Mae i'r tŷ ddau lawr llawn a siamberi croglofft.

Houses of the Welsh Countryside, ffigur 217(h-l).

Castell Gwydir
Llanrwst, Sir Gaernarfon

Adeilad cymhleth o sawl cyfnod yw Gwydir a bu, yn ystod yr unfed a'r ail ganrif ar bymtheg, o leiaf, lawn mor ddylanwadol â'i berchnogion, sef teulu'r Wynniaid, teulu o'r pwys mwyaf yng

partitioning to the upper chambers. The house has two full storeys and attic chambers.

Houses of the Welsh Countryside, fig. 217(h-l).

Gwydir Castle
Llanrwst, Caernarfonshire

Gwydir is a complex multi-period building that was, at least in the sixteenth and seventeenth centuries as influential as its owners, the Wynns, who were prime movers in the politics of north

Castell Gwydir
Gwydir Castle

ngwleidyddiaeth y gogledd. Bryd hynny, ystâd Gwydir oedd un o'r mwyaf yng Nghymru ac roedd yn cynnwys y rhan helaeth o Eryri yn ogystal â thiroedd eraill.

Dros y canrifoedd bu llawer o ddatblygu ar 'gastell' Gwydir, gan gynnwys ychwanegu ato estyniadau sylweddol sydd bellach wedi'u dymchwel. Yn ffodus, mae llawer o'r adeiladwaith a godwyd cyn 1600 wedi goroesi, ac efallai mai hwnnw a ysbrydolodd ddatblygu y math 'Eryri' o dŷ a welir ar raddfa lawer llai yng nghartrefi dosbarthiadau canol y fro. Byddai pawb yn y gogledd yn yr unfed ganrif ar bymtheg a'r ganrif ddilynol wedi bod yn ymwybodol o deulu'r Wynniaid a'u grym, a byddai'r dosbarthiadau canol wedi bod yn gyfarwydd â Gwydir a'i ffurf ac, mae'n debyg, wedi gobeithio meddu ar gartref o'r fath.

Awgrym Peter Welford, perchennog presennol Gwydir, yw i'r tŷ fod yn batrwm i'r tai newydd y dechreuodd y ffermwyr cyfoethog eu codi – gan fynnu cael simneiau yn y talcenni, grisiau cerrig yn y waliau ac, ambell waith hefyd, 'system-o-unedau' lle câi tai cysylltiedig – ond a allai fod yn annibynnol – eu codi ar 90 gradd i'w gilydd. Mae'r dystiolaeth fel petai'n adlewyrchu hynny, ac erbyn canol yr unfed ganrif ar bymtheg yr oedd adeiladau newydd, a'r rhai a addaswyd, yn dechrau ymddangos ledled Eryri, a'r rheiny'n dynwared patrwm pensaernïol Gwydir. Mae'r berthynas rhwng cyfres adeiladau'r neuadd a'r 'tŵr' haul yng Ngwydir yn debyg i'r cartrefi dan y drefn unedau a godwyd yn Eryri tua diwedd yr unfed ganrif ar bymtheg ac yn y ganrif ddilynol.

Inventory Sir Gaernarfon I, ffigurau 181-3.

Wales. The Gwydir estate was then one of the largest in Wales, and covered much of what is now called Snowdonia, as well as other areas.

The 'castle' at Gwydir has seen many developments over the centuries, including substantial extensions that have since been demolished. Happily much of the pre-1600 structure survives, and this may have inspired the development of the regional 'Snowdonian House' is seen on a much smaller scale in the homes of the middle classes in the area. Everyone in north Wales in the sixteenth and seventeenth centuries would have been familiar with the Wynns and their power, and the middle classes would have known Gwydir and its form, and would likely have aspired to such a home.

Peter Welford, the present owner of Gwydir, suggests that the house effectively formed a prototype for the new houses that the wealthy farmers started to build – with chimneys on the gables, mural stone stairs, and occasionally 'unit-system' developments where associated but potentially independent houses were built at 90 degrees to each other. The evidence does seem to reflect this – by the mid-sixteenth century new-built and modified houses that mimicked the architectural form of Gwydir were appearing across the region. The relationship between the hall range and the solar 'tower' at Gwydir is similar to the unit-system homes that were built in Snowdonia in the later sixteenth and seventeenth centuries.

Caernarfonshire Inventory I, figs. 181-3.

Llanfair-isaf
Llanfair, Meirionnydd

Adeilad ac iddo gymeriad cryf ei ranbarth yw Llanfair-isaf. Nid yn unig y mae'r prif dŷ yn dilyn patrwm 'Eryri' drwy fod â simnai pen a chyntedd croes ond fe'i codwyd hefyd mewn unedau. Mae camau codi'r unedau domestig fel petai'n anarferol o hawdd eu 'darllen'. Fe'u codwyd mewn tri cham pendant ac mae pob uned wedi cadw ei manylion gwreiddiol.

Y gynharaf, a'r un wreiddiol, o'r tair adain ddomestig yw'r tŷ a godwyd tua diwedd yr unfed ganrif ar bymtheg gan ddilyn cynllun tai Eryri. Yn fuan wedyn y codwyd y 'neuadd'. Y peth rhyfedd yw bod iddi ffurf bensaernïol gynharach ac iddi gael ei chodi mewn ffordd fwy cyntefig, sef bron yn llwyr o gerrig sychion. Ond gan ei bod hi, mae'n amlwg, yn ffinio â'r tŷ gwreiddiol, rhaid mai ychwanegiad yw hi. Crëwyd felly drefn o unedau lle cynhwysai'r eiddo ddwy uned wrth ymyl ei gilydd ond dwy a allai fod yn unedau annibynnol. Yn y naill a'r llall yr oedd lle tân digon mawr i goginio arno, a pharlwr preifat. Mae'r ysguboriau gwair agored ar y buarth yn nodweddiadol o dirwedd Meirionnydd ac mae'n bosib iddynt ddyddio o'r 1820au pryd yr ychwanegwyd adain y parlwr.

Bu trafod mawr ar darddiad a swyddogaeth tai Eryri a'u trefn unedau. Mae llawer o'r ail unedau fel petaent wedi cychwyn fel tai agweddi neu cartrefi i genhedlaeth wahanol o aelodau'r teulu. Apêl Llanfair-isaf heddiw yw mai dyma'n union sut y

Llanfair-isaf
Llanfair, Merioneth

Llanfair-isaf is a property strongly regional in its character. Not only does the main house follow the 'Snowdonian' pattern with its end chimney and cross passage, but it is also a unit-built complex. The phasing of the domestic units appears unusually easy to 'read' – built in three distinct phases, with each unit retaining its original detail.

The earliest, and at the core, of the three domestic wings is the original late-sixteenth-century house that follows the Snowdonian house plan-form. Soon after this was built the 'hall' was added, strangely taking an earlier architectural form and even built in a more primitive way, being virtually dry-stone. However, as it clearly abuts the original house it must be an addition. This created a 'unit-system' arrangement where the property contained two adjoining but potentially independent units, each with its own fireplace large enough to cook on, and each with private parlour space. The open hay barns on the farmyard are typical of the Meirionydd landscape and may date to the 1820s when the parlour wing was added.

The origin and function of unit-system houses in Snowdonia has been the subject of much discussion. Many secondary units seem to have originated as dower-houses or housed a different generation of family members. The charm of Llanfair-isaf today is that this is exactly how the unit-system is used, with the senior family members living

gweithiai'r drefn unedau. Trigai aelodau hŷn y teulu yn y prif dŷ cynnar a thrigai'r ferch a'i theulu yn adain y 'neuadd' gerllaw ond doedd dim cysylltiad rhwng y ddau adeilad.

Houses of the Welsh Countryside, ffigur 87.

in the main, early house, and the daughter and her family in the adjoining but not interconnected 'hall' wing.

Houses of the Welsh Countryside, fig. 87.

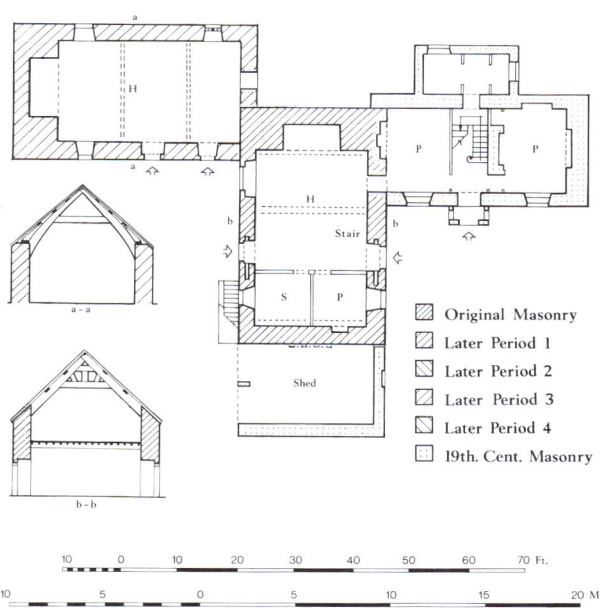

Llanfair-isaf: cynllun ac adluniad o *Houses of the Welsh Countryside* gyda'r adain a ychwanegwyd yn y bedwaredd ganrif ar bymtheg (dde)

Llanfair-isaf: plan and reconstruction from *Houses of the Welsh Countryside* with added nineteenth-century wing (right)

Tŷ-mawr
Wybrnant, Penmachno, Sir Gaernarfon

Er bod cwm afon Wybrnant heddiw'n teimlo mor anghysbell ag y gellir bod yng Nghymru, yn yr unfed ganrif ar bymtheg yr oedd ar brif ffordd y porthmyn o Lŷn i Ddolwyddelan ac ymlaen i'r marchnadoedd gwartheg dros y ffin. Ac er ei fod yn enwog fel man geni William Morgan (y cyntaf i gyfieithu'r cyfan o'r Beibl i'r Gymraeg) ym 1545, mae'r tŷ lawn mor bwysig fel enghraifft o Dŷ Eryri o'r unfed ganrif ar bymtheg sydd wedi'i ddiogelu a'i adfer yn gelfydd. Mae ei enw'n awgrymu nad fferm gyffredin mohono yn ei ddydd a chredir iddo fod yn gartref i deulu o ffermwyr cyfoethog.

Yr hyn sy'n ddiddorol yma yw i hen neuadd (o gyfnod William Morgan) gael ei haddasu i greu adeilad sydd, yn allanol beth bynnag, yn dilyn patrwm clasurol 'tŷ Eryri'. Mae hynny'n dangos apêl fawr y math newydd o dŷ deulawr a gâi ei godi'n lleol gan y dosbarthiadau canol; cai tai a fodolai eisoes, hyd yn oed, eu haddasu i gyd-fynd â'r ffasiwn ddiweddaraf.

Ychydig sy'n weddill o'r neuadd gynnar heblaw am ddau ddarn o nenfforch yn wal y dwyrain a'r rhan isaf o waith maen. Ailwampiwyd y neuadd yn niwedd yr unfed ganrif ar bymtheg neu, o bosibl, tua dechrau'r ganrif wedyn. Dilynai'r cynllun newydd batrwm tŷ Eryri gan osod lleoedd tân yn waliau'r talcenni yn hytrach nag yng nghanol y tŷ, fel y digwyddai'n gyffredin bryd hynny ar y gororau. Nid oes iddo risiau cerrig

Tŷ-mawr
Wybrnant, Penmachno, Caernarfonshire

The Wybrnant valley feels as remote as it is possible to get in Wales today, yet in the sixteenth century it was on a main drovers' road from Llŷn through Dolwyddelan and on to the cattle markets across the border. Famous as the birthplace in 1545 of William Morgan (the first translator of the whole Bible into Welsh), it is equally important as a well-preserved and restored sixteenth-century Snowdonian House. The name (Tŷ-mawr or 'Great House') suggests that this was no ordinary farm in its day. It is considered to have been home to a wealthy farming family.

What is interesting here is that a former hall (from William Morgan's time) was modified to create a building that externally at least follows the classic 'Snowdonian house' pattern. This shows the strong appeal of the new kind of storeyed house that was being built locally by the middle classes, and that even existing homes were modified to conform to the latest fashion.

Little remains of the early hall aside from two cruck fragments in the east wall and the lower section of stonework, and the hall was remodelled in the later sixteenth century or possibly early seventeenth century. The new plan followed the Snowdonian house pattern with fireplaces in the gable-end walls rather than in the middle of the house, as was then common on the Welsh borders. It lacks a stone mural stair, a feature still

Tŷ-mawr (Wybrnant): ar ôl ei adfer a chynt
Tŷ-mawr (Wybrnant): after restoration and before

yn y wal, sef nodwedd a welir o hyd mewn rhai o'r tai cyfagos ym Mhenmachno, ac mae'n fwy na thebyg mai grisiau ysgol a ddefnyddid i gyrraedd y siambrau newydd ar y llawr cyntaf.

Adferodd yr Ymddiriedolaeth Genedlaethol y tŷ ym 1988 i ddathlu pedwarcanmlwyddiant cyfieithu'r Beibl. Cafwyd gwared ar lawer o'r newidiadau o'r bedwaredd ganrif ar bymtheg a'r ugeinfed ganrif er mwyn creu'r tu mewn syml a welir heddiw.

Peter Smith, Arweinlyfr yr Ymddiriedolaeth Genedlaethol i Dŷ Mawr

seen in some of the neighbouring properties in Penmachno, and a ladder stair was probably used to reach the new first-floor chambers.

The National Trust restored the property in 1988 to mark the fourth centenary of the Welsh Bible, stripping out many nineteenth- and twentieth-century alterations and creating the simple interior seen today.

Peter Smith, National Trust Guide to Tŷ-mawr

Uwchlaw'r-coed
Llanenddwyn, Meirionnydd

Codwyd Uwchlaw'r-coed mewn dau gyfnod, a nodwyd ar yr adeilad y dyddiad ar gyfer y naill gyfnod a'r llall. Ceir dyddiad 1585 ar du allan pen drws Seiclopeaidd yr uned gynharaf yn ogystal ag ar bared y cyntedd y tu mewn. Tŷ oedd hwn o fath Eryri ac iddo simnai yn y pen a chyntedd croes. Distiau addurnol a sgwarog eu patrwm sydd i nenfwd y brif neuadd. Y dystiolaeth ar y llawr cyntaf yw mai dwy ystafell oedd yno'n wreiddiol.

Ym 1654 ychwanegwyd cegin sylweddol ac yr oedd yr estyniad hwnnw'n cynnwys llaethdy o dan do ar oleddf hir yn y cefn. Mae ffrâm fowldiedig y drws derw rhwng y gegin a'r llaethdy wedi'i thorri i alluogi casgenni i fynd drwyddi. Oherwydd bod y dyddiad yn yr estyniad yn anarferol o bendant ('1654 April 28'), mae'n bosibl ei fod yn dathlu digwyddiad o bwys, yn hytrach na chwblhau'r tŷ.

Yn yr uned gynharaf, mae patrwm gwreiddiol y neuadd, sef y cyntedd croes, y parlwr a'r ystafell wasanaethu, ar goll; yr unig ffordd o'i olrhain heddiw yw dilyn trawstiau'r nenfwd. Efallai i estyniad mawr y gegin olygu bod modd ailwampio'r tŷ i greu gofod mwy preifat neu ffurfiol. Perchennog Uwchlaw'r-coed ar y pryd oedd y Cyrnol John Jones, y milwr enwog o Seneddwr, yr hanai ei deulu o Faesygarnedd.

Y tu allan i Uwchlaw'r-coed ceir casgliad dymunol o adeiladau cysylltiedig y fferm (rhai diweddarach gan mwyaf), gan gynnwys popty, cwt us a beudy, yn ogystal ag adeiladau ysgubor arbennig

Uwchlaw'r-coed
Llanenddwyn, Merioneth

Uwchlaw'r-coed is a building in two distinct phases, each inscribed with a clear date. The earlier unit has the date 1585 inscribed externally on its cyclopean door-head as well as internally on the passage partition. This was an end-chimney, cross-passage house of the Snowdonian type. The ceiling joists in the main hall are decorative and run in chequer-board pattern. The first floor shows evidence of originally having two rooms.

A substantial kitchen extension was added in 1654 and included a dairy under a cat-slide roof to the rear. The moulded oak door-frame between kitchen and dairy has been cut to allow barrels through. It is possible that the date in the extension celebrates a significant event, rather than the completion of the house, as it is unusually precise ('1654 April 28').

In the earlier unit the original layout of hall, cross-passage, parlour and service room has been lost; it is traceable today only in the surviving pattern of ceiling beams. Possibly the large kitchen extension meant that the old house could be remodelled to make a more private or formal space. The owner of Uwchlaw'r-coed at this point was Colonel John Jones, the famous Parliamentarian soldier, whose family hailed from Maesygarnedd.

Outside Uwchlaw'r-coed there is a pleasant collection of associated farm buildings (most of them later) including a bakehouse, chaff-house and cowhouse, as well as a particularly substantial stone barn range that is assumed to date at least in part to

o sylweddol y tybir i ran ohoni, o leiaf, gael ei chodi yn y ddeunawfed ganrif. Fel sy'n digwydd yn aml yn Eryri mae adeiladau'r fferm beth ffordd o'r ffermdy – gwelir yr un peth yn nhŷ bonedd Uwchlaw'r-coed.

Houses of the Welsh Countryside, ffigur 217a-g.

the eighteenth century. The farm buildings are sited at some distance from the farmhouse, as is often the case in Snowdonia – Uwchlaw'r-coed was a gentry house so stood detached.

Houses of the Welsh Countryside, fig. 217a-g.

Uwchlaw'r-coed

Y Garreg-fawr
Waunfawr, Sir Gaernarfon (bellach yn Sain Ffagan)

Mantais amgueddfeydd gwerin yw eu bod yn gallu cyflwyno adeiladau hanesyddol ar ffurf 'bur' heb i unrhyw estyniad neu newid amharu arnynt. Mae'r math hwn o gyflwyniad yn arbennig o ddefnyddiol yn achos y Garreg-fawr am ei fod yn gyfle i bortreadu tŷ 'clasurol' Eryri. Fe'i codwyd tua 1544, a'i ailgodi ym 1984 yn Sain Ffagan. Mae'r ailgread gofalus hwn o gartref ffermwr cyfoethog yn oes y Tuduriaid yn gwneud yn iawn, i raddau, am yr hyn a gollwyd – yn anochel – wrth ei symud o'i gyd-destun yn y mynyddoedd. Cyfeiria'i enw at y graig fawr y tu ôl i safle gwreiddiol y tŷ ger Waunfawr. Pan symudwyd y Garreg-fawr, cawsai ei droi'n ysgubor ers tro byd ac roedd wedi colli ei simneiau a'i raniadau mewnol.

Nodweddion pensaernïol amlycaf y cartref cadarn hwn yw'r simneiau tal iawn. Yn wreiddiol, fe'u gosodwyd yn fwriadol ar ongl yn erbyn brig y to fel addurn. Byddent wedi bod yn symbol o statws uchel yn yr unfed ganrif ar bymtheg oherwydd fod codi simnai'n dangos bod y tŷ yn un o'r math newydd ac nid yn neuadd agored, fyglyd. Mae dwy simnai o'r fath i'r Garreg-fawr y gellid eu gweld o bell – ffaith sy'n amlygu eu pwysigrwydd i statws y sawl a'u cododd.

Mae'r tŷ wedi cadw ei ffenestri di-wydr a chaiff yr ymwelydd argraff werthfawr o'r tŷ fel y byddai wedi bod ganol yr unfed ganrif ar bymtheg. Bydd y gofalwyr yn yr amgueddfa yn esbonio mantais y ffenestri di-wydr a'u caeadau pren mewnol. Drwy gau neu agor y caeadau priodol yn ôl yr angen, mae modd

Y Garreg-fawr
Waunfawr, Caernarfonshire (Now at St Fagans)

Folk museums have the advantage of being able to present historic buildings in a 'pure' form unadulterated by extensions and alterations. This type of presentation is particularly useful for Y Garreg-fawr as it provides an opportunity to portray the 'classic' Snowdonian house. Built in about 1544, and re-erected in 1984 at St Fagans, this careful recreation of a wealthy Tudor farmer's home goes some way to make up for what was inevitably lost when it was moved out of its mountain context. Its name refers to the large outcrop behind the house in its original siting near Waunfawr. When Y Garreg-fawr was moved it had long been converted to a barn, and had lost its chimney stacks and internal divisions.

The most prominent architectural features of this stout home are the very tall chimneys. They were originally deliberately angled against the ridge of the roof for decoration and would have been a symbol of high status in the sixteenth century, when having a chimney would have identified the house as a dwelling of the new type, and not an open, smoke-filled hall. Y Garreg-fawr enjoys two such chimneys, which would have been visible from afar, reflecting their importance to the builder's status.

The house retains its pre-glazing windows, and the visitor gains a valuable impression of the house as it would have been in the mid-sixteenth century. The attendants at the museum will explain the advantage of having unglazed windows front and back, closed with

Y Garreg-fawr

manteisio i'r eithaf ar y drafft i'r tân a chadw'r ystafell yn ddi-fwg ac yn gymharol gynnes (er mai pennaf diben y prif le tân, o hyd, oedd coginio).

Houses of the Welsh Countryside (ail arg.), ffigur 82b.

wooden internal shutters. Careful manipulation of the appropriate shutter enables the occupant to maximise the draught to the fire, keeping the room smoke-free and relatively warm (though the chief purpose of the main fireplace was still cooking).

Houses of the Welsh Countryside (2nd edn.). fig. 82b.

Tŷ-mawr (Wybrnant): y tu allan a'r tu mewn. Lluniau sydd wedi eu cynhyrchu gan gyfrifiadur yn arbennig gan y Comisiwn Brenhinol a See 3D ar gyfer y gyfres deledu *Cartrefi Cefn Gwlad Cymru*, S4C

Tŷ-mawr (Wybrnant): exterior and interior. Computer generated pictures created especially by the Royal Commission and See 3D for the television series *Cartrefi Cefn Gwlad Cymru*, S4C

Tai Eryri   The Snowdonian House

Rhiwson-uchaf (Llanwenog, Sir Aberteifi): tŷ hir o'r ail ganrif ar bymtheg sydd wedi cadw'r fynedfa o'r beudy
Rhiwson-uchaf (Llanwenog, Cardiganshire): a seventeenth-century longhouse retaining the entry from the cowhouse

4 Y Tŷ Hir
The Longhouse

Nodwedd allweddol y tŷ hir yw'r ffaith fod pobl a'u gwartheg yn byw ynddo o dan yr unto, ac mae'n fath brodorol o dŷ sydd wedi cyffroi diddordeb mawr ymhlith llu o bobl y tu hwnt i haneswyr pensaernïaeth. I rai, mae'n dŷ gwirioneddol Gymreig neu Geltaidd sy'n dyddio'n ôl ymhell. Iorwerth Peate yn ei gyfrol arloesol *The Welsh House* (1940) biau'r syniad o'r tŷ hir fel math nodweddiadol o dŷ. Mabwysiadodd ef y term 'tŷ hir' am iddo glywed llawer o'i gyd-Gymry'n cyfeirio ato felly. Credai Peate i'r tŷ hir gael ei gofnodi yn gynnar yn yr Oesoedd Canol yng Nghymru a bod gwaith cloddio'n rhwym o ddod o hyd i enghreifftiau cynharach ohono. Tynnodd sylw at chwedl 'Breuddwyd Rhonabwy' am mai yn honno y ceir y disgrifiad cynharaf o dŷ hir lle trigai dynion ac anifeiliaid o dan yr unto. Yn y chwedl, daeth Rhonabwy i 'hen neuadd burddu dal uniawn a mwg ohono ddigon o faint. Lle'r oedd tolc yn y llawr anwastad, o'r braidd y glynai dyn arno gan lyfned y llawr gan fiswail gwartheg a'u tail'. Gan fod Rhonabwy wedi blino'n lân, yr oedd arno eisiau cysgu, ond gan i'r gwartheg fwyta'r rhan fwyaf o'r gwellt nid oedd yno ond 'byrwellt

The longhouse – whose key feature is that people and their cattle are housed under one roof – is a vernacular house type that has fascinated many people beyond architectural historians. For some they seem an authentically Welsh or Celtic house whose origins are lost in time. The idea of the longhouse as a kind of archetypal house belongs to Iorwerth Peate and his pioneering *The Welsh House* (1940). Peate adopted the term 'longhouse' because he found that many countrymen referred to the house-and-byre range as *tŷ-hir*, literally 'longhouse'. Peate believed that the longhouse had been recorded in Wales from the early medieval period and had no doubt that excavation would uncover earlier examples. He drew attention to the 'Dream of Rhonabwy' in the Mabinogion as containing the earliest description of a longhouse in which men and beasts were housed under the same roof. In the story, Rhonabwy came to a great hall, lofty, black and smokey. The hall floor was so slippery from the mire of cattle that it was difficult to stand on. Rhonabwy was weary and wanted to sleep but the cattle had eaten most of the bedding, leaving dust and fleas. Peate saw the house-and-byre type

dystlyd chweinllyd'. Gwelai Peate y math hwn o dŷ yn ymestyn yn ôl drwy'r cyfnodau archaeolegol a mentrodd ddweud 'it is safe to assume, I think, that the Welsh long-house had its origin in Neolithic times'. Er bod haneswyr pensaernïaeth heddiw'n llai mentrus, mae'n bwnc sy'n dal i ennyn chwilfrydedd mawr.

O safbwynt astudio diwylliant materol yr aeth Peate ati i astudio tai. Hynny yw, ystyriai ef arwyddocâd y tŷ fel rhan o ffordd gyfan o fyw. Roedd yn cydnabod fod arno ddylanwad Syr Daniel Lleufer Thomas, Ysgrifennydd y Comisiwn Brenhinol ar Dir yng Nghymru a Sir Fynwy (1896), gŵr a gredai y gallai olion y tŷ 'llwythol' canoloesol oroesi yn nhai traddodiadol Cymru. Oherwydd bod Thomas yn awyddus i gynnig disgrifiadau o amodau byw ffermwyr a thenantiaid, fe gomisiynodd bensaer lleol, David Jenkins, i lunio cynlluniau o ffermdai traddodiadol yn ardal Llandeilo yn Sir Gaerfyrddin, lle cawsai ef ei hun ei fagu.

Gellir ystyried mai disgrifiad Jenkins, a ategwyd â ffotograffau a chynlluniau manwl, yw'r astudiaeth wyddonol gyntaf o bensaernïaeth frodorol Cymru. Fe'i hymgorfforwyd yn Adroddiad y Comisiwn Brenhinol ar Dir (1896: 693), adroddiad sy'n cynnig disgrifiad defnyddiol iawn o'r tŷ hir. Pwysleisir ynddo na ellid, mewn tai hirion traddodiadol, ond cyrraedd y tŷ ar hyd tramwyfa'r beudy (y 'penllawr'):

> Practically all the old farmhouses were built in oblong blocks, the dwelling itself being at one end of the block, and separated from the outbuildings by

as stretching through the archaeological record and allowed himself to say that 'it is safe to assume, I think, that the Welsh long-house had its origin in Neolithic times'. Today architectural historians are more cautious but the subject remains full of interest.

Peate approached houses from the point of view of the study of material culture, that is he was concerned with the significance of the house as part of a whole way of life. He acknowledged the influence of Sir Daniel Lleufer Thomas, Secretary of the Royal Commission on Land in Wales and Monmouthshire (1896), who thought vestiges of a medieval 'tribal' house might survive in traditional Welsh houses. Thomas was concerned to provide descriptions of the living conditions of farmers and tenants and commissioned a local architect, David Jenkins, to make plans of traditional farmhouses in the Llandeilo area of Carmarthenshire, where he himself had grown up.

Jenkins's account supported by photographs and accurate plans may be regarded as the first scientific study of Welsh vernacular architecture. It was incorporated in the *Report* (1896: 693) of the Royal Commission on Land, which provides a very useful description of the longhouse, emphasising that in traditional longhouses one could only reach the house from the cowhouse passage:

> Practically all the old farmhouses were built in oblong blocks, the dwelling itself being at one end of the block, and separated from the outbuildings by a covered passage. This passage, which … goes by

a covered passage. This passage, which … goes by the Welsh name of *Penllawr*, serves the purpose of a feeding-walk for the cattle, while out of it, on the opposite side, another door opens into the dwelling, being, in fact, the only entrance to it. This door opens into a large general living room, invariably known as *y gegin* ('the kitchen'). The walls of the house are usually of very great thickness; there are no windows looking out on the back of the house, but they all face the same way as the entrance, that is, overlooking the farmyard. In fact, as all the windows are small, and as there is no back door, there would only be one entrance to the house, namely, through the feeding-place, and in disturbed times this was probably a great consideration.

Y Ddadl ynglŷn â'r Tŷ Hir: Peate a Smith

Yn y 1930au casglodd Peate wybodaeth a awgrymai, efallai, mai'r tŷ hir oedd y prif fath o dŷ a geid ledled Cymru. Ond gwnaeth Peter Smith sawl sylw wrth adolygu'r deunydd hwnnw. Yn gyntaf, byddai hi'n aml yn anodd iawn dweud a oedd tŷ hir wedi'i godi'n dŷ hir. Yn fynych, yr oedd rhannau o dai hirion fel petaent wedi'u codi ar adegau gwahanol am fod toriad yn yr adeiladwaith i'w weld rhwng y tŷ a'r beudy. Os felly, gellid ystyried bod y beudy'n *ychwanegiad* at yr annedd, a chodai hynny amheuaeth ynglŷn â'r syniad o'r tŷ hir. Yn ail, dechreuodd Smith gofnodi dosbarthiad y tai hirion a'r tai a ddeilliodd ohonynt. Yn y pen draw, cynhyrchodd ef fap o'r 'hearth-passage houses' yn *Houses of the Welsh Countryside*, map y bu'n bur anodd ei lunio am

the Welsh name of *Penllawr*, serves the purpose of a feeding-walk for the cattle, while out of it, on the opposite side, another door opens into the dwelling, being, in fact, the only entrance to it. This door opens into a large general living room, invariably known as *y gegin* ('the kitchen'). The walls of the house are usually of very great thickness; there are no windows looking out on the back of the house, but they all face the same way as the entrance, that is, overlooking the farmyard. In fact, as all the windows are small, and as there is no back door, there would only be one entrance to the house, namely, through the feeding-place, and in disturbed times this was probably a great consideration.

The Longhouse Controversy: Peate & Smith

Peate collected information in the 1930s that seemed to suggest that the longhouse was a dominant house type throughout Wales. Peter Smith, reviewing this material, made several observations. First, it was often very difficult to tell if a longhouse had been purpose built. Longhouses seemed frequently to be of separate builds, that is there was a structural break between house and cowhouse. In these cases the cowhouse could be considered an *addition* to the dwelling. If that was the case, the idea of the purpose-built longhouse was thrown into doubt. Secondly, Smith began plotting the distribution of longhouses and longhouse derivatives and eventually produced the map of 'hearth-passage houses' in *Houses of the Welsh Countryside*. This was a difficult map to compile, involving many hundreds of sites.

Tŷ'rcelyn (Llandeilo, Sir Gaerfyrddin): torlun allan o *Houses of the Welsh Countryside*, ffig. 108

Tŷ'rcelyn (Llandeilo, Carmarthenshire): cutaway from *Houses of the Welsh Countryside*, fig. 108

Map sy'n dangos dosbarthiad anwastad tai hirion, *Houses of the Welsh Countryside*, Map 29b

Map showing the uneven distribution of longhouses, *Houses of the Welsh Countryside*, Map 29b

fod rhai cannoedd o safleoedd ynddo. Y nodwedd ddiffiniol oedd y ffordd y safai cyntedd mynediad y tu allan i gorn canolog y simnai. Ceisiodd Smith wahaniaethu rhwng y tai canoloesol a gawsai eu newid a thai deulawr newydd, a rhwng tai hirion ac 'eraill' (rhai oedd â pharlwr yn y pen isaf gan amlaf).

Bu canlyniadau'r mapio'n ysgytwol. Yn hytrach na dangos bod y tŷ hir i'w gael ledled Cymru, gwelwyd ei fod yn gyfyngedig ei

The defining feature was the way in which an entrance passage stood outside the central chimney stack. Smith tried to distinguish between converted medieval houses and new storeyed houses, and between longhouses and 'others' (usually having a parlour at the lower end).

The results of the mapping were startling. Rather than showing that this housetype was evenly

ddosbarthiad: yr oedd yn llawer mwy cyffredin yn y de a'r canolbarth (ceid rhai hefyd yn siroedd Henffordd ac Amwythig) nag yn y gogledd. Yn wir, ni chafwyd hyd i'r un yn y gogledd-orllewin: y math o dŷ a geid yno (tŷ Eryri) oedd yr un a safai ar wahân i adeiladau'r fferm.

Y broblem fawr i Smith oedd hyn: a oedd y cyfuniad o dŷ a beudy yn y tŷ hir yn ddisgynnydd uniongyrchol i'r math o dai a geid yn yr Oesoedd Canol, ac i ba raddau yr oedd yn ganlyniad damweiniol i gydio adeilad wrth adeilad. Hynny yw, ai trefniant y tŷ-a'r-beudy'n un neu'r hoffter o simnai ganolog a esgorodd ar y tŷ hir.

Dewisodd Smith dŷ Tŷ'rcelyn ger Llandeilo yn Sir Gaerfyrddin i ddarlunio rhai o'r problemau. Cawsai'r tŷ ei gynnwys yn y dystiolaeth a roddwyd i'r Comisiwn Brenhinol ar Dir. Bryd hynny, yr oedd yn fferm o 88 erw a 19 o wartheg, a thenant yn ei ffermio. Yn *The Welsh House* yr oedd Peate wedi cynnwys ffotograff o Dŷ'rcelyn a dynnwyd ar gyfer Adroddiad 1896. Dangosodd hwnnw fod Tŷ'rcelyn, i bob golwg, yn glasur o dŷ-a-beudy a bod iddo waliau cerrig a tho gwellt ac un fynedfa i'r dramwyfa rhwng y tŷ a'r beudy. Ond oherwydd i'r ffotograff ddangos bod cymal fertigol clir yn y gwaith maen rhwng y tŷ a'r beudy, daeth Smith i'r casgliad i'r beudy ar ei ffurf bresennol gael ei ychwanegu at y tŷ yn hytrach na chael ei godi ar yr un pryd. Pan ymwelodd Smith â'r tŷ cyn iddo gael ei foderneiddio, gwelodd fod y beudy wedi'i godi yn erbyn talcen y tŷ, fel y digwyddodd yn achos amryw byd o dai hirion.

distributed throughout Wales, mapping revealed that the longhouse had a restricted distribution. Longhouses were much commoner in south and central Wales (with extensions into Herefordshire and Shropshire) than in north Wales. Indeed in northwest Wales they were conspicuously absent; there the Snowdonian house detached from its farmbuildings reigned supreme.

For Smith the great problem of the longhouse was whether the house-and-byre homestead was a direct descendant of medieval house types and how far it was the result of the accidental accumulation of buildings. In other words, was it the house-and-byre arrangement that produced the longhouse or was it the preference for a central chimney that produced the longhouse.

Smith chose one Carmarthenshire house, Tŷ'rcelyn, near Llandeilo, to illustrate some of the problems. This longhouse had featured in evidence given to the Royal Commission on Land. It was then a tenanted farm of 88 acres with 19 cattle. Peate had published in *The Welsh House* a photograph of Tŷ'rcelyn taken for the 1896 Report. The photograph showed that Tŷ'rcelyn was apparently a classic stone-walled and thatched house-and-byre homestead with a single entry into the passage between house and cowhouse. Nevertheless, the photograph showed a clear vertical joint in the stonework between house and byre. From this Smith concluded that the byre in its present form had been added to the house rather than built with it. Smith visited the house before it was modernised and

Daeth sylwadau Peter Smith â thrylwyredd newydd i'r maes a châi hynny ei fynegi drwy alw tai hirion yn rhai 'pur', 'deilliannol' ('derived') a 'gweddilliol' ('vestigial'). Pan astudiodd John Smith a Stanley Jones dai hirion Sir Frycheiniog yn eu manylder, cawsant fod y mwyafrif ohonynt yn 'weddilliol' neu'n 'ddeilliannol' yn hytrach na wedi'u hadeiladu ar yr un pryd. Ond ni chafodd problem datblygiad y tai hirion ei datrys. Er ei bod hi'n wir dweud y gallai rhai tai hirion fod wedi'u ffurfio drwy ychwanegu atynt, mae hi'r un mor wir dweud y gellid bod wedi ailgodi'r beudy gwreiddiol. Ceir rhaniad cyfleus mewn tŷ hir yng nghyffiniau tramwyfa'r aelwyd, ac efallai i'r rhannau uchaf ac isaf gael eu hailgodi ar wahanol adegau wrth 'ailgodi am yn ail': gall y tŷ fod wedi'i wella drwy newid o goed i gerrig, yna gellid bod wedi ailgodi'r beudy mewn cerrig, a gwella'r tŷ unwaith eto ac yna ymlaen gan eu hailgodi am yn ail.

Darganfyddiadau a dehongliadau newydd

Gwelwyd amryw o ddatblygiadau pwysig o ran deall y tŷ hir ers cyhoeddi *Houses of the Welsh Countryside*. Mae gwaith arolygu a chloddio wedi dangos yn bendant bod iddo barhad o'r cyfnod canoloesol. Yn sgil y gwaith maes a wnaed ym Mhowys, gwelwyd i lawer tŷ hir gael ei droi o fod yn dŷ canoloesol ond gan gadw'r nenffyrch yn y beudy yn y pen isaf, fel y gwnaed, er enghraifft, yn y Gilfach a Chilewent. A oedd y rheiny'n feudai yn yr Oesoedd Canol ynteu a oedd iddynt ryw ddiben arall?

Wrth gloddio sawl tŷ canoloesol sydd â found that the byre had indeed been built against the end wall of the house, as was the case in numerous longhouses.

Smith's observations introduced a new rigour into the subject which was to become expressed in a vocabulary of 'pure', 'derived' and 'vestigial' longhouses. Longhouses were minutely scrutinised in Breconshire by John Smith and Stanley Jones and most were found to be 'vestigial' or 'derived' rather than of a single build. However the problem of longhouse development remained. While it is true that some longhouses may have been formed by accretion it is equally true that an original cowhouse may have been rebuilt. A longhouse divides conveniently about the hearth passage, and the upper and lower ranges may have been rebuilt at different times by a process of 'alternate rebuilding': the house may be improved by changing from timber to stone, then the cowhouse rebuilt in stone, then the house again improved, and so on through a sequence of rebuildings.

New discoveries and interpretations

Since the publication of *Houses of the Welsh Countryside* there have been a number of important developments in understanding the longhouse. Continuity from the medieval period has been conclusively demonstrated from survey and excavation. Fieldwork in Powys has shown that many longhouses were converted medieval houses still retaining crucks in the lower cowhouse end, as for example at Gilfach and Cilewent. Were these

 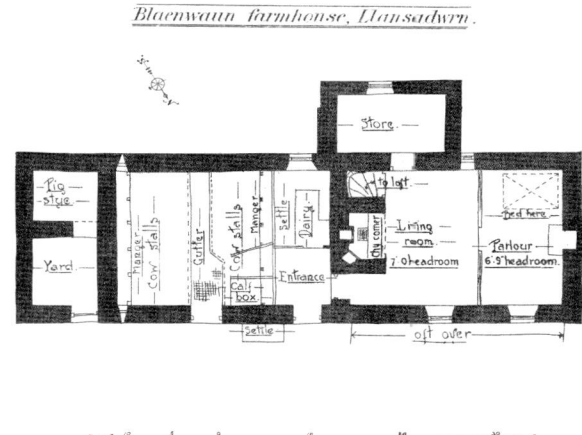

Blaenwaun (Llansadwrn, Sir Gaerfyrddin): cynllun a lithograff o'r tu blaen. Fe'i paratowyd ar gyfer *Adroddiad* y Comisiwn Brenhinol ar Dir (1896)
Blaenwaun (Llansadwrn, Carmarthenshire): plan and lithograph of the front elevation prepared for the *Report* of the Royal Commission on Land (1896)

nenffyrch, cafwyd hyd i weddillion corau anifeiliaid ym maeau'r pen isaf. Yn Nhyddyn Llwydion (Pennant Melangell, Sir Drefaldwyn) cawsai dros 300 o stanciau pren eu gyrru i mewn i lawr y bae yn y pen isaf ac yn rhyfeddol iawn yr oedd blaenau'r stanciau wedi goroesi yn yr isbridd. Mae'r stanciau fel petaent yn weddillion corau ac iddynt baneli basgedwaith. Ar ben hynny, paneli agored oedd i bared y dramwyfa rhwng y tŷ a'r beudy. Cynlluniwyd y rheiny, mae'n debyg, er mwyn gallu bwydo'r anifeiliaid o'r dramwyfa. Erbyn hyn, cafwyd hyd i amryw o dai sydd â'r ffurf honno ar bared, ac maent yn amrywio o ran eu statws o neuaddau uchelwyr o'r bymthegfed ganrif i neuaddau gwerinol o'r ganrif ddilynol. Yn achlysurol iawn, ceir hyd i dystiolaeth o drawstiau clymu a oedd yn gysylltiedig â'r pared a'r llwybr bwydo.

cowhouses in the medieval period or did they have some other function?

Several cruck-framed medieval houses have been excavated and the excavators have discovered the remains of animal stalls in the lower-end bays. At Tyddyn Llwydion (Pennant Melangell, Montgomeryshire) over 300 wooden stakes had been driven into the floor of the lower-end bay; remarkably, the tips of the stakes had survived in the subsoil. The stakes seem to be the remains of stalls associated with wicker panels. Moreover the passage partition between house and cowhouse had open panels presumably designed for feeding stock from the passage. A number of houses have now been identified with this form of partition. They range in status from fifteenth-century gentry halls

Tŷ-uchaf: y tŷ a'r beudy ond nid yw'n dŷ hir yn ei wir ffurf
Tŷ-uchaf: house and cowhouse in range but not a 'true' longhouse

Er i'r tŷ hir olynu'r tŷ-neuadd-tŷ-hir gwerinol, efallai i'w ddosbarthiad daearyddol fod yn fwy cyfyngedig. Yn y canolbarth a'r de y'i ceir yn bennaf. Gwelir ffenomen debyg yn Lloegr lle mae dosbarthiad y tŷ hir yn llawer mwy cryno na dosbarthiad ei ragflaenwyr canoloesol, sef tŷ-a-beudy. Ar uwchdiroedd Dyfnaint, a Dartmoor yn enwedig, ac, yn y gogledd, o'r North Riding i ogledd-orllewin Lloegr, y ceir y crynodiadau mwyaf ohonynt. Mae'n anodd esbonio hyn. Nid ffenomen a geid ar yr uwchdiroedd mo'r tai hirion. Ni cheid mohonynt o gwbl ar diroedd mynyddig Gwynedd; yno, saif tŷ Eryri ar wahân i adeiladau'r fferm. Ond yr oedd yna gysylltiad rhwng dosbarthiad tai hirion ac ardaloedd – ar y gororau'n aml – a oedd ym marn gweinyddwyr oes Elisabeth yn rhai trafferthus am fod dwyn gwartheg yn rhemp yno. I ryw raddau, mae'r ardaloedd hynny'n cyd-fynd â dosbarthiad y tai hirion yn y canolbarth, y dwyrain a'r de. Gellir deall ffurf arbennig y tŷ hir, yn rhannol o leiaf, fel ymateb doeth i'r angen i warchod gwartheg mewn rhannau o'r wlad lle roedd dwyn gwartheg yn beth cyffredin iawn.

Fe ymchwiliwyd i hanes ambell dŷ hir a gall hynny ddatgelu llawer iawn. Dadlennwyd hanes Nannerth-ganol, ger Rhaeadr Gwy, gan arolwg y Comisiwn Brenhinol o dai yn Sir Faesyfed. Peate, yn y 1930au, ddaeth o hyd i'r clasur hwn o dŷ hir. Yn wreiddiol, tŷ neuadd â nenffyrch oedd ef. Yna ychwanegwyd simnai a llawr cyntaf ato tua diwedd yr unfed ganrif ar bymtheg, mae'n debyg. Dangosodd dyddio'r blwyddgylchau i'r nenffyrch gael eu creu o goed a gwympwyd ym 1555. Yn ôl

to sixteenth-century peasant halls. Very occasionally evidence for tethering beams is found in association with the partition and feeding walk.

The longhouse succeeded the peasant hallhouse-longhouse but it may have had a more restricted geographical distribution, belonging essentially to the central and southern parts of Wales. A similar phenomenon is found in England where longhouses have a much more concentrated distribution than their medieval house-and-byre predecessors, with concentrations in the Devon uplands, especially Dartmoor, and in the north from the North Riding to the north-west. This is difficult to explain. Longhouses were not an 'upland' phenomenon. They were noticeably absent in the mountainous areas of Gwynedd where the freestanding Snowdonian house is detached from its farm buildings. However there was a connection between the distribution of longhouses and areas, often border area, regarded by Elizabethan administrators as disturbed areas of Wales where cattle theft was particularly prevalent. These areas, to an extent, mirror the central, easterly and southern distribution of the longhouses. The distinctive form of the longhouse may be understood, in part at least, as a prudent response to the need to safeguard cattle where cattle-rustling was endemic.

The histories of a few longhouses have been investigated and their narratives can be revealing. The story of Nannerth-ganol, in the Upper Wye valley near Rhayader, was revealed by the Royal

y dogfennau, câi Nannerth ei ddal ar brydles hir gan Bedo (neu Faredudd) ap Steven, gŵr y galwyd ei feibion i Sesiwn Fawr Sir Faesyfed ym 1557 i ateb tri chyhuddiad o ddwyn gwartheg. Oherwydd mai'r gosb am hynny oedd cael eu crogi, ddaeth mo Thomas ac Edward i ateb y cyhuddiadau. Dihangodd y ddau a chadw draw tan i bardwn cyffredinol gael ei gyhoeddi ar ddechrau teyrnasiad Elisabeth. Yr oedd Nannerth-ganol yn dal i fod yn dŷ newydd pan ddaeth Thomas ac Edward yn ôl i Sir Faesyfed i bledio am bardwn a rhoi mechnïaeth i warantu eu hymddygiad da o hynny ymlaen. Er yr ymddengys i'r brodyr wrthsefyll y demtasiwn i ddwyn gwartheg oddi ar eu cymdogion, wedi hynny mae'r ffaith y cafwyd Maredudd ap Steven o Raeadr Gwy yn euog yn Sir Drefaldwyn o ddwyn ac o ddianc o garchar, ac iddo gael ei ddienyddio, yn awgrymu i lwc eu tad ddod i ben erbyn 1560.

Commission's survey of houses in Radnorshire. Nannerth-ganol is a classic longhouse, discovered by Peate in the 1930s. The house originated as a cruck-framed hallhouse and in a second phase had a chimney and floor inserted, probably towards the end of the sixteenth century. Tree-ring dating showed that the crucks were fashioned from timber felled in 1555. Documentary research revealed that Nannerth was held on a long lease by Bedo (or Maredudd) ap Steven, whose sons were indicted for felony in 1557 at the Radnorshire Great Sessions on three separate counts of cattle stealing. The penalty for this felony was death by hanging, and Thomas and Edward did not stay to answer the charges. They fled, returning only when a general pardon was declared at the beginning of Elizabeth's reign. Nannerth-ganol was still a new-built house when Thomas and Edward returned to Radnorshire to plead their pardons and give security for their future good behaviour. The brothers may have resisted the temptation to steal cattle from their neighbours but the later conviction and execution in Montgomeryshire of Maredudd ap Steven of Rhayader for theft, burglary and gaolbreak suggests that their father's luck had run out by 1560.

It is extraordinary that these accusations of cattle theft should have coincided so closely with the construction of Nannerth-ganol. It was a common pattern for men from one county to steal cattle from another county. One cannot resist observing that the proceeds from cattle theft may have helped finance the large, professionally-built

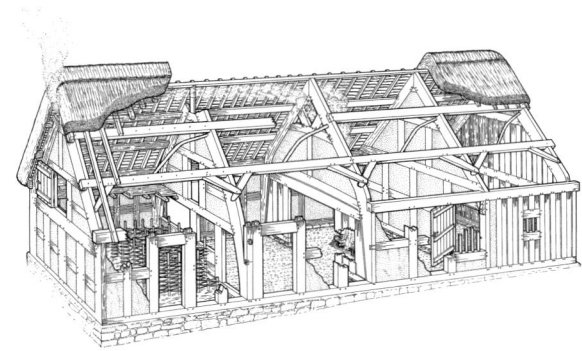

Tyddyn Llwydion (Pennant Melangell, Sir Drefaldwyn): adluniad o'r tŷ-neuadd-tŷ-hir â beudy yn y pen isaf

Tyddyn Llwydion (Pennant Melangell, Montgomeryshire): reconstruction of the hallhouse-longhouse with cowhouse in the lower-end bay

Adluniad o'r Gilfach (Saint Harmon, Sir Faesyfed) sy'n dangos y beudy a chroes-adain y parlwr a ychwanegwyd at y tŷ
Reconstruction of Gilfach (St Harmon, Radnorshire) showing the cowhouse and added parlour cross-wing

Y peth rhyfeddol yw i'r cyhuddiadau o ddwyn gwartheg gyd-ddigwydd mor agos â dyddiad codi Nannerth-ganol. Oherwydd ei bod hi'n beth digon cyffredin i ddynion un sir ddwyn gwartheg o sir arall, mae'n anodd peidio â dychmygu i'r elw a gafwyd o ddwyn gwartheg helpu i dalu am grefftwyr proffesiynol i godi adeilad mawr a gynhwysai dŷ â beudy yn Nannerth-ganol a mannau eraill. Efallai'n wir y bu tai hirion yn fodd i gadw gwartheg yn ddiogel ond byddai eu beudai

house-and-byre homestead at Nannerth-ganol and elsewhere. Longhouses may have kept cattle secure but they also provided byres in which stolen cattle might be kept. Tudor administrators were blunt about theft in Wales. Rowland Lee, the president of the Council in the Marches, famously declared of the Welsh, 'thieves I found them, thieves I leave them'. As the hallhouse was giving way to the longhouse in the 1570s, the Queen's surveyor observed that theft would never be extirpated out

hefyd yn fannau lle gellid cadw gwartheg wedi eu dwyn. Cafwyd sylwadau diflewyn-ar-dafod gan weinyddwyr oes y Tuduriaid am ysfa'r Cymry i ddwyn. Dywedir amdanynt yn natganiad enwog Rowland Lee, llywydd Cyngor y Gororau, 'thieves I found them, thieves I leave them'. Wrth i'r tŷ neuadd ildio'i le i'r tŷ hir yn y 1570au, sylw syrfëwr y Frenhines oedd na wnâi crogi neu ladd dynion yng Nghymru ddileu'r dwyn '[as] dayly experience dothe teache'.

Yn sicr, roedd y tŷ hir yn fath cyfleus o dŷ, a daliwyd i godi rhai newydd yng Nghymru yn yr ail ganrif ar bymtheg a'r ganrif ddilynol. Dyna a wnaed, er enghraifft, yn Rhiwson-Uchaf a Choedweddus. Ac os ychwanegid parlwr cedwid y beudy, a'r parlwr yn cael ei godi'n groes-adain yn y pen uchaf, e.e. Cilewent a Gilfach. Daliwyd i ddefnyddio rhai tai hirion tan y bedwaredd ganrif ar bymtheg, a dogfennwyd y tai hynny gan y Comisiwn Brenhinol ar Dir (1896). Ond erbyn hynny yr oeddent ar ôl yr oes. Ers tua diwedd y cyfnod Sioraidd, y duedd oedd codi ffermdy ar wahân i adeiladau'r fferm. Erbyn dechrau'r ugeinfed ganrif, fe ddisodlwyd y rhan fwyaf o'r tai hir gan ffermdai confensiynol neu ynteu'r beudy'n cael ei ailgodi i fod yn barlwr.

of Wales by hanging or the slaughter of men as 'dayly experience dothe teache'.

The longhouse was undoubtedly a convenient and enduring housetype. New houses of longhouse plan continued to be built in seventeenth- and eighteenth-century Wales, as for example at Rhiwson-uchaf and Coedweddus. Parlour additions respected the cowhouse and were built as upper-end cross-wings, as at Gilfach and Cilewent. Some longhouses survived in use well into the nineteenth century, and were documented by the Royal Commission on Land (1896), but they were by then an anachronism. Since the late Georgian period the trend had been for farmhouses to be detached from their farmbuildings. By the early twentieth century most longhouses had been replaced by conventional farmhouses or the cowhouses rebuilt as parlours.

Gwerthfawrogiadau
Appreciations

Cilewent (Ciloerwynt)
Llansanffraid Cwmteuddwr, Rhaeadr Gwy, Powys (bellach yn Sain Ffagan)

Mae Cilewent, lle saif yn Sain Ffagan ar hyn o bryd, yn teimlo fel petai ef bellter o'i gartref ac mae'r dirwedd o'i amgylch yn wastad iawn o'i gymharu â'i safle gwreiddiol yn y canolbarth dros fil o droedfeddi uwchlaw lefel y môr. Codwyd ef yn wreiddiol yn y 1470au yn dŷ neuadd â nenffyrch a hefyd, mae'n debyg, â waliau pren. Defnyddiwyd dwy nenfforch o'r tŷ gwreiddiol adeg yr ailadeiladu mawr arno ym 1734, dyddiad a nodwyd (er mawr gymorth i haneswyr pensaernïol) drwy gerfio'r dyddiad ar y pren croes uwchben y prif ddrws. Mae'n debyg mai'r farn yn y fro erbyn y ddeunawfed ganrif oedd bod coed yn ddefnydd hen-ffasiwn ac nad oedd cystal â cherrig o dan amodau garw'r uwchdiroedd.

 Cynllun ar ffurf 'L' sydd i'r tŷ a ailgodwyd, ac mae'n rhyw 17 metr ar hyd ei du blaen. Oherwydd ei ffurf ac am fod safle'r prif le tân yn nhalcen uchaf y tŷ ac nid (fel sy'n digwydd fel rheol) yn y wal fewnol sy'n rhannu'r annedd rhag y beudy, mae'n dŷ hir dipyn yn anarferol. Yn y tŷ hir 'clasurol', fe eid i mewn drwy 'gyntedd aelwyd' y tu ôl i'r prif le tân, ond yng Nghilewent fe eid i mewn drwy gyntedd y byddai'r anifeiliaid yn ei ddefnyddio (ceffylau i'r stablau yn yr

Cilewent
Llansanffraid Cwmteuddwr, Rhayader, Powys (now at St Fagans)

Cilewent feels a long way from home in its present location at St Fagans, in a landscape that is very flat when compared with its original position at over 1,000 feet above sea level in mid-Wales. The property started life back in the 1470s as a cruck-framed hallhouse that was probably timber-walled. Two cruck-trusses from the original house were re-used in a major rebuilding in 1734, an event marked (helpfully for architectural historians) by carving the date into the main door-head. It would appear that by the eighteenth century timber was considered old-fashioned in this area and not as well suited to the harsh upland conditions as stone.

 The rebuilt house is L-shaped in plan, and some 17 metres along the front. The L-shaped plan-form makes it a slightly unusual longhouse, as does the position of the main fireplace in the upper gable end of the house, and not (as is usually the case) in the internal wall that divides dwelling from cowhouse. In the 'classic' longhouse the range is entered from a 'hearth passage' behind the main fireplace, but at Cilewent the range is entered via a passage that the animals would have used (horses into the stabling in

Cilewent cyn ei adfer / Cilewent before restoration
Cofnod Henebion Cenedlaethol Cymru / National Monuments Record of Wales: © M. Wight

achos hwn). Nid yw'n groes-gyntedd llawn â drws ym mhob pen. Yma, pared o goed sydd rhwng y bobl a'r anifeiliaid ac nid o gerrig fel a geid fel rheol, a hynny am ei fod yn rhan o gefn y prif le tân.

Yn y beudy mae lle i ddeuddeg o wartheg, a hefyd stabl a llofft wair lle, mae'n debyg, y cysgai'r gwas. Yn wreiddiol, parlwr (neu barlwr ac ystafell wely'n un) oedd yr ystafell gefn a grëwyd gan adain y cynllun 'L' ond fe'i trowyd yn llaethdy. Mae hynny'n dangos bod cynhyrchu caws a menyn yn elfen bwysig yn incwm y ffermydd. Ychwanegiad diddorol at y prif le tân oedd ffwrn glai a gawsai ei mewnforio o ogledd Dyfnaint yn y bedwaredd ganrif ar bymtheg, nodwedd gyffredin ar ffermdai'r de.

Houses and History in the March of Wales, ffigur 221

this case). It is not a full cross-passage with doors at either end. The partition between people and animals here is of timber and not masonry, as typically this wall was formed from the back of the main fireplace.

The cowhouse here has room for twelve cattle as well as a stable and hay-loft over where we assume the 'gwas' (farm-hand) would have slept. The rear room created by the wing of the 'L-plan' was originally a parlour (or parlour-bedroom) but became a dairy. It illustrates that cheese and butter production were an important element in farm incomes. The main fireplace has the interesting addition of a nineteenth-century north Devon clay-oven, a common import to farmhouses of south Wales.

Houses and History in the March of Wales, fig. 221

Coedweddus
Llangadog, Sir Gaerfyrddin

Enghraifft arbennig o ddeniadol o fferm ar ucheldir Sir Gaerfyrddin yw Coedweddus. Mae'n debyg mai tŷ hir oedd yno i gychwyn, ond yn ddiweddarach trowyd y beudy'n rhan o'r lle byw. Mae'r to gwellt sylweddol (dan do tun bellach) yno o hyd, ac felly hefyd rai o'r waliau-lliw cynnar, y lloriau coblog a hyd yn oed 'wely bocs' ar y llawr uchaf. Oherwydd nad oes neb yn byw yno ers yr Ail Ryfel Byd (a dim newidiadau o'r ugeinfed ganrif i'w gweld), mae'n gyfle prin i weld tŷ ac iddo du-mewn cynnar.

Er y bu peth ailadeiladu yma (mae'r tŷ'n 'darllen' fel un â thri chyfnod iddo, sef mai'r tŷ gwreiddiol oedd y ddwy ran uchaf, a'r hen feudy oedd yr un isaf), mae'r cynllun fel petai'n dilyn cynllun tŷ hir drwy fod â beudy ar ran isaf y llethr. Yn y croes-gyntedd gwreiddiol a ffurfiwyd yn rhannol gan gefn y prif le tân, mae grisiau wedi'u cynnwys. Mae'r drws i'r tŷ o'r croes-gyntedd ar dro fel petai'n ymdrech i rwystro gwartheg rhag rhwbio yn ei erbyn. Mae'r nenffyrch i'w gweld ar y naill lawr a'r llall.

Er y byddai dyn wedi disgwyl gweld parlwr yno, mae'n debyg mai cael ei ddefnyddio'n llaethdy a gâi'r ystafell uchaf ar y llawr gwaelod, ond efallai i'r newid hwnnw ddigwydd ar ôl ehangu'r lle byw i gynnwys y beudy. I fyny'r grisiau, mae peth o'r gwellt (a'r rhedyn yn sail odditano) mewn cyflwr gweddol dda. Byddai unrhyw ymgais i adfer y tŷ,

Coedweddus
Llangadog, Carmarthenshire

Coedweddus is a particularly attractive example of an upland Carmarthenshire farmstead that seems to have started life as a longhouse, though the byre was later absorbed into the domestic space. The substantial thatched roof (now under corrugated iron) survives, as do some of the early colourwashed surfaces, cobbled floors, and even a 'box bed' in the upper floor. As nobody has lived in the property since the Second World War (and no changes from the twentieth century are obvious) it provides a rare opportunity to see a house with an early interior.

There has been some rebuilding here (the house 'reads' as having three phases, the upper two forming the original house, the lower one the former byre), but the plan seems to follow that of a longhouse, with a cowhouse on the lower part of the slope. A staircase has been inserted into the original cross-passage, itself formed in part by the back of the main fireplace. The doorway into the house from the cross-passage has been curved, as if to prevent cattle from rubbing against it. The crucks are visible on both ground and first floors.

The upper room on the ground floor, where one might have expected a parlour, seems to have been used as a dairy, though possibly this change was made after the living accommodation had been expanded into the converted byre. Upstairs, some of the thatch (and bracken underthatch) survives in fair condition. Any attempt to restore the house,

Coedweddus: y tu allan a'r tu mewn gyda gwely
Coedweddus: exterior and interior with bed

neu addasu'r tu mewn bregus ar gyfer byw ynddo heddiw, yn difetha swyn paent a phapur treuliedig y waliau ond, os na ddaw neb i fyw ynddo, bydd cyflwr y tŷ'n parhau'n fregus.

Houses of the Welsh Countryside, ffigurau 111-12 (tai hirion Sir Gaerfyrddin)

Gilfach
Saint Harmon, Rhaeadr Gwy, Powys

Mae hanes domestig y Gilfach yn dilyn yr un drefn â Nannerth-ganol gerllaw, sef bod tŷ neuadd o ganol yr unfed ganrif ar bymtheg wedi'i foderneiddio tua 1600 a'i droi'n dŷ deulawr. Un bae oedd i'r neuadd wreiddiol yn y Gilfach a gallai hynny esbonio pam yr ychwanegwyd adain parlwr at y cefn tua 1700.

Mae beudy'r Gilfach wedi goroesi fel gweithle agored, ac mae'r tŷ hefyd wedi'i ddiogelu'n dda. Yn y neuadd fe gadwyd y llawr fflagiau a'r lle tân sydd â chapan mawr siamffrog yn ogystal â ffwrn fara. Mae i nenfwd prif ystafell y llawr gwaelod drawstiau meingefn a chroeslathau ac arnynt siamffrau-stop pigfain. Mae bron y cyfan o'r sgrin o byst a phaneli o'r unfed ganrif ar bymtheg yno ac fe'u gosodwyd lle mae un o'r nenffyrch gwreiddiol yn codi drwodd i'r llawr cyntaf.

Yn y darn a ychwanegwyd at y cefn tua 1700 ceir, hefyd, le tân sylweddol a all awgrymu cegin oedd yma yn hytrach na pharlwr. Yn y llofft, gwelir rhagor o'r nenfforch yn ogystal â'r gwaith

or make such a delicate interior suit modern living, would entail the loss of the charm created by the well-worn painted and papered surfaces, yet the house is vulnerable if it remains empty.

Houses of the Welsh Countryside, figs. 111-12 (Carmarthenshire longhouses)

Gilfach
St Harmon, Rhayader, Powys

The domestic history at Gilfach follows the same sequence as nearby Nannerth-ganol, where a mid-sixteenth-century upland hallhouse was modernised around 1600 and converted into a storeyed house. The original hall at Gilfach was just one bay long, possibly explaining why a parlour wing was added to the rear in about 1700.

The cowhouse at Gilfach has survived as a single open workspace, and the house is similarly well preserved. The hall retains a flagstone floor and fireplace with a large, chamfered lintel as well as a bread oven. The ceiling to the main ground-floor room has both spine and cross-beams, which bear ogee-carved stop-chamfers. The sixteenth-century post-and-panel screen is virtually all there, installed where one of the original cruck trusses rises through to the first storey.

The addition to the rear of about 1700 also contains a substantial fireplace which may indicate it was used as a kitchen rather than a parlour. Upstairs, more of the cruck-truss can be seen as well as ornate

Gilfach: y tu allan wedi ei adnewyddu
Gilfach: exterior after restoration

coed cywrain a geir yn y siambr uwchlaw'r parlwr. Er nad yw'n dŷ mawr, byddai wedi bod yn gartref i deulu llewyrchus ac iddo dipyn o statws yn oes y Tuduriaid. Mae maint y beudy mawr mewn perthynas â'r tŷ yn amlygu gwerth a phwysigrwydd gwartheg yng nghymdeithas yr uwchdiroedd.

Houses and History in the March of Wales, ffigur 220

Gwastadgwrda
Abermeurig, Sir Aberteifi

Er i Iorwerth Peate alw Gwastadgwrda yn dŷ hir yn ei lyfr *The Welsh House* ym 1940, nid dyna oedd ef. Yr oedd ar Peate eisiau sefydlu'r tŷ hir yn fath cenedlaethol o dŷ hanesyddol ac mae'n

timberwork that was incorporated into the chamber above the parlour. The compact scale of the property does not detract from the fact that this would have been a prosperous home of some standing in Tudor times. The large scale of the cowhouse in relation to the dwelling demonstrates the value and significance of cattle in upland society.

Houses and History in the March of Wales, fig. 220

Gwastadgwrda
Abermeurig, Cardiganshire

Gwastadgwrda is not a longhouse, but Iorwerth Peate thought that it was, and he categorised it as such in his book of 1940, *The Welsh House*. Peate wanted

debyg iddo fod yn or-frwdfrydig wrth ddewis tai i gefnogi'r 'achos'. A bod yn deg, nid oedd y tŷ mor hawdd ei ddehongli ag y mae ef yn sgil tynnu'r paredau mewnol modern ohono a datgelu ei nodweddion cynharach. Hyd yn oed o gael mantais dendrocronoleg ac arolwg llawn o'i adeiladwaith, mae'n anodd categoreiddio'r tŷ hwn heddiw.

Mae'n dŷ sy'n groes i'r patrwm arferol mewn sawl ffordd. Fe'i codwyd tua chanol neu ddiwedd yr unfed ganrif ar bymtheg mewn sir nad oes ynddi fawr o adeiladau domestig a godwyd cyn 1700. Mae iddo nenffyrch llawn a sylweddol a hynny

to establish the longhouse historically as the Welsh national housetype, and it seems that he was over-zealous in his selection of houses for the 'cause'. To be fair, Gwastad was not as easy to interpret then as it is now that modern internal partitions have been removed and earlier features are uncovered. However, it remains difficult to categorize this house today even with the benefit of dendrochronology and a full structural survey.

Gwastad breaks the mould in several ways. It dates to the mid- or later sixteenth century in a county that has few domestic structures dating from

Gwastadgwrda: y tu allan cyn ei adnewyddu
Gwastadgwrda: exterior before restoration

mewn sir a nodweddir gan nenffyrch sgarff ysgafn. Peth anarferol yma, wrth arfordir y gorllewin, yw gweld mynediad drwy lobi. Ffenestr gynnar â myliynau diemwnt sydd yn y parlwr, un o ddwy enghraifft yn unig sy'n hysbys yn y sir. Ac nid yw'n dŷ hir nac yn dŷ neuadd nac ychwaith yn glasur o dŷ deulawr cynnar. Dyna wers i bob un ohonom sy'n ceisio categoreiddio gwahanol fathau o dai! Un rheswm dros y ffaith fod yno gynifer o anomaleddau yw ei ddyddiad cynnar. Oherwydd fod y mwyafrif o dai cynnar eraill yn Sir Aberteifi wedi'u colli, syndod yw gweld y nenffyrch llawn, y ffenestri â'i myliynau, a'u tebyg.

Diben domestig, mae'n debyg, sydd i gorn simnai canolog y lle tân erioed, a'r tebyg yw y cedwid yr anifeiliaid mewn adeiladau ar wahân ar y fferm. Mae'n galondid gweld y tŷ wedi'i adfer ar ôl bod yn wag am rai degawdau ac arno do gwellt newydd a phobl yn byw ynddo'n barhaol. Er i Peate gyfeiliorni, efallai, wrth ei alw'n dŷ hir yn ei lyfr ym 1940, yn sicr yr oedd yn llygad ei le wrth ddweud mai dyma un o emau brodorol Cymru.

Cardiganshire County History III, ffigur 72a.

Llangwathen
Y Gelli Gandryll, Sir Frycheiniog

Delfryd a ddatblygodd a newid dros amser oedd ffurf y tŷ hir, ac mae'n debyg iddo ddatblygu o ffurfiau eraill ar dai. Nid cael eu codi'n dai hirion fel y cyfryw fu hanes y rhai cynharaf ond cael eu haddasu

before 1700. It enjoys full, substantial cruck-trusses in a county that is characterised by lightweight, scarfed crucks. It has a lobby-entry plan that is unusual here, near the west coast. It has an early diamond-mullioned window in the parlour, one of only two examples known in the county. And it is neither a longhouse, a hallhouse, nor a classic early storeyed house. Let it be a lesson to us all about attempts to categorise houses into typologies! One reason why Gastad may present so many anomalies is possibly suggested by its early date – most of the other early houses in Cardiganshire have been lost, so full crucks, mullioned windows, and the like come as surprises.

It appears that both sides of the central back-to-back fireplace stack at Gwastad have always been domestic, and it is probable that animals were housed in detached buildings on the farmstead. It is heartening to see the house restored with a new thatched roof and in full-time occupation after having stood empty for several decades. Peate may have been wrong to describe it as a longhouse in his 1940 text, but he was certainly correct in identifying it as one of the vernacular gems of Wales.

Cardiganshire County History III, fig. 72a.

Llangwathen
Hay-on-Wye, Breconshire

The longhouse form was an ideal that developed and changed over time, and its origins are likely to be found in other forms of housing that were

Llangwathen: y trawst cyda thyllau oedd yn dal pyst clymu ar un adeg, uwchben lle tân diweddarach yn yr ystafell allanol

Llangwathen: the beam with sockets that once held tethering posts, above a later fireplace in the outer room

o rywbeth arall. Er nad yw Llangwathen yn edrych fel tŷ hir ar yr olwg gyntaf, mae'n cynrychioli math o adeilad a fu, yn sicr, yn ddylanwad ar ffurf y tŷ hir. Mae'n dŷ neuadd lle cedwid anifeiliaid yn y pen isaf weithiau.

Yn Llangwathen, y ddwy uned ddomestig a'r rhan gefn sydd fwyaf diddorol. Dyma dŷ neuadd â nenffyrch tra bo'r rhan arall yn groes-adain olau a amgaewyd mewn cerrig yn ddiweddarach. Mae'r neuadd ei hun yn un o'r hynaf yng Nghymru. Oherwydd i ddendrocronoleg ddangos iddi gael ei chodi tua 1417, yr oedd yn un o'r neuaddau newydd a godwyd wrth i gymdeithas ymdawelu ar ôl gwrthryfel Owain Glyndŵr (fe'i codwyd hi, yn wir, flwyddyn ar ôl i Glyndŵr farw). Mae'n ffaith ddiddorol nad oes unrhyw dystiolaeth i bob diben o godi tai newydd yn gynnar yn y bymthegfed ganrif yn union ar ôl y gwrthryfel. Mae'n debyg iddi gymryd rhai blynyddoedd i dai pwysig ymadfer ar ôl y gwrthryfel. Byddai Llangwathen wedi bod yn un o'r rhai cyntaf o'r tai newydd sylweddol.

Ychwanegiad yw simnai'r tŷ presennol â'i gyntedd-aelwyd: dyna'r addasiad a geir fel arfer wrth droi neuadd agored yn gartref deulawr. Fel rheol, câi lle tân ac ail lawr eu hychwanegu tua diwedd yr unfed ganrif ar bymtheg a dechrau'r ganrif ddilynol i wneud y cartref yn fwy cyffyrddus a'i wneud hefyd yn fwy derbyniol i gymdeithas.

Mae Llangwathen yn rhan o hanes y tŷ hir am i wartheg gael eu cadw yn rhan isaf y gyfres

modified – the earliest longhouses were not purpose-built so much as modified from something else. Llangwathen does not immediately strike the visitor as a longhouse, but it does represent a building type that doubtless influenced the longhouse form. It is a hallhouse where stock were sometimes kept in the lower end.

At Llangwathen there are two domestic units, and it is the rear range that is of most interest. This is a cruck-framed hallhouse whereas the other range is a solar cross-wing, later encased in stone. The hall itself is one of the oldest in Wales. Dendrochronology has shown that it was built around 1417 – so it was one of those new halls built as society settled after the uprising of Owain Glyndŵr (in fact, it would have been built in the year after Glyndŵr's death). It is interesting that there is virtually no evidence of new houses having been built immediately after the revolt in the early fifteenth century. It seems that the recovery of significant houses after the revolt took some years. Llangwathen would have been one of the first substantial new homes.

The chimney of the present hearth-passage house is an insertion: the usual modification that took place as open halls were converted into storeyed homes. In the later sixteenth century and early seventeenth century fireplaces and upper floors were generally fitted to make the home more comfortable and also more socially acceptable.

Llangwathen fits into the longhouse story because cattle were kept in the lower part of the

o adeiladau'r neuadd, ac mae hynny'n hysbys am fod trawst clymu wedi goroesi yno. Er nad oedd yn neuadd o'r statws uchaf, yn sicr yr oedd iddi statws canolig o leiaf. Y peth pwysig oedd iddo fod yn gartref a gydnabyddai'r angen i gadw anifeiliaid gwerthfawr dan do ar adegau pan oedd perygl iddynt gael eu dwyn neu iddynt newynu yn ystod y gaeaf. Oherwydd fod y cof am y gwrthryfel yn dal yn fyw, ceisid cadw'r anifeiliaid yn ymyl y tŷ. A chan fod yr adain olau sylweddol fel petai'n gyfoes â'r neuadd, byddai meistr y tŷ a'i deulu wedi cysgu yn y pen hwnnw a'r gweithwyr amaethyddol wedi cysgu yn y pen isaf yn y llofft uwchben y gwartheg.

Er bod nenffyrch y neuadd wreiddiol wedi goroesi, mae llawer o'r hyn a welwch yno heddiw'n dyddio o tua 1600 pan ychwanegwyd y llawr ac addasu'r neuadd. Does dim gwartheg wedi bod yma am flynyddoedd maith bellach!

Houses of the Welsh Countryside, ffigur 110a.

Nannerth-ganol
Rhaeadr Gwy, Powys

Man cychwyn llawer o dai hirion cyfarwydd Cymru oedd y neuaddau a godwyd tua diwedd yr Oesoedd Canol a'u beudai ynghlwm wrthynt. Tŷ o'r fath yw Nannerth-ganol. Dyddiad y neuadd a'i nenffyrch yw 1555, ac fe'i trowyd yn dŷ deulawr tua 1600, sef, mae'n debyg, dyddiad ychwanegu ato'r simnai sgwâr a thrawiadol o gerrig. Erbyn heddiw, Nannerth-ganol

hall range – this is known because the tethering beam survives. Llangwathen was not a hall of the highest status, but it was certainly at least 'middling'. Importantly, it was a homestead that recognised the need to keep valuable stock inside during times when they may have been at risk of theft or starvation during winter. With the memory of the revolt still recent, efforts were made to keep stock under the eye of the owner. As the substantial solar wing seems to be contemporary with the hall, the master of the house and his family would have slept in that end, with the agricultural staff at the lower end in the chamber above the cows.

Inside Llangwathen the crucks of the original hall survive, but much of what you see dates from the insertion of the floor and conversion of the hall, around 1600. There have not been any cows in here for many years!

Houses of the Welsh Countryside, fig. 110a.

Nannerth-ganol
Rhayader, Powys

Many of the well-known Welsh longhouses started life as late-medieval halls with attached byres. Nannerth-ganol is one such property – the cruck-framed hall is dated to 1555, and it was converted to a storeyed house around 1600 – this is probably when the impressive square stone chimney was added. Today Nannerth-ganol is one of the best places to appreciate a prosperous late Tudor upland

yw un o'r lleoedd gorau i werthfawrogi ffermdy llewyrchus a godwyd ar dir uchel tua diwedd oes y Tuduriaid. Mae amryw byd o fanylion wedi goroesi o'r unfed ganrif ar bymtheg: y ffenestri â myliynau diemwnt, y paredau post-a-phanel, a nenffyrch y cyfnod cyntaf; trawstiau a lle tân yr ail gyfnod, a'r grisiau cerrig yn y wal i siambrau'r llawr cyntaf yn codi o amgylch ochr y lle tân. Atgynhyrchwyd yn ofalus y gwaith coed yn y sgrin post-a-phanel ac yn y ffenestri a'u myliynau.

Mae'r ffaith i Nannerth-ganol gael ei godi o goed derw a gwympwyd ym 1555 yn arbennig o ddiddorol am fod cofnodion llys yn dangos bod trigolion y tŷ wedi'u dal yn dwyn gwartheg. Mantais amlwg oedd gallu cadw anifeiliaid yn agos wrth law ac o'r golwg mewn tŷ neuadd neu dŷ hir mawr. Trowyd Nannerth-ganol yn dŷ hir â chyntedd-aelwyd drwy adeiladu'r lle tân mawr tua 1600. Er i'r lle tân a'r cyntedd-aelwyd â'i fflagiau treuliedig oroesi, yr oedd y beudy wedi diflannu erbyn i André ac Alison Gallagher adfer yr adeilad yn y 1990au. Yn ei le fe godon nhw uned ac iddi ffrâm o goed – trefniant hapus i'r rhai sy'n aros yno am fod y 'beudy' bellach yn gegin fawr olau ag ystafelloedd gwely uwch ei phen, yn wahanol iawn i awyrgylch tywyll a hynafol y prif dŷ.

Houses and History in the March of Wales, 103-7, 193-201.

farmhouse. Numerous details survive from the sixteenth-century house: the diamond-mullioned windows, post-and-panel partition, and cruck-trusses of the first phase; the beams and fireplace of the second phase, with a stone mural stair to the first-floor chambers curling around the side of the fireplace. There has been careful replication of appropriate carpentry in the post-and-panel screen and the mullioned windows.

The construction of Nannerth-ganol from oaks felled in 1555 is particularly interesting as court records show that the Tudor occupants were known cattle thieves. The advantage of being able to keep stock close at hand and out of sight in a large hallhouse-longhouse is clear. Nannerth-ganol was converted to a longhouse of hearth-passage type with the construction of the large fireplace in or before about 1600. The fireplace and worn, flagged hearth-passage survive but the cowhouse had been lost by the time the building was restored by André and Alison Gallagher in the 1990s and they built a new timber-framed range on its footprint. This has been a happy arrangement for the occupants as the 'cowhouse' now provides a light and spacious kitchen with bedrooms over, in contrast to the dark and ancient atmosphere of the main house.

Houses and History in the March of Wales, 103-7, 193-201.

Y Tŷ Hir
Cosmeston, Bro Morgannwg

Er nad clasur o dŷ hir Cymreig, o bell ffordd, mo'r tŷ hir yn Cosmeston, mae'n enghraifft bosib o ragflaenydd i'r tŷ hwnnw ac yn adlewyrchu tarddiadau'r cynllun a ddaeth yn fwyfwy poblogaidd wrth i'r canrifoedd fynd rhagddynt. Adluniad yw'r tŷ a welwch chi heddiw ac fe'i seiliwyd ar dystiolaeth archaeolegol mewn rhan o'r pentref canoloesol a dyfodd o amgylch maenor teulu Costantine, rhai o'r Normaniaid cyntaf i ddal tir ym Morgannwg. Efallai fod cysylltiad rhwng cynllun adeiladau'r pentref ag anheddu Bro Morgannwg gan yr Eingl-Normaniaid.

Yn ei hanfod, uned hir ac isel yw'r adeilad, ac fe eir i mewn iddo drwy groes-gyntedd yn un pen. Gan amlaf, byddai'r anifeiliaid yn byw allan yn y maes a'r moch yn byw yn y tylciau corbelog sydd wedi'u hailgodi yn y cefn. Gwlad aflonydd oedd Cymru yn y bedwaredd ganrif ar ddeg (cyfnod 'gwisgo' y tŷ hir hwn i greu argraff ar ymwelwyr), a mantais ymarferol sylweddol oedd gallu cadw anifeiliaid yn ddiogel yn y tŷ.

Yn ddiddorol ddigon, ni chafwyd hyd i dystiolaeth o waliau pared mewnol rhwng lle byw'r teulu a'r anifeiliaid. Wrth ailgodi'r tŷ, felly, mae clwydi symudol wedi'u creu fel ffordd dros dro o wahanu'r gofod yn ôl anghenion beunyddiol. Cedwir y gwely a'r aelwyd draw oddi wrth yr anifeiliaid ym mhen arall yr adeilad hir. Byddai'r traddodiad o gysgu yn ymyl eich anifeiliaid, serch hynny, yn parhau tan y bedwaredd ganrif ar bymtheg mewn rhai rhannau o Gymru.

The Longhouse
Cosmeston, Vale of Glamorgan

The longhouse at Cosmeston is not a classic Welsh longhouse by any means, but it illustrates a possible precursor and may reflect the origins of the plan-form that became popular in later centuries. The property that you see today is a reconstruction based on archaeological evidence in part of the medieval village that grew up around the manor-place of the Costantine family, who were among the first Norman landholders in Glamorgan. The design of the village buildings may owe something to the settlement of the Vale of Glamorgan by Anglo-Normans.

The building is essentially one long, low unit entered through a cross-passage at one end. For the most part the livestock lived out in the field, and pigs in the 'beehive' corbelled pigsties which have been reconstructed to the rear. Wales was an unsettled place in the fourteenth century (the period in which this longhouse is 'dressed' for visitors), and the advantage of being able to secure livestock inside the house was a considerable and practical one.

Interestingly, no evidence was found for internal partition walls to separate the stock from the family, and so in the reconstruction moveable hurdles have been created that provide a temporary way of partitioning the space according to daily needs. The bed and hearth are kept away from the animals at the other end of the long building. The tradition of sleeping close to one's animal assets would, however, persist in parts of Wales until the nineteenth century.

Nannerth-ganol: y tu allan a'r tu mewn o dŷ hir-tŷ neuadd. Lluniau sydd wedi eu cynhyrchu gan gyfrifiadur yn arbennig gan y Comisiwn Brenhinol a See 3D ar gyfer y gyfres deledu *Cartrefi Cefn Gwlad Cymru*, S4C

Nannerth-ganol: exterior and interior of the hallhouse-longhouse. Computer generated pictures created especially by the Royal Commission and See 3D for the television series *Cartrefi Cefn Gwlad Cymru*, S4C

Penarth (Y Drenewydd, Sir Drefaldwyn): gwneud sioe o fframiau coed
Penarth (Newtown, Montgomeryshire): timber-framing as display

5 Tai'r Ffin
Houses of the Welsh Border

Sôn wna'r bennod hon am dai'r gororau ac, yn arbennig, am ffermdai a thai llai-o-faint uchelwyr Powys. Fframiau pren sydd iddynt gan amlaf – a'r rheiny weithiau'n ddigon cywrain – ac mae'r olwg arnynt wedi apelio at awduron, arlunwyr a ffotograffwyr ers y bedwaredd ganrif ar bymtheg. Mae'r rhai sy'n frwd o blaid y cartrefi hynny heddiw yn dilyn yn ôl traed Fletcher Moss, gŵr y bu i'w *Pilgrimages to Old Homes* (1906) sôn am sawl tŷ ym Mhowys – Rhydycarw (Trefeglwys), Talgarth (Trefeglwys), Maes-mawr (Llandinam), Penarth (y Drenewydd) ac eraill. Cariad, meddai, a ysgogodd yr ymweliadau: cariad at y cartref a'i hanes ac at awyr iach ac ymarfer corff, a chyfle i'r meddwl fagu diddordeb newydd mewn bywyd. Er mor apelgar yw golwg y tai, maent hefyd yn codi cwestiynau, a cheisiodd *Houses of the Welsh Countryside* eu hateb. Pam y mae'r fframiau coed mor gymhleth a chywrain? Beth yw'r rheswm dros gynllun anarferol y fynedfa lobi? Pwy gododd y tai hyn, a phryd y gwnaed hynny?

Nid yw'r syniad o fynd ar daith byth yn rhyw bell iawn o'r dull daearyddol sydd gan Peter Smith yn *Houses of the Welsh Countryside*. Mae'n wahoddiad

This chapter is concerned with houses of the borderland, especially the farmhouses and smaller gentry houses of Powys. They are usually timber-framed, sometimes elaborately so. Writers, painters, and photographers have been charmed by these houses since the nineteenth century. Enthusiasts for these homes today are following in the footsteps of Fletcher Moss whose Edwardian *Pilgrimages to Old Homes* (1906) included several Powysland houses – Rhydycarw (Trefeglwys), Talgarth (Trefeglwys), Maes-mawr (Llandinam), Penarth (Newtown), and others – and were prompted, as he puts it, by love: love of the home and its history, fresh air and exercise for the body, and fresh interest in life for the mind. The houses delight the eye but they also prompt questions which *Houses of the Welsh Countryside* endeavoured to answer. Why is the timber-framing so elaborate? What is the reason for the unusual lobby-entry plan? Who built these houses and when?

The idea of a journey is never very far from the geographical approach of *Houses of the Welsh Countryside*. Peter Smith invites his readers to take a journey on the train from Aberystwyth to

Plasauduon (Carno, Sir Drefaldwyn): bras adluniad persbectif
Plasauduon (Carno, Montgomeryshire): perspective reconstruction sketch

i'r darllenydd fynd ar daith trên o Aberystwyth i Amwythig. Tref nodweddiadol o adeiladau cerrig a styco o'r Oes Sioraidd ac Oes Victoria yw Aberystwyth. Am dipyn, mae tai'r wlad yn debyg i rai'r dref, sef blychau cerrig o'r bedwaredd ganrif ar bymtheg gan mwyaf. Ond wrth deithio tua'r dwyrain, croesir rhyw ffin anweledig rywle tua Llanidloes. Ceir cip ar fwy a mwy o dai â fframiau coed a thai o frics. Ac, o edrych yn ofalus, gwelir bod i dai'r gororau, yn aml, ffurf ranbarthol

Shrewsbury. Aberystwyth is a typical Georgian-Victorian stone and stucco west Wales town. For a while the houses of the countryside are similar to those of the town, generally nineteenth-century stone boxes. However, as the traveller proceeds eastwards an invisible frontier is passed somewhere around Llanidloes. More and more timber-framed and brick houses are glimpsed. Moreover, if one looks closely one sees that the houses of the border often have a distinctive regional form – the lobby-entry plan. In houses of this type the chimney is generally in the middle of the house. There is no cross-passage, unlike the Snowdonian house or the longhouse, and instead the main doorway opens onto a small lobby at the side of the great chimney. The chimney generally stands between kitchen and parlour, and a key feature of these houses is the emphasis placed on the parlour. There are variants to the plan, with the smaller lobby-entry houses having end chimneys. However, the distribution maps in *Houses of the Welsh Countryside* show that the lobby-entry plan with a single central stack is emphatically a house of the Welsh border, with the majority of examples found in Montgomeryshire and outliers in Radnorshire and Denbighshire. There are scattered examples along the length of the border and in Glamorgan. The plan-type is completely absent from the western and north-western sides of Wales where other regional plans predominate. Although the timber-framing tradition is strongly marked on the English side of the border there seem to be fewer houses of lobby-entry plan in Herefordshire and Shropshire.

Talgarth (Trefeglwys, Sir Drefaldwyn): mae golwg atyniadol ffrâm goed y tŷ wedi apelio at artistiaid a ffotograffwyr am ganrif a rhagor

Talgarth (Trefeglwys, Montgomeryshire): the picturesque qualities of the timber-framed house have appealed to artists and photographers for well over a century

Tai'r Ffin   111   Houses of the Welsh Border

bendant, sef cynllun y fynedfa lobi. Mewn tai o'r math hwnnw bydd y simnai fel rheol yng nghanol y tŷ. Yn wahanol i dŷ Eryri neu'r tŷ hir, does dim croes-gyntedd. Yn hytrach, bydd y prif ddrws yn agos i lobi fach wrth ochr y simnai fawr. Bydd y simnai'n sefyll rhwng y gegin a'r parlwr fel rheol, a nodwedd allweddol ar y tai hyn yw'r pwys a roir ar y parlwr. Ceir amrywiadau ar y cynllun hwnnw, sef bod simneiau pen i'r tai bychain sydd â mynedfa lobi. Ond mae'r mapiau dosbarthiad yn *Houses of the Welsh Countryside* yn dangos bod cynllun y fynedfa lobi ag un corn simnai canolog yn perthyn yn bendant i dai'r gororau, bod y mwyafrif o'r enghreifftiau ohono i'w cael yn Sir Drefaldwyn a bod ambell un dros y ffin yn siroedd Maesyfed a Dinbych. Ceir hefyd enghreifftiau ohono hwnt ac yma ar hyd y ffin â Lloegr ac ym Morgannwg. Ni welir y math hwn o gynllun yn y gorllewin na'r gogledd-orllewin: cynlluniau rhanbarthol eraill sydd i'w cael yno. Ac er bod y traddodiad o ddefnyddio fframiau coed yn amlwg iawn ar ochr Lloegr i'r ffin, mae'n debyg bod llai o dai â'r cynllun mynedfa-lobi i'w cael yn siroedd Henffordd ac Amwythig.

Ble mae'r tŷ hynaf â mynedfa lobi? Tan yn ddiweddar, credid mai yn y 1570au, sef cyfnod gosod simneiau mewn tai â neuaddau agored, y codwyd y tai cynharaf â mynediad lobi yn Sir Drefaldwyn. Ond yna cafwyd hyd i genhedlaeth gynharach o dai â mynedfa lobi. Tai â statws arbennig gan mwyaf (tai hela a'u tebyg) oedd y rheiny ac fe'u hadeiladwyd yn ystod hanner cyntaf yr unfed ganrif ar bymtheg. Yn eu plith, fodd bynnag, mae sawl tŷ deulawr

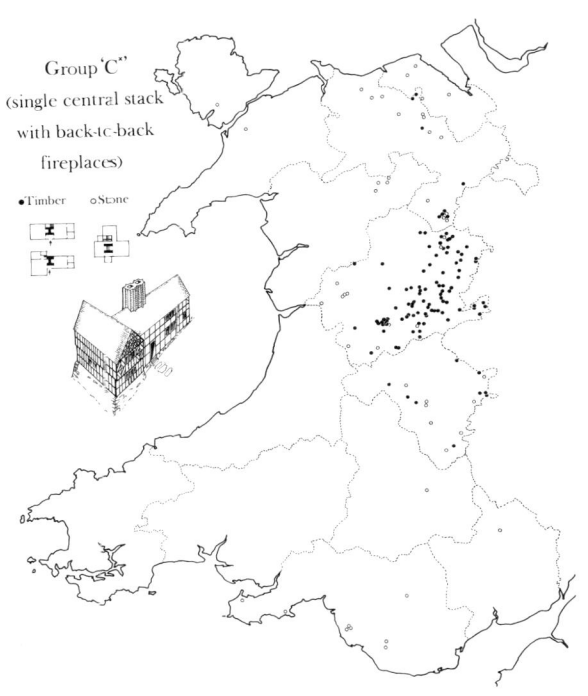

Map sy'n dangos crynodiad y tai â mynedfa lobi ar hyd y Gororau, *Houses of the Welsh Countryside*, Map 30c

Map showing the Border concentration of lobby-entry houses, *Houses of the Welsh Countryside*, Map 30c

Where is the oldest lobby-entry house? Until recently the earliest Montgomeryshire lobby-entry houses were thought to date from the 1570s, the period when chimneys were being inserted into open-hallhouses. However, there was an earlier generation of lobby-entry houses, generally houses of special status (hunting lodges and the like), which date from the first half of the sixteenth century, but

cynnar a phwrpasol yn ne-ddwyrain Lloegr sydd â'u tu blaen o goed yn ymwthio allan. Mae iddynt y dosbarthiad gwasgaredig sy'n nodweddu math o adeilad a oedd yn uchel i statws, ac ymhlith y tai hyn ceir un enghraifft yng Nghymru, sef Old Impton (Norton, Sir Faesyfed), tŷ y dyddiwyd ei flwyddgylchau i 1542. Er mai adain o dŷ hŷn yw ef, mae'n uned hunangynhwysol ac mae iddo'r fframiau coed cywrain sy'n gysylltiedig â'r tŷ â mynedfa lobi yng Nghymru. Ar ei du allan ceir amryw byd o 'bilastrau', a'r tu mewn iddo mae rhai trawstiau nenfwd wedi'u mowldio'n gywrain. Ar yr un pryd, ychwanegwyd cyntedd cywrain at yr adeilad hŷn o gerrig – cyntedd sy'n gampwaith gan saer coed. Ceir arno nid yn unig addurniadau geometregol ond hefyd gerfiadau o'r holl offer a ddefnyddid i godi tŷ.

Old Impton yw rhagflaenydd yr enghreifftiau niferus o dai â mynedfa lobi a godwyd yn ystod y ganrif a hanner o tua 1575 ymlaen. Ceid dau fath o dŷ â mynedfa lobi, sef y rhai a drowyd o fod yn dai neuadd canoloesol a'r rhai a godwyd yn dai newydd. Wrth addasu llawer tŷ neuadd, mabwysiadwyd cynllun y fynedfa lobi, ond tuedd y tai newydd oedd dangos ffurf 'bur' yr hyn yr oedd yr adeiladwr yn ceisio ei gyflawni.

Wrth addasu tai neuadd ar y Gororau, mae modd dilyn dau lwybr. Y duedd oedd troi neuaddau gwerinol yn dai hirion a throi neuaddau'r uchelwyr yn dai â mynedfa lobi. Yn nhai'r uchelwyr, byddai lleoedd tân canolog yn gwresogi'r parlwr ar un ochr i'r corn simnai canolog a'r neuadd ar yr ochr arall iddo. Mewn llawer o dai a oedd yn dai neuadd cynt

they include several early, purpose-built, storeyed lobby-entry houses with jettied timber fronts in the south-east of England. They have the scattered distribution characteristic of a high-status building type and include one Welsh example: Old Impton (Norton, Radnorshire), tree-ring dated 1542. This is a wing to an older house but it is essentially self-contained, and has the elaborate timber-framing that is associated with the lobby-entry house in Wales. Externally the range is close-studded with 'pilasters', and internally it has some elaborately moulded ceiling beams. At the same time an elaborate porch was added to the older stone-built range – it is a carpentry tour de force that includes not only geometrical decoration but also carvings of all the tools used to construct a house.

Old Impton is the forerunner of a great proliferation of lobby-entry houses in the century and a half from 1575 or so. There were two types of lobby-entry house: those converted from medieval hallhouses, and those built new. Many hallhouse conversions adopted the lobby-entry plan, but the new-built house tends to show in a 'pure' form what the builder was seeking to achieve.

Hallhouse conversions in the Border might take two routes. Peasant halls tended to become longhouses, while gentry halls tended to become lobby-entry houses. In gentry houses central fireplaces heated a parlour on one side of the central stack and a hall on the other. Many former hallhouses gave prominence to the chamber over the hall, providing it with a giant timber-framed

rhoddwyd amlygrwydd i'r siambr uwchben y neuadd drwy roi dormer enfawr iddi ac i hwnnw ffrâm o goed. Gwedd frodorol, o hyd, oedd i'r addasiadau hynny i dai neuadd, a chadwent faintioli a lleoliad eu rhagflaenwyr canoloesol.

Mae'r tai newydd a godwyd â mynedfa lobi yn dangos y rhoddid mwy o bwys erbyn hynny ar gymesuredd. Enghraifft hyfryd o hynny yw Rhydycarw (Trefeglwys, Sir Drefaldwyn) oherwydd ei fod yn dangos y symud o'r tŷ canoloesol hir ac isel, a hwnnw ar lethr, i dŷ newydd ar safle newydd. Mae'n dangos hefyd yr ysfa newydd i sicrhau cymesuredd, a'r awydd i arddangos. Mae'r tŷ'n un deulawr drwyddo ac mae fframiau coed addurnol siâp diemwnt yn tynnu sylw at y llawr uchaf. Mae'r cyntedd a'i ffrâm pren ymwthiol yn gwahodd pobl i'r tŷ. Defnyddiwyd pob math o themâu ac amrywiadau wrth fframio ac addurno'r tai hyn. Rhaid pwysleisio hefyd fod cynllun cyson i'r tŷ â mynedfa lobi, sef bod y gegin (y parheir, weithiau, i gyfeirio ati fel 'neuadd') wedi'i gwahanu'n bendant iawn oddi wrth y parlwr. Weithiau, ychwanegid parlwr at dŷ bychan â mynedfa lobi a simnai pen. Enghraifft dda o hynny yw Tu-hwnt-i-gain (Llansanffraid-ym-Mechain, Sir Drefaldwyn). Bu dyddio'r blwyddgylchau yn fodd i ddangos bod y tŷ dwy-uned gwreiddiol hwnnw wedi ei godi ym 1611/12, ond erbyn 1647/48 roedd y perchennog yn meddu ar ddigon o fodd i godi parlwr drud a oedd yn gyforiog o stydiau.

Pam yr oedd y parlwr mor bwysig? Yn hanesyddol, y parlwr oedd yr ystafell orau y tu

dormer. These hallhouse conversions still appeared very much in the vernacular mode, retaining the proportions and siting of their medieval predecessors.

The new-built lobby-entry houses show a progression from rather asymmetrical houses to symmetrical dwellings. Rhydycarw (Trefeglwys, Montgomeryshire) beautifully illustrates the transition from the long and low, downslope-sited medieval house to a new house on a new site. Rhydycarw shows the new concern for symmetry and display. The house has two storeys throughout with decorative timber framing of 'lozenge' type emphasizing the upper floor. A projecting timber-framed porch invites entry into the house. All sorts of themes and variations were used in the framing and decoration of these houses. It must also be emphasized that the large lobby-entry house had a consistent plan with the clear separation of kitchen (still sometimes called the hall) and parlour on either side of the central chimney. Sometimes a parlour was added to a small end-chimney lobby-entry house. Tu-hwnt-i-gain (Llansanffraid-ym-Mechain, Montgomeryshire) is a good example. Tree-ring dating showed that the original two-unit house was built in 1611/12, but by 1647/8 resources had permitted the construction of an expensive close-studded parlour.

Why was the parlour so important? Historically the parlour had been a best room beyond the hall. In the new lobby-entry houses the parlour was a room immediately at the entry used as a reception room and a sitting room. It is usually distinguished

Rhydycarw (Trefeglwys, Sir Drefaldwyn)
Rhydycarw (Trefeglwys, Montgomeryshire)

hwnt i'r neuadd. Yn y tai newydd â mynedfa lobi, y parlwr oedd yr ystafell yn union wrth y fynedfa, ac fe'i defnyddid yn ystafell dderbyn ac yn ystafell eistedd. Y gwahaniaeth rhyngddo a'r neuadd fel rheol oedd bod yno le tân llai o faint, a hwnnw heb ffwrn. Yn aml, byddai'r nenfwd yn gywrain a gallai'r llawr fod wedi'i fyrddio yn hytrach na'i

from the hall by its smaller fireplace which lacks an oven. The ceiling was often fine and the floor might be boarded rather than flagged and set over a cellar. Inventories suggest that the parlour might still contain a bed in the seventeenth century but it also had tables, chairs, stools, and cushions. In the eighteenth century beds were ousted from the

fflagio, a'i osod dros seler. Awgryma rhestri eiddo yn yr ail ganrif ar bymtheg bod yna wely yn y parlwr o hyd, efallai, ond yno hefyd yr oedd yna fyrddau, cadeiriau, stolion a chlustogau. Yn y ddeunawfed ganrif alltudiwyd gwelyau o'r parlwr ond yno cronnwyd mathau eraill o gelfi derw, gan gynnwys cypyrddau près a chadeiriau cyffyrddus. Datblygodd y parlwr yn brif ystafell i dderbyn ymwelwyr ynddi ac i arddangos celfi, tsieni, clociau ac eitemau drud eraill. Ceid cloc – arwydd o lewyrch – mewn aml i barlwr. Cynhyrchodd Tibbot, gwneuthurwr clociau yn Sir Drefaldwyn, gannoedd o glociau i ffermdai lleol. I yfed te, yr oedd yn rhaid wrth baraffernalia tebotau, cwpanau, bowlenni ac eitemau newydd eraill. Ac er i foesolwyr (dynion yn bennaf) draethu'n ffri am ddrwg effeithiau yfed te mewn parlwr (gan ferched yn bennaf), daeth 'partïon yfed te', drwy wahoddiad neu docyn (tocyn wedi'i argraffu, weithiau), yn nodwedd ar fywyd cymdeithasol y bedwaredd ganrif ar bymtheg.

Arddangos a choed

Ceir ffasiynau mewn defnyddiau adeiladu. Er i gerrig dueddu i ddisodli coed mewn llawer rhan o Gymru yn yr ail ganrif ar bymtheg, daliodd coed i fod yn bwysig ym Mhowys am fod modd gwneud sioe ohono. Yn aml, mae hi'n haws adeiladu'n drawiadol wrth ddefnyddio coed yn hytrach na defnyddiau eraill. Mae'r arysgrifau yn dangos cymaint o barch oedd i grefft y saer (a llythrennedd y crefftwyr); i bob pwrpas, byddai rhai seiri'n llofnodi eu gwaith. Yng Nghefnbarrach (Trefeglwys, Sir

parlour, but other types of oak furniture accumulated there, including press cupboards and comfortable chairs. The parlour became the principal room for the reception of visitors and the display of furniture, china, clocks, and other expensive items. Clocks – a measure of prosperity – graced many parlours. Tibbot, the Montgomeryshire clockmaker, provided hundreds of clocks for local farmhouses. Tea demanded the paraphernalia of teapots, cups and bowls, and other new consumer items. Moralists (mainly men) fulminated against the evils of parlour tea-drinking by (mostly) women. Nevertheless, the 'tea-drinking parties' by invitation or ticket (sometimes printed) became a feature of nineteenth-century social life.

Display and timber

There is fashion in building materials. Although stone tended to displace timber in many parts of seventeenth-century Wales, timber remained important in Powys because of its usefulness for display. It is often easier to build impressively in timber than in other materials. An index of the respect for the carpenter's craft (and the literacy of the craftsmen) is provided by inscriptions; in effect some carpenters were signing their work. Cefnbarrach (Trefeglwys, Montgomeryshire) has an inscription with the initials of the owners, David and Mary Lloyd, the date 1705, and the further initials of Lewis Manuel, the carpenter. Another Montgomeryshire house, Hiriarth, Llanidloes (now demolished), had an inscription

Drefaldwyn) ceir arysgrif sy'n cynnwys llythrennau blaen enwau'r perchnogion, David a Mary Lloyd, y dyddiad 1705, a hefyd lythrennau blaen enw'r saer, Lewis Manuel. Uwchben drws ffrynt tŷ arall yn Sir Drefaldwyn, sef Hiriarth, Llanidloes (tŷ sydd bellach wedi'i ddymchwel), ceid llythrennau blaen enw'r perchennog, y dyddiad 1722 a'r llythrennau blaen 'IEC', y saer anhysbys. Tystio i barhad pwysigrwydd crefft y seiri coed ganol y ddeunawfed ganrif wna llythrennau blaen enwau'r seiri, a'r rheiny fel rheol ag C uwchysgrif neu derfynol iddynt: maent i'w gweld mewn rhai adeiladau fferm yn Sir Faesyfed a godwyd gan ddefnyddio helaethrwydd o goed.

Wrth i amser fynd rhagddo, prin y gellid gwahanu fframiau coed oddi wrth yr awydd i wneud sioe o bethau, a thrwy gywreindeb fframiau'r lloriau uchaf y cyhoeddwyd dyfodiad y tŷ deulawr newydd. Mae'n debyg i adeiladu mewn coed fod yn ei anterth rhwng dechrau a chanol yr ail ganrif ar bymtheg, adeg codi ffermdai a thai uchelwyr – tai ac iddynt fframiau mawr – yn Sir Drefaldwyn, ac yn Nyffryn Hafren yn enwedig. Mae i'r tai hynny fframiau coed llawn a chywrain ac, yn aml, gyntedd trawiadol. Yn y cefn, yn fynych, ceir adain ar gyfer y grisiau neu'r gegin. O ran eu cynllun, ffurf debyg i groes sydd i'r tai hyn ac yng nghanol yr adeilad y mae'r lle tân.

Weithiau, ceir dyddiadau pendant iddynt. Ar gyntedd cywrain yr Hen Ficerdy yn Aberriw, Sir Drefaldwyn, mae 1616 i'w weld yn glir. Er bod amheuon mynych ynghylch dilysrwydd arysgrifau dyddiadau, mae dyddio blwyddgylchau wedi dangos i'r coed a ddefnyddiwyd wrth godi'r tŷ gael eu cwympo ym 1615 gan gadarnhau felly bod dyddiad

over the front door with the initials of the owner, the date 1722 and the initials 'IEC' of an unidentified carpenter. The initials of carpenters, generally with a superscript or final C, occur in some lavishly timber-built farmbuildings in Radnorshire, testifying to the continuing importance of the carpenters' craft in the mid-eighteenth century.

Timber-framing was latterly inseparable from display and announced the new storeyed house through elaborately-framed upper storeys. Building in timber seems to have reached a high-point in the early to mid-seventeenth century with the large framed farmhouses and gentry houses of Montgomeryshire, especially in the Severn Valley. These houses are fully and elaborately timber-framed and often have an impressive porch. At the rear there is often a wing for the stair or kitchen. In plan these houses are cross-like and have the fireplace at the centre of the range.

Sometimes they are precisely dated. The Old Vicarage, Berriew, Montgomeryshire, has an elaborate porch prominently inscribed 1616. There are often worries about the authenticity of date inscriptions, but tree-ring dating has confirmed the reliability of the Old Vicarage's date by establishing that the timber used to build the house was felled in 1615. Documentary evidence has helped date other houses including Talgarth, built like a number of gentry houses in the 1660s in a new confident mood not long after the Restoration. Plasauduon (Carno, Montgomeryshire) and Rhydycarw (Trefeglwys,

yr Hen Ficerdy yn ddibynadwy. Mae tystiolaeth dogfennau wedi helpu i ddyddio tai eraill, gan gynnwys Talgarth, tŷ a godwyd, fel amryw o dai'r uchelwyr yn y 1660au, yn yr ysbryd newydd a hyderus a welwyd yn sgil Adfer y Frenhiniaeth. Mae'n debyg i Blasauduon (Carno, Sir Drefaldwyn) a Rhydycarw (Trefeglwys, Sir Drefaldwyn) hefyd gael eu codi tua'r adeg honno. Mae'r traddodiad o ddyddio adeilad fel petai'n parhau i Faes-mawr (Llandinam), tŷ arall â fframiau coed cywrain yn Sir Drefaldwyn, lle y daeth Peter Smith o hyd i'r dyddiad peintiedig '1717' a oedd fel petai'n nodi ailadeiladu wedi tân.

Gwneud sioe o bethau oedd nod y fframiau coed. Yn wahanol i'r tŷ canoloesol, nid oes unrhyw addurno yn y to. Yn hytrach, mae'r addurno moethus wedi'i drosglwyddo o'r tu mewn i'r tu allan. Y math mwyaf afradlon o ddefnyddio fframiau coed oedd y stydiau clòs, sef gosod y pyst coed yn agos iawn at ei gilydd. Ceir stydio clòs ar lawr gwaelod a llawr cyntaf Talgarth. Y drefn fwy arferol, fel ym Mhlasauduon, yw newid o'r stydio clòs ar y llawr gwaelod i'r paneli o fframiau mwy o faint ar y llawr uchaf. Yn aml, defnyddid fframiau mwy addurnol ar y llawr uchaf am eu bod yn amlycach yno. Yn Rhydycarw, ceir gafaelfachau hyfryd sydd wedi'u gosod ar letraws i ffurfio siapiau diemwnt mawr. Pan ddefnyddid paneli mawr, addurnid y gofod â chraffrwymau addurnol gan ffurfio patrwm serog o fewn y panel a'i groestorri y tu allan mewn patrwm cylchog. Yr oedd rhoi'r llawr uchaf i ymwthio allan uwchben y llawr gwaelod yn pwysleisio rhagor ar ffurf y tŷ deulawr newydd.

Montgomeryshire) were probably also built at this time. The tradition of dating seems to carry on to Maes-mawr (Llandinam), another elaborately timber-framed Montgomeryshire house, where Peter Smith discovered a painted date of 1717, seemingly marking reconstruction after a fire.

Timber-framing was about display. There is no decoration in the roof unlike the medieval house. Instead, flamboyant decoration has been transferred from the inside to the outside. The most lavish type of timber-framing was close studding, where the timber posts are tightly spaced. Talgarth is close studded at both ground and first floors. More usually, as at Plasauduon, there is a change in framing from close-studding on the ground floor to larger framed panels on the upper floor. Very often, more decorative framing was employed on the upper floor where it was more visible. Rhydycarw has delightful, diagonally-set braces forming large lozenges. When large panels were used the space was embellished with decorative bracing that formed a stellar pattern within the panel and intersected outside it in a circular pattern. Jettying forward the upper storey over the ground floor further emphasized the new storeyed house. A few houses are jettied on all four sides, as at Maes-mawr. More usually only the prominent elevations were jettied, for example the front and sides at Plasauduon. Porches, the most prominent feature on the front elevation, were frequently jettied. At Plasauduon the porch has jetties to the first floor and attic, and the framing is

Mewn ambell dŷ fel Maes-mawr, bydd yr ymwthio'n digwydd ar bob un o'r pedair ochr. Trefn fwy arferol oedd i'r ymwthio ddigwydd yn achos y lloriau amlwg yn unig – er enghraifft, ar du blaen ac ochrau z. Yn aml, codid llawr cyntaf ymwthiol uwchben y cyntedd, nodwedd amlycaf tu blaen y tŷ. Ym Mhlasauduon, mae llawr cyntaf a chroglofft y cyntedd yn ymwthio allan. Addurnir y fframiau â balystrau tro yn y waliau ochr ac mae pennau celfydd eu siâp i bennau'r drysau.

Y tu mewn i'r tŷ, hefyd, defnyddid sioe o goed. Mae i bob un o'r tai nenfwd o estyll, a'r rheiny weithiau wedi'u fframio'n gywrain â phaneli niferus o ddistiau gwrthgyfnewidiol ac wedi'u gorffen bob tro â siamffrau a stopiau. Dau fowldiad yw prif fotiffau addurnol yr ail ganrif ar bymtheg, sef y mowldin pigfain (cromlin ddwbl) a'r ofolo (hanner cylch). Yn aml, defnyddir y mowldin pigfain yn stop ar waith pren mewnol, a'r pigfain dwbl yn rhoi proffil rhwysgfawr i bennau drysau Plasauduon. Mae'r mowldin ofolo i'w weld ar estyll ymwthiol a choed amlwg eraill. Lle mae'r ffenestri gwreiddiol wedi goroesi, mae iddynt fyliynau hyfryd sydd wedi'u mowldio'n ofolo.

Y rhyfeddod mwyaf oedd defnyddio coed ar gyfer fframm y lle tân. Er bod defnyddio coed i adeiladu lle tân a ffliw fel petai'n groes i synnwyr cyffredin, yr oedd y seiri yng nghadarnle fframio â choed fel petaent yn methu peidio creu lle tân o goed. Fel rheol, ffrâm o goed oedd i'r cyfan o'r lle tân ar wahân i garreg gefn y tân. Er y câi ffrâm y ffliw ei leinio â phlastr, daliai i fod yn adeiladwaith bregus.

embellished with turned balusters in the side walls and elaborately shaped doorheads.

The lavish use of timber continued inside the house. All the houses have beamed ceilings, sometimes elaborately framed with numerous panels of counterchanging joists, and always finished with chamfers and stops. The dominant decorative seventeenth-century motifs are two mouldings: the ogee (double curve) and the ovolo (semi-circular). The ogee is often used as a stop on internal timberwork, and the double ogee gives an ostentatious profile to the doorheads at Plasauduon. The ovolo moulding appears on jetty beams and other prominent timbers. Where original windows survive they have ovolo-moulded mullions, a constant source of delight.

The most remarkable use of timber was in the fireplace. It seems contrary to common sense that a fireplace and flue should have been constructed from timber, but in the stronghold of timber-framing the fireplace seems to have been a carpentry challenge impossible to resist. The half-timbered fireplace was usually wholly timber-framed apart from a stone fireback. The framed flue was lined with plaster but it was still a vulnerable structure. The introduction of coal increased the risk of fire, and there must have been many disasters that prompted rebuilding in stone. Nevertheless, mapping of recorded examples reveals that fireplaces of this type still survive in Montgomeryshire, the heart of their distribution, and include a framed fireplace tree-ring dated

Wrth ddechrau llosgi glo cynyddodd perygl tân a chafwyd llu o drychinebau. Ysgogodd hynny ailgodi tai mewn cerrig. Eto i gyd, o fapio'r enghreifftiau a gofnodwyd, gwelir bod lleoedd tân o'r math hwn yn dal i oroesi yn Sir Drefaldwyn, craidd eu dosbarthiad, ac yn eu plith, yn wyrthiol ddigon, ceir lle tân mewn ffrâm yn Nhŷ-mawr, Castell Caereinion, Sir Drefaldwyn, y dyddiwyd blwyddgylchau'r ffrâm i aeaf 1630/31.

Mewn llawer tŷ â mynedfa lobi a godwyd yn yr ail ganrif ar bymtheg ceir grisiau cywrain ac iddynt ganllawiau mowldiedig a balystrau gwastad ('sblat'), cerfiedig neu dro. Fel rheol, gosodid y grisiau wrth ochr y lle tân ond digon cyfyng oedd y rheiny am nad oedd fawr o ofod yno. Mae'r grisiau ym Mhlasauduon wedi eu gosod mewn ffrâm mewn estyniad yn y cefn; gan amlaf byddai gosod y grisiau wrth ochr y lle tân yn atal y perchnogion rhag eu troi'n nodwedd fewnol drawiadol.

Er mai tarddiad brodorol oedd i'r tŷ â mynedfa lobi ar ei ffurf ddatblygedig, perthynai iddo naws oes y Dadeni oherwydd ei bwyslais ar arddangos, ar brif tu blaen tŷ ac ar sicrhau cynllun cymesur. Pan sylweddolwyd yn y ddeunawfed ganrif fod cynllun y fynedfa lobi yn anghyfleus, rhoddwyd y gorau iddo o dipyn i beth. Mae'n rhyfedd y gellid mynd i'r drafferth o ddymchwel y simnai ganolog a chodi simneiau newydd yn y talcen. Ceir enghreifftiau da o hynny yn yr Hen Ficerdy yn Aberriw ac yn Rhydycarw. Drwy ddymchwel y simnai, ceid gofod canolog gwag, a defnyddid hwnnw ar gyfer grisiau newydd i sicrhau mynediad uniongyrchol i'r llawr cyntaf – nodwedd allweddol ar y tŷ modern.

winter 1630/1 at Tŷ-mawr, Castle Caereinion, Montgomeryshire, a truly remarkable survivor.

The stairs in many seventeenth-century lobby-entry houses are delightful, with moulded handrails and flat ('splat'), carved, or turned balusters. Stairs were usually placed at the side of the fireplace but constrained by the relatively small space available. At Plasauduon the framed stair was placed in a rear projection, but in most cases the favoured position of the stair at the side of the fireplace prevented it from fully achieving its potential as an internal feature of display.

The lobby-entry house in its developed form had vernacular origins, but it was also Renaissance in spirit with its emphasis on display, the main front and the symmetrical plan. In the course of the eighteenth century the lobby-entry plan was deemed inconvenient and increasingly abandoned. It is extraordinary that considerable effort might go into demolishing the central chimney and building new gable-end chimneys. The Old Vicarage, Berriew, and Rhydycarw provide good examples of this process. Demolition made available a central space which was used for a new staircase to provide direct access to the first floor, a key feature of the modern house.

Maes-mawr (Llandinam, Sir Drefaldwyn)
Maes-mawr (Llandinam, Montgomeryshire)

Gwerthfawrogiadau
Appreciations

Plasauduon
Carno, Powys

Mae Plasauduon yn nodweddiadol o'r math o dai a geid yn Nyffryn Hafren yn yr ail ganrif ar bymtheg – tai ac iddynt fframiau coed cymesur ynghyd â chynteddau deulawr canolog a thrawiadol a agorai i lobi wrth ochr y lle tân canolog. Ffurf yw honno sy'n creu dwy ystafell gytbwys ar y llawr gwaelod a'r llawr cyntaf; yma, mae'r neuadd ar y dde a'r parlwr ar y chwith, ac ystafelloedd gwely uwch eu pennau. Codwyd Plasauduon tua 1660 ac efallai i'r adain gefn ddiweddarach ddisodli fframwaith cynharach. Mae'r tŷ mewn cyflwr rhyfeddol o dda.

Er gosod ffenestri newydd yn lle'r mwyafrif o'r hen rai yn yr ugeinfed ganrif, ni fu fawr o newid ar weddill y nodweddion pensaernïol gwreiddiol ac mae hynny'n ddymunol iawn oherwydd i'r tŷ gael ei adeiladu tua chanol yr ail ganrif ar bymtheg, cyfnod o addurno mawr ar dai o'r fath. Ceir ffurf bigfain ddwbl ('bwa ciwpid') i'r mwyafrif o bennau'r drysau, mae'r cyntedd â'i seddau gosodedig a chelfi gwreiddiol y drws yn hyfryd, ac mae trawstiau nenfwd addurnol y parlwr wedi cadw eu plastr gwreiddiol. Y peth mwyaf trawiadol o'r cyfan yw'r llawr o gerrig palmant yn y neuadd; mae'i patrwm addurnol arno'n nodweddiadol o Sir Drefaldwyn.

Mae'n debyg bod arddangos cyfoeth drwy

Plasauduon
Carno, Powys

Plasauduon is typical of the seventeenth-century 'Severn Valley' type – symmetrical timber-framed houses distinguished by impressive, central, storeyed porches opening into a lobby at the side of the central fireplace. This form creates two balanced rooms to the ground and first floor; in this case the hall on the right and parlour on the left, and there are bedchambers over. Built around 1660, with a later rear wing that is possibly a rebuild of an earlier structure, Plasauduon is remarkably well preserved.

Although most of the windows have been replaced in the twentieth century, virtually all of the other original architectural features are intact. This is fortunate as the house dates from the mid-seventeenth century when such houses were particularly well supplied with decorative detail. Most of the door-heads are cut in a double ogee ('cupid's bow') shape, the porch with its fitted seats and original door furniture is delightful, and the decorative ceiling beams in the parlour retain their original plaster. Most impressive of all is the pitched stone floor in the hall, which has a decorative pattern typical of Montgomeryshire.

Display of wealth through the external and internal architecture appears to have been significant

gyfrwng pensaernïaeth allanol a mewnol y cartref hwn yn bwysig i'r ffermwr dosbarth-canol a'i hadeiladodd. Mae dau dalcen y prif adeilad wedi'u hestyn ddwywaith ar swmerau mowldiedig ac 'estyll draig' yn gynheiliaid iddynt wrth y corneli. Credir weithiau fod y llawr cyntaf a'r ail mewn adeiladau trefol yn yr Oesoedd Canol yn estyn allan i greu rhagor o ofod uwchlaw strydoedd poblog, ond yng nghefn gwlad rhaid mai mater o ffasiwn ydoedd ef – ac yn sicr mae'r effaith yn apelio at y llygad. Mae tai fel Plasauduon yn rhoi cymaint o fwynhad oherwydd bod yr addurno arnynt yn deillio o ffurf eu hadeiladwaith ac nid o ryw chwaeth fympwyol.

Houses of the Welsh Countryside, ffigur 140.

Fferm Aberbechan
ger y Drenewydd, Sir Drefaldwyn

Mae cylch y Trallwng a'r Drenewydd yn gyforiog o dai â fframiau coed a godwyd yn yr ail ganrif ar bymtheg. Yma, mae'n debyg, y mae'r casgliad mwyaf o dai addurnol eu golwg yng Nghymru. Er bod Fferm Aberbechan yn nodweddiadol am ei fod yn dŷ ac iddo fynedfa lobi is-ganoloesol, fe'i hailwampiwyd o leiaf ddwywaith. Cafodd y rhan fwyaf o'r hyn a welir heddiw ei godi mewn gwahanol gamau yn yr ail ganrif ar bymtheg, ond mae'n bosibl bod tŷ wedi bod yno ynghynt.

    Y rhan fwyaf trawiadol o'r tŷ yw'r groes-adain ymwthiol ac mae'n debyg iddi gael ei chodi tua diwedd yr ail ganrif ar bymtheg. Er mai gwaith ffrâm

for the middle-class farmer who built this home. Both gable ends of the main range are twice jettied on moulded bressumers, with 'dragon beams' providing support at the corners. It is sometimes considered that medieval urban buildings were jettied to create more space above crowded streets, but here in the countryside it must have been a display of fashion – and the effect is certainly pleasing to the eye. What makes houses like Plasauduon so satisfying is that their decoration is the result of their structural form and not some whimsical application.

Houses of the Welsh Countryside, fig. 140.

Aberbechan Farm
near Newtown, Montgomeryshire

The area around Welshpool and Newtown is full of seventeenth-century timber-framed houses. It probably has the largest collection of overtly decorative exteriors in Wales. Aberbechan Farm is typical in that it is a sub-medieval lobby-entry house, though it has been remodelled at least twice. Most of what is seen today was built in various phases in the seventeenth century, though it is possible that the house has earlier origins.

    The most impressive section of the house is the cross-wing, which was raised and jettied probably in the later part of the seventeenth century. Although the main range has relatively plain box-framing, attractive chevron work was included in the jettied gable, which is one of several decorative variants

bocs cymharol blaen sydd i'r prif adeilad, cynhwyswyd gwaith *chevron* deniadol yn y talcen ymwthiol, sef un o sawl amrywiad addurnol sydd i'w gweld yn y fro. A oes cysylltiad rhwng yr ymdrech a wnaed i greu tu blaen mor drawiadol a'r ffaith yr arferai ffordd fynd heibio i'r ochr hon o'r tŷ gynt? Mae'n ddigon posibl.

Heddiw, mae'r tŷ wedi'i baentio'n ddu a gwyn. Er nad yw'n ffasiwn sy'n mynd yn ôl ymhellach na'r bedwaredd ganrif ar bymtheg, mae hi bellach wedi ymsefydlu mor gadarn nes bod pobl yn cyfeirio at y math 'du-a-gwyn' o adeilad. Gwaetha'r modd, bydd y paent bitwminaidd a'r tar a ddefnyddiwyd i greu'r effaith honno yn aml yn gwneud drwg am eu bod yn gallu dal lleithder rhwng yr wyneb sydd wedi'i baentio a'r pren derw. Yn achos ffermydd fel Fferm Aberbechan, yn ffodus, mae'r fframiau mor gadarn a'r pren derw mor hen a chaled erbyn hyn nes i'r driniaeth honno beidio ag amharu dim ar gadernid yr adeiladwaith.

Abernodwydd
Llangadfan, Powys (bellach yn Sain Ffagan)

Mae fframiau bocs syml y ffermdy to-gwellt hwn yn awgrymu mai yn yr ail ganrif ar bymtheg y cafodd ei adeiladu – dyddiad ei godi'n wreiddiol oedd 1678. Symudwyd y tŷ i Sain Ffagan bron dair canrif yn ddiweddarach, ym 1955. Proses gymharol rwydd yw datgymalu ac ailgodi adeiladau fel hwn am fod iddo fframiau coed, ac mae peth tystiolaeth hanesyddol fod pobl wedi mynd ati ambell waith i ailwampio neu symud rhannau o'u cartref, neu hyd yn oed y tŷ cyfan.

seen in the locality. The effort in creating such an impressive front may well be related to the fact that there was, in days gone by, a roadway passing this side of the house.

Today the house is painted in black and white, a fashion that dates only to the nineteenth century, but which is now so established that people refer to this as a 'black-and-white' building type. Unfortunately the bituminous paints and tars used to create this effect are often harmful as they can trap moisture under the painted surface and against the oak. Fortunately for farmhouses such as Aberbechan Farm the framing is so solid, and the oak now so old and hard, that the integrity of the structure has not been compromised.

Abernodwydd
Llangadfan, Powys (now at St Fagans)

The simple box-framing of this thatched farmhouse gives away its seventeenth-century origin – it was originally built in 1678. The house was transferred to St Fagans nearly three hundred years later, in 1955. The dismantling and re-erection of timber-framed buildings like this is relatively easy, and there is some historical evidence that people occasionally rejigged or moved parts of their home, or even the whole house.

Abernodwydd is also typical of houses of the Welsh border in its floor plan. The property is entered via a small lobby created at the side of the timber-framed hearth. This central hearth is not the original fireplace. It appears that the building

Abernodwydd ar ôl ei ailgodi yn Sain Ffagan
Abernodwydd after re-erection at St Fagans

Plas-yn-pentre ar ôl ei adfer
Plas-yn-pentre after restoration

Mae cynllun llawr Abernodwydd hefyd yn nodweddiadol o dai'r gororau. Fe eir i mewn iddo drwy lobi fach a grëwyd ar ochr ffrâm bren yr aelwyd. Nid yr aelwyd ganolog honno yw'r lle tân gwreiddiol. Mae'n debyg fod yr adeilad, i gychwyn, yn enghraifft hwyr iawn o neuadd agored, ac iddo efallai le tân ar ganol y llawr. Cyn pen deng mlynedd ar hugain, sef erbyn 1708, cafodd llawr ei ychwanegu i greu cartref mwy cyffyrddus, a chodwyd brest simnai o gerrig ag ochrau o bren ynghyd â meinciau. Adlewyrchai hynny ddau ddiben yr aelwyd, sef coginio a chymdeithasu.

Mae'r tŷ wedi'i ddodrefnu'n briodol ar gyfer ffermdy ar ororau'r canolbarth ac ynddo ceir celfi gwledig derw o safon. Ar rai ohonynt cerfiwyd motiffau a oedd yn gyffredin tua diwedd yr ail ganrif ar bymtheg a dechrau'r ganrif ddilynol. Maent yn adlewyrchu statws canolig teulu'r ffermwyr wrth iddynt ymgyfoethogi drwy elwa ar dir pori da'r cylch.

started life as a very late example of an open hall, which may have had a fire placed centrally on the floor. Within thirty years, by 1708, a floor had been inserted to create a more comfortable home, and a stone chimney-breast with timber sides had been built, fitted with benches that reflect the dual purpose of the hearth for cooking and socialising.

The house is furnished appropriately for a farmhouse of the mid-Wales Marches, and it is home to good-quality oak country furniture, some carved with motifs common in the later seventeenth century and early eighteenth century. These furnishings reflect the middling status of the farming family, made prosperous by the good-quality pasture to be found in their area.

Neuadd Esgairgeiliog
Mochdre, Sir Drefaldwyn

Mae Esgairgeiliog yn enghraifft ddiddorol o dŷ neuadd a godwyd tua diwedd yr Oesoedd Canol ac yna'i ailwampio'n dŷ â mynedfa lobi a oedd yn nodweddiadol o'r gororau. Mae'n debyg bod y tŷ neuadd gwreiddiol â'i nenffyrch a'i bedwar bae wedi'i godi tua diwedd y bymthegfed ganrif ac yna, tua 1640, iddo gael ei droi'n dŷ 'modern' ac iddo lawr uchaf ac estyniad yn y cefn i greu lle i'r grisiau.

Peth cyffredin oedd ailwampio neuaddau cynnar yn yr ail ganrif ar bymtheg. Yn aml, dilynid ffasiynau lleol gan beri bod tai fel Esgairgeiliog yn fwy rhanbarthol-benodol nag yr oeddent fel neuaddau. Yma, creodd yr ailwampio dŷ â chyntedd lobi a'r fynedfa iddi yn erbyn corn y simnai. Y prif addurn allanol yw'r bae parlwr a'i baneli pedeirdalennog cysbedig a'i stydiau clòs. Tipyn plaenach yw ei bartner ar ochr arall yr hen neuadd ac fe all fod yn newid a wnaed yn y ddeunawfed ganrif. Mae'r sgrin fewnol o'r neuadd yn cadw olion gwaith paentio addurnol, ond aneglur yw'r patrwm arni. Mae'r setlau cyfunedig wedi goroesi yn y lle tân o'r ail ganrif ar bymtheg.

Oherwydd i waith adnewyddu diweddar ar y llawr uchaf gael gwared ar baredau o'r ugeinfed ganrif, datgelwyd fframwaith pren hardd y simnai a'i baneli plastr. Bellach, hefyd, gallwn weld y nenffyrch yn glir o'r neuadd am fod y simnai wedi'i chodi yn erbyn un ohonynt.

Esgairgeiliog Hall
Mochdre, Montgomeryshire

Esgairgeiliog is an interesting example of a late-medieval hallhouse that was remodelled into a house of lobby-entry type typical of the Border area. The original four-bay cruck-framed hallhouse probably dates from the late fifteenth century, and it was converted into a 'modern' house, with an upper floor and a rear outshot accommodating the stairs in around 1640.

Remodelling of early halls was common in the seventeenth century, and often followed local fashions, making properties such as Esgairgeiliog more regionally specific than they were in their original incarnations as halls. In this case remodelling created a lobby-entry house with its entrance against the chimney stack. The chief decoration externally is on the parlour bay with its cusped quatrefoil panels and close studding. Its partner on the other side of the former hall is noticeably plainer and may be an eighteenth-century alteration. The internal screen from the hall retains traces of decorative paintwork, though the pattern is unclear. Fitted settles survive in the seventeenth-century fireplace.

Recent renovations upstairs have removed twentieth-century partitions, and the handsome wooden chimney structure with plastered panels has been revealed. The crucks from the hall can also be seen clearly now, the chimney being built against one of them.

Plas-yn-pentre

Llangollen, Sir Ddinbych

Ar yr olwg gyntaf, naws Elisabethaidd sydd i Blas-yn-y-pentre, sef cynllun ar ffurf 'E', patrwm cyffredin yn nhai mawr a maenordai oes Elisabeth I. Ond mae'n debyg mai tŷ Jacobeaidd yw Plas-yn-pentre ac iddo gael ei godi tua dechrau'r ail ganrif ar bymtheg. Mae'n adeilad deulawr â dormer talcennog canolog a phob ochr i hwnnw ceir adain dalcennog drillawr a'r lloriau uchaf yn estyn allan ar fraced addurnedig. Y dyddiad 1634 sydd ar adain y gorllewin, ond gall hynny gyfeirio at rai newidiadau cynnar.

 Amlygir cyfoeth y sawl a'i cododd gan faint ac adeiladwaith y tŷ, y nenfydau plastr Jacobeaidd mowldiedig yn adain y parlwr, a manylion fel yr addurno pedeirdalennog ar y talcennau. Lleolir y cyntedd deniadol o dan un o'r adenydd ymwthiol, ac mae iddo ochrau agored a balystrau wedi'u gosod dros fyrddau fertigol o blanciau. Er bod y lleoedd tân cefngefn yn nodweddiadol o'r gororau, ychwanegiadau diweddarach yw'r rheiny.

 Oherwydd i'r gwaith adfer diweddar dynnu'r rendrau modern, fe allwn ni, yn union fel yr ymwelwyr cynnar, werthfawrogi'r cyfoeth o dderw sydd yno. Mae'r fframiau bocs syml, ond trawiadol gryf yr olwg, a'r paneli bach, yn amlwg y tu mewn a'r tu allan i bob ystafell ac yn creu effaith tebyg iawn i gaets.

Plas-yn-pentre

Llangollen, Denbighshire

At first glance Plas-yn-pentre has an Elizabethan air, with an 'E'-shaped plan, a pattern common in larger dwellings and manor-houses in the reign of Elizabeth I. However, Plas-yn-pentre is probably Jacobean, and was built in the early seventeenth century. The building is two-storey, with a central gabled dormer flanked by projecting three-storey gabled wings with top floors jettied on decorated brackets. The date 1634 is on the west wing, though this may refer to some early alterations.

 The wealth of its builder is reflected in the size and structure of the house, the moulded Jacobean plaster ceilings in the parlour wing, and details such as the quatrefoil decoration on the gables. The attractive porch sits under one of the projecting wings, and has open sides with balusters set over vertical plank boarding. As is typical on the Welsh Border, there are back-to-back fireplaces, though these are a later insertion.

 Recent restorations have stripped off modern renders and today one can be impressed by the wealth of oak displayed, just as early visitors may have been. The simple but visually strong box framing with small panels is evident in every room both inside and out, creating an almost cage-like effect.

Talgarth
Trefeglwys, Sir Drefaldwyn

Er bod llawer o dderw wedi'i ddefnyddio wrth godi Talgarth (ac mae hynny ynddo'i hun yn ddatganiad o gyfoeth a statws), digon syml yw'r manylion addurnol ynddo. Mae'r tŷ mawr hwn yn enghraifft ragorol o'r math o dŷ â mynedfa lobi a geir yn Sir Drefaldwyn ond hefyd yn ddiddorol o blaen o ystyried ei godi tua 1660. Gwneir iawn am ei ddiffyg addurniadau amlwg gan ei faint (pedair haen o waith stydiau) a'r helaethrwydd o stydiau clòs ar y fframiau (sy'n dangos bod modd cael gafael yn hwylus ar goed derw da). Yr unig afradlondeb addurnol yw'r ffenestri oriel ym mhen y parlwr – ffenestri sydd i'w gweld o'r ffordd sy'n mynd heibio i dalcen y tŷ.

Wedi i chi fynd i mewn i'r tŷ drwy'r fynedfa lobi fe welwch chi simnai eithriadol o lydan ac iddi'r lleoedd tân cefngefn sy'n nodweddu tai mwyaf y fro. Datblygiad anarferol yn y bedwaredd ganrif ar bymtheg oedd tyllu i frest y simnai fawr, codi grisiau pren yno a dal i ddefnyddio'r lle tân. Ledled y tŷ mae'r waliau mewnol heb eu plastro ac fe'n hatgoffir yn gyson o'r fframwaith pren a'i stydiau clòs. Golygai'r dull afradus hwn o adeiladu ddefnyddio o leiaf ddwywaith cymaint o bren derw ag y byddai ei angen i wneud y fframiau bocs symlach a geid mewn adeiladau llai o faint ac mewn adeiladau amaethyddol.

Yn y parlwr ceir ffenestr oriel wreiddiol o'r ail ganrif ar bymtheg ac iddi fyliynau yn ogystal â thrawstiau meingefn pigfain a dwfn-siamffrog

Talgarth
Trefeglwys, Montgomeryshire

Although the volume of oak used in the construction of Talgarth is substantial (and this is in itself a statement of wealth and status), the decorative detailing is simple. It is a large house, and an excellent example of the Montgomeryshire lobby-entry type, but it is also interestingly plain for around 1660. It makes up for what it lacks in overt decoration by its sheer size (four tiers of studwork) and the lavish close-studding of the framing (indicating easy access to good oak). The only decorative extravagances are the oriel windows on the parlour end, visible from the road which passes the gable end of the house.

The lobby entrance takes you inside the house and to be greeted by an exceptionally wide chimney with the back-to-back fireplaces characteristic of the larger houses in this area. Unusually, this large stack was pierced in the nineteenth century by a timber staircase, yet the fireplaces remained in use. Throughout the property the interior walls are unplastered, and there are constant reminders of the close-studded timber framework. This type of lavish construction required at least twice the volume of oak needed for the simpler box-framing of lesser dwellings and agricultural buildings.

The parlour enjoys an original seventeenth-century mullioned oriel window as well as deeply chamfered, ogee-stopped spine beams on decorated corbels. Talgarth has a simple, muscular design that

ar gorbelau addurnedig. Gwnaiff cynllun syml a chyhyrog Talgarth argraff am fod iddo gynifer o fframiau derw yn hytrach na'r ffordd y cafodd y derw ei gerfio neu ei siapio.

Houses of the Welsh Countryside, ffigurau 115, 116d.

impresses through its sheer volume of oak framing rather than the way it has been carved or shaped.

Houses of the Welsh Countryside, figs. 115, 116d.

Talgarth: y tu blaen
Talgarth: the main elevation

Plasauduon: y lanfa y tu allan a'r tu mewn yn dangos y llawr o gerrig palmant yn y neuadd. Lluniau sydd wedi eu cynhyrchu gan gyfrifiadur yn arbennig gan y Comisiwn Brenhinol a See 3D ar gyfer y gyfres deledu *Cartrefi Cefn Gwlad Cymru*, S4C

Plasauduon: jettied exterior and interior showing the pitched pebble floor. Computer generated pictures created especially by the Royal Commission and See 3D for the television series *Cartrefi Cefn Gwlad Cymru*, S4C

Tai'r Ffin   131   Houses of the Welsh Border

Great House (Talacharn, Sir Gaerfyrddin): grisiau

Great House (Laugharne, Carmarthenshire): stair

6 Tuag at y Tŷ Modern
Towards the Modern House

Beth yw ystyr y tŷ modern? Pan fydd plant yn tynnu llun tŷ, byddant fel rheol yn tynnu llun tŷ modern: tŷ â ffenestri bob ochr i'r drws canolog a simneiau yn y talcenni, ac fel rheol bydd mwg yn codi'n braf o'r simneiau. Mae pob plentyn yn nabod y tŷ hwn, hyd yn oed os ydynt yn byw mewn teras neu fflat. Gwelir y math hwn o dŷ cymesur mewn lluniau a sampleri a wnaed gan blant ganrif a hanner yn ôl. Rhywsut, mae'r ddelwedd honno'n ddelfryd yn ein meddyliau, ond o ble y daeth y math hwnnw o dŷ? Yn sicr, byddai'n gwbl ddieithr i'n hynafiaid yn y tŷ neuadd, y tŷ hir a'r mathau rhanbarthol o dai a drafodwyd yn y penodau blaenorol.

Ymledodd y tŷ modern ar draws rhan helaeth o Brydain yn y ddeunawfed ganrif a'r ganrif ddilynol gan erydu llawer ar arbenigrwydd rhanbarthol pensaernïaeth frodorol gwlad a thref. Gallai'r un olwg fod ar dŷ boed yn Aberystwyth neu yn Wrecsam. Adeiladwyd miloedd o ffermdai, tai tref a bythynnod o'r math hwn, neu ynteu – yn awgrymog iawn – fe'u haddaswyd i ymdebygu i'r tŷ modern.

Yr oedd dwy agwedd allweddol ar y tŷ modern, sef ei olwg a'i gynllun. Yr oedd golwg gymesur y tŷ modern yn wahanol iawn i ochrau hir

What do we mean by the modern house? When children draw a house, they usually draw a modern house: it is a house with windows on either side of the central doorway and with chimneys at the gable ends, and usually with smoke pleasantly emerging from the chimneys. All children know this house even if they live in a terrace or a high-rise flat. Drawings and samplers made by children 150 years ago show this type of symmetrical house. The image is somehow embedded in our minds as an ideal, but where did this type of house come from? It would certainly be utterly foreign to our ancestors in the hallhouse, the longhouse, and the regional house types of previous chapters.

The modern house spread across much of Britain in the eighteenth and nineteenth centuries, eroding the regional distinctiveness of vernacular architecture in town and country. A house could look the same whether it was built in Aberystwyth or Wrexham. Thousands of farmhouses, townhouses and cottages of this type were built, or – revealingly – were adapted to look like the modern house.

There were two key aspects to the modern house: its appearance and its plan. The symmetrical

ac isel, a braidd yn ddi-drefn, llawer o dai brodorol. Tai i fyw ynddynt, yn bennaf, oedd aneddiadau brodorol ac nid rhai i edrych arnynt. Bellach, mae'n anodd deall mai newyddbeth yng Nghymru a Lloegr oedd y tŷ cymesur. Yr oedd Bachegraig (Tremeirchion, Sir y Fflint), tŷ cynnar a godwyd o frics ac ar ffurf ciwb, ac yr ychwanegwyd ato do uchel a chwpola ar ei frig, mor gwbl wahanol ei gynllun a'i ddefnyddiau i'r tai o'i amgylch nes creu'r chwedl i'r tŷ gael ei gwblhau gyda chymorth y diafol.

Credir yn aml mai tŷ yn ysbryd y Dadeni yw'r tŷ modern. Yn y cyd-destun hwn, ystyr 'Dadeni' yw ymboeni ynghylch cymesuredd ffurfiol yn hytrach nag addurniadau a ysbrydolwyd gan y byd clasurol. Ceir rhai addurniadau clasurol, ond nid addurn uniongyrchol mohono. Ym Mhlas-mawr, Conwy, y tŷ tref gorau, efallai, i gael ei ddiogelu o Oes Elisabeth, ceir cyfoeth o fanylion o gyfnod y Dadeni. Yn eu plith mae pedimentau uwchlaw'r ffenestri, nenfydau plastr geometrig, herodraeth a 'charyatidau' cartrefol (ffigurau benywaidd sy'n cynnal cornisiau a manylion eraill). Er bod y manylion clasurol wedi'u dofi braidd, mae'r gwaith adfer diweddar gan Cadw, ac yn arbennig y lliwio gofalus ar yr addurniadau, yn creu argraff aruthrol ar yr ymwelydd yn yr unfed ganrif ar hugain, fel yn wir, mae'n siŵr, yn yr unfed ganrif ar bymtheg. Ym Mhlas-mawr ceir un manylyn pensaernïol sy'n crisialu'r ymhyfrydu mewn geometreg a chymesuredd adeg y Dadeni. Hwnnw yw'r blaen â pholyhedron – elfen solid amlweddog sy'n ysgogi myfyrdod – ar ei frig. Defnyddir y blaen hwnnw ar y talcenni niferus ym Mhlas-mawr;

appearance of the modern house was very different from the long and low, somewhat higgledy-piggledy elevations that many vernacular houses presented to the world. Vernacular dwellings were primarily houses to live in and not particularly to look at. It is difficult now to appreciate that the symmetrical house was a novelty in England and Wales. Bachegraig (Tremeirchion, Flintshire), an early brick-built cube-like Renaissance house with a high roof topped by a cupola, was so utterly different in plan and materials from the surrounding houses that the legend arose that the house had only been completed with the help of the devil.

The modern house is often thought of as a Renaissance house. Renaissance in this context means a concern for formal symmetry rather than classically-inspired ornament. Classical ornament does appear, though often it is at one remove. Plas-mawr, Conwy, perhaps the best preserved Elizabethan townhouse in Britain, has a profusion of Renaissance detailing, including pediments above the windows, geometrical plaster ceilings, heraldry, and homely 'caryatids' (female figures supporting cornices and other details). The classical detail is rather domesticated but the recent restoration by Cadw, especially the careful colouring of the ornament, does make a tremendous impact on the twenty-first-century visitor, as it must have done in the sixteenth century. At Plas-mawr there is one small architectural detail that truly expresses the Renaissance delight in geometry and symmetry. This is the finial topped by a polyhedron, a multi-facetted

mae'n apelio at y gwyliwr ond hefyd yn uno tŷ sydd ond yn rhannol gymesur mewn gwirionedd oherwydd ei godi mewn sawl cam.

Mae i Blas-mawr glasuriaeth ddomestig sydd, mae'n debyg, gam oddi wrth y ffynonellau cyfandirol. Er mai peth eithaf prin yw clasuriaeth gyflawn y Dadeni, mae'n creu cryn argraff ar yr ymwelydd sy'n dod ar ei thraws. Yr enghraifft orau ohoni yng Nghymru yw cyntedd Castell y Fewpyr (Saint Hilari, Morgannwg), ac mae'r ffaith fod y tŷ'n adfeilion yn dwysáu'r argraff honno. Mae Castell y Fewpyr yn dwyn i gof dai maenor amddiffynedig o gyfnod cynharach. I'r ymwelydd sy'n mynd i mewn i'r cwrt canol o'r porthdy crenelog mae wynebu'r cyntedd clasurol sy'n fynedfa i'r neuadd yn dipyn o syrpréis. Bwriad y cyntedd oedd creu argraff, ac mae'n dal i wneud hynny. Mae iddo dri llawr a phâr o golofnau clasurol bob ochr i bob llawr. Ceir yno gyfoeth o addurniadau clasurol, gan gynnwys masgiau o'r cymeriad Pan. Ar yr ail lawr ceir panel arfbeisiol a sawl arysgrif – mewn priflythrennau Rhufeinig – sy'n datgan i'r cyntedd gael ei godi gan Richard Bassett ym 1600 (dair blynedd cyn i Elisabeth I farw). Er na wyddom ni pwy oedd y seiri maen, mae'n amlwg eu bod yn feistri corn ar eu crefft. Gwnaeth y cyntedd gymaint o argraff ar yr Iolo Morganwg ifanc nes iddo ddyfeisio stori am ddau frawd â'r cyfenw rhyfedd 'Twrch' a aeth i'r Eidal i ddysgu eu crefft.

Oherwydd fod cynteddau a phorthdai newydd yn gymharol fach, yr oeddent yn ffordd amlwg o arddangos mathau newydd o addurniadau yn null

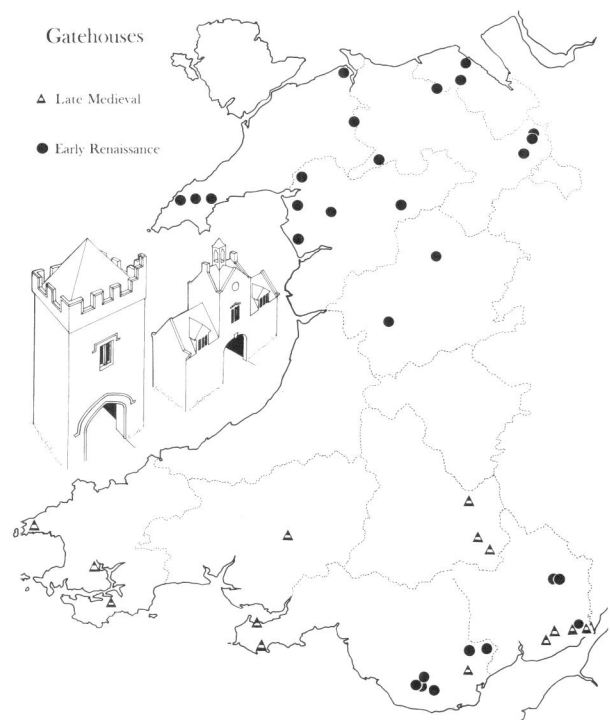

Porthdai: *Houses of the Welsh Countryside*, Map 46
Gatehouses: *Houses of the Welsh Countryside*, Map 46

solid that invites contemplation. The finial is used on the many gables at Plas-mawr; it pleases the viewer but also unifies a house that is in fact only partially symmetrical and has been built in several phases.

Plas-mawr has a domesticated classicism that is probably at one remove from Continental sources. Full-blown Renaissance classicism is quite rare but when encountered makes quite an impact on the visitor. The best example in Wales is the porch

y Dadeni a'r ffurfiau pensaernïol cysylltiedig. Ar fap yn *Houses of the Welsh Countryside* dangosir dosbarthiad porthdai 'yn null cynnar y Dadeni' ar draws Cymru cyn i'r nodwedd fynd allan o ffasiwn wedi'r Adferiad. Ai man cychwyn ynteu diweddglo i brosiect adeiladu oedd codi porthdy? Dechreuodd Robert Wynn godi'r prif dŷ ym Mhlas-mawr ym 1576 ond fe'i cwblhaodd drwy godi porthdy mawr cymesur ym 1585 a rhoi arno arysgrif mewn Lladin a Groeg a olygai 'Bydd amyneddgar'. Ond ym Modfel (Llannor, Sir Gaernarfon) adeiladwyd porthdy trillawr gwych ac iddo fynedfa a ddygai i gof fwa buddugoliaethus Rhufeinig, a hwnnw'n borthdy plasty na chafodd ei adeiladu. Pan chwalodd y Rhyfel Cartref gyfoeth teulu Bodfel bu'n rhaid iddynt symud i fyw i'r porthdy. Fe fyddai teuluoedd yn ymfalchïo yn helaethrwydd eu porthdai: pan chwalodd Mrs Piozzi (cyfeilles Dr Johnson) y tŷ enwog ym Machegraig (tŷ a'r dyddiad 1567 yn amlwg arno), yr oedd y porthdy'n ddigon mawr i fod yn breswylfa i'w ffermwr o denant.

Mae'r arysgrifau cywrain ar borthdai a chynteddau'n cyflwyno agwedd arall ar y tŷ modern: yr hoffter o enwau, dyddiadau, arwyddeiriau ac arysgrifau eraill. Datblygodd y ffasiwn o roi dyddiad ei godi ar dŷ yn rhan olaf yr unfed ganrif ar bymtheg ac yn *Houses of the Welsh Countryside* ceir mapiau o arysgrifau dyddiad cyn 1600, 1600–1649, 1650–99, 1700–1749. Mae'r mapiau o arysgrifau cyn 1600 yn dangos bod nifer eithriadol o arysgrifau o oes Elisabeth i'w cael yn Sir Ddinbych a Sir y Fflint, ac mae Smith yn awgrymu fod hynny'n adlewyrchu'r

at Old Beaupre (St Hilary, Glamorgan), whose impact is magnified because the house is ruined. Old Beaupre recalls the fortified manor-houses of an earlier period. The visitor who enters the middle court from the crenellated gatehouse is quite unprepared for the classical porch that provides the entrance to the hall. The porch was designed to impress, and it still impresses. It has three stages with paired Classical columns flanking each stage, and there is a rich profusion of classical ornament including masks of Pan. The second stage has an armorial panel and several inscriptions in Roman capitals announcing that the porch was built by Richard Bassett in 1600 (three years before the death of Elizabeth I). The identity of the masons is not known but they were clearly masters of their craft. The porch made such an impact on the young Iolo Morganwg that he invented a story which explained how two brothers with the unlikely name of 'Twrch' (Boar) went to Italy and learnt their craft directly from the source.

New porches and gatehouses because of their relatively small scale were an obvious way to display new types of Renaissance ornament and the architectural forms associated with them. A map in *Houses of the Welsh Countryside* shows the distribution of 'early Renaissance' gatehouses across Wales built before the feature went out of fashion after the Restoration. Did a building project begin or finish with a gatehouse? Robert Wynn began the main house at Plas-mawr in 1576 but completed it with a large, symmetrical gatehouse

Plas-mawr (Conwy, Sir Gaernarfon): y porthdy â thalcenni grisiau-brain a blaenau â pholyhedronau ar eu brig
Plas-mawr (Conwy, Caernarfonshire): the gatehouse with crow-stepped gables and finials terminating in polyhedrons
Cofnod Henebion Cenedlaethol Cymru / National Monuments Record of Wales: © Una Norman

Alltybela (Llangwm, Sir Fynwy): y ffenestr â siamffrau suddedig, dyddiedig 1599 (sydd bellach ar goll)
Alltybela (Llangwm, Monmouthshire): the 1599 sunk-chamfer window (now lost)

ffaith i'r gogledd-ddwyrain fod ar y blaen yn ddeallusol yng nghyfnod y Diwygiad Protestannaidd. Dengys amryw byd o arysgrifau dyddiad i'r ail ganrif ar bymtheg fod yn gyfnod o ailadeiladu ledled Cymru. Aeth yr arfer o gael arysgrifau dyddiad ar gynnydd drwy gydol oes Elisabeth ac oes gynnar y Stiwartiaid. Er iddo gyrraedd ei uchafbwynt yn y 1630au, daliodd i fod yn gyffredin am ganrif wedi hynny ar wahân i'r dirywiad disgwyliedig yn ystod y Rhyfel Cartref yn y 1640au.

Mae'n debyg mai uchel-glerigwyr helaeth

in 1585 on which he placed an inscription in Latin and Greek meaning 'Bear: Forbear'. However, at Bodfel (Llannor, Caernarfonshire) a magnificent three-storey gatehouse with an entrance recalling the Roman triumphal arch was built for a mansion that was never begun. The family's fortune was swept away in the Civil War and the Bodvels were forced to take up residence in the gatehouse. Capacious gatehouses were a source of family pride. When Mrs Piozzi (the friend of Dr Johnson) took down the famous house at Bachegraig (prominently dated 1567) the gatehouse was large enough to serve as the residence for the tenant farmer.

The elaborate inscriptions on gatehouses and porches introduce another aspect of the modern

Castell Rhiw'rperrai (Llanfedw, Morgannwg)
Ruperra Castle (Llanfedw, Glamorgan)

eu haddysg oedd ar flaen y gad yn y ffasiwn i addurno tai â dyddiadau, llythrennau blaen ac arwyddeiriau. Rhaid defnyddio'r amser gorffennol (gwaetha'r modd) wrth sôn am yr arysgrifau a arferai fod ar borthdy Palas Matharn Esgob Llandaf yn Sir Fynwy, ar Balas yr Esgob ym Mangor ac ar glos eglwys gadeiriol Tyddewi. Defnyddiwyd Cymraeg, Saesneg a Lladin mewn arysgrifau ar gynteddau, lleoedd tân a thrawstiau. Mae'r ffaith i'r Gymraeg gael ei defnyddio yn nhai'r uchelwyr yn arbennig o ddiddorol am ei bod yn dangos i rai o'r teuluoedd uchelwrol lynu wrth y Gymraeg fel iaith ysgrifenedig. Arwyddeiriau, gan mwyaf, yw'r arysgrifau Cymraeg, ond maent weithiau'n fwy cywrain, fel y gwelir yn Newton (St David's Without, Sir Frycheiniog) yn ddiweddarach. Ceir grŵp hynod ddifyr o arysgrifau yn y gogledd. Maent yn gysylltiedig â pharedau ac iddynt fowldin plethwaith yn null y Dadeni ac yn dangos dyddiadau *anno mundi* sy'n cofnodi codi tŷ yn ôl dyddiad a gyfrifid o ddyddiad tybiedig creu'r byd ryw 5,500 o flynyddoedd ynghynt. Felly, ym Mhenisa'rglasgoed (Bodelwyddan, Sir y Fflint) mae arysgrifau'n cofnodi cwblhau codi'r tŷ yn ANNO DOMINI 1570 : OEDRAN Y B[Y]D 5552.

Yn aml, byddai'r arysgrifau'n dangos dyddiad ychwanegu ac ailadeiladu yn hytrach na chodi tŷ newydd. Yn eu hastudiaeth o dai rhanbarthol yn Sir Fynwy, nododd Syr Cyril Fox ac Arglwydd Rhaglan i arddull y Dadeni gyrraedd ym 1599, sef y dyddiad a arysgrifwyd ar floc y parlwr – bloc sy'n ymdebygu i dŵr – yn Alltybela, ger Brynbuga.

house: the love of names, dates, mottoes, and other inscriptions. The fashion for dating houses comes in the later sixteenth century. *Houses of the Welsh Countryside* maps date inscriptions before 1600, 1600–1649, 1650–99, 1700–1749. Mapping of pre-1600 inscriptions shows that there were an exceptional number of Elizabethan inscriptions in Denbighshire and Flintshire, reflecting (Smith proposed) the intellectual leadership of north-east Wales at the time of the Reformation. Numerous date inscriptions show the seventeenth century was a period of rebuilding throughout Wales. Date inscriptions increase throughout the Elizabethan early Stuart periods, actually peaking in the 1630s but maintaining a high level for the next century apart from the not unexpected decline in the 1640s Civil War.

High-ranking, educated clerics were probably in the vanguard of the fashion for adorning houses with dates, initials and mottoes. There were (unfortunately the past tense must be used) inscriptions at the Bishop of Llandaff's Matharn Palace gatehouse in Monmouthshire, at the Bishop's Palace, Bangor, and in the cathedral close at St Davids. English, Welsh, and Latin were used for inscriptions on porches, fireplaces, and beams. The use of Welsh in gentry houses is particularly interesting since it shows that some gentry families maintained an attachment to the vernacular as a written language. Welsh inscriptions are mainly mottoes but they are sometimes more elaborate, as at Newton (St David's Without, Breconshire)

Mae'r ychwanegiad hwnnw (fel sawl un o'r blociau parlwr cynnar eraill yn Sir Fynwy, gan gynnwys yr un a adferwyd yn ddiweddar yn Great Milton, Llanwern) yn fwriadol anghydnaws, o ran ei faintioli, â'r tŷ canoloesol hir ac isel y cafodd ei ychwanegu ato. Mae pedwar llawr i floc y parlwr (seler ar y llawr gwaelod, y parlwr, y brif siambr, a siambr yn y grogloft), a hynny o dan do digon serth ei ochrau. Ymhlith y manylion yn null y Dadeni mae clwstwr o simneiau sydd wedi'u gosod ar letraws, pennau drysau ar ffurf sgroliau, a grisiau hael wedi'u trefnu o amgylch colofn ganolog neu 'mast' sy'n rhoi mynediad i bob ystafell. Ond y nodwedd allweddol yw'r ffenestri â'u pennau gwastad a'u siamffrau cilfachog ('suddedig'). Maent wedi eu trefnu yn haenau ffurfiol un uwchben y llall ar dair ochr y bloc mewn sbloet o wydr. Fel y nododd Fox a Rhaglan, yr oedd y ffenestr yn null y Dadeni yn gysylltiedig nid yn unig ag agwedd gwelwch-chi-fi ond hefyd â'r syniad newydd o gysur a ddaeth yn sgil gosod mwy a mwy o wydr yn y ffenestri, fel y gwnaed gydag arddeliad mewn tai fel Alltybela.

Pa nodweddion a ddiffiniai'r math modern o dai newydd? Tair elfen iddo oedd cymesuredd, addurniadau yn null y Dadeni, a hoffter o ddyddiadau ac arysgrifau. Pwysleisid tu blaen y tŷ wrth roi mwy a mwy o bwys ar dynnu sylw ato drwy ddramateiddio'r tu blaen cymesur, yn enwedig drwy godi cynteddau a phorthdai a thrwy osod y tŷ ar draws y tir yn hytrach nag i lawr y llethr. O ran trefniant yr ystafelloedd, chwyldro mewn cynllunio – ac un sy'n dylanwadu ar ein ffordd o fyw ni hyd

which is noted later. An extremely interesting group of inscriptions in north Wales, associated with partitions having a Renaissance guilloche moulding, display *anno mundi* dates recording the construction of a house according to a date calculated from the supposed creation of the world some 5,500 years before. Thus at Penisa'rglasgoed (Bodelwyddan, Flintshire) inscriptions record the completion of the house in ANNO DOMINI 1570 : OEDRAN Y B[Y]D 5552.

Inscriptions often dated additions and rebuilding rather than new houses. Sir Cyril Fox and Lord Raglan in their study of regional houses in Monmouthshire dated the arrival of the Renaissance style to 1599, the date inscribed on the tower-like parlour block at Alltybela, near Usk. This addition (like several other early parlour blocks in Monmouthshire, including the recently-restored Great Milton, Llanwern) is ostentatiously out of proportion to the long and low house of medieval origin to which it has been added. The parlour block has four storeys (ground-floor cellar, parlour, principal chamber, attic chamber) beneath a steep-pitched roof. Renaissance details include the cluster of diagonally-set chimneys, the scroll-like doorheads, and the generous stair arranged around a central pillar or 'mast' giving access to every room. However, the flat-headed windows with recessed ('sunk') chamfers are the key feature. They are formally arranged in tiers one above the other on three sides of the block in an extravagant display of glazing. As Fox and Raglan pointed out,

heddiw – oedd y cyntedd canolog a grisiau a roddai fynediad annibynnol i bob un ystafell yn y tŷ.

Roedd y tŷ modern yn tueddu i fod yn dal ac yn sgwâr. Ffurf ciwb oedd i sawl tŷ uchel ei statws. Enghraifft ryfeddol o gynnar o hynny yw Bachegraig (1567), a cheir tyrau trawiadol yng nghorneli prif floc Plas-teg, yr Hob, Sir y Fflint (1610) a Rhiw'rperrai, Llanfedw, Morgannwg (1626). Mae Bachegraig wedi'i golli bellach, Plas-teg wedi'i adfer, a Rhiw'rperrai'n dal i fod yn gragen drist.

Y duedd oedd trefnu'r tai ciwbaidd neu betryal hyn o amgylch nodwedd ganolog – lle tân fel rheol – ond weithiau byddai'n ystafell wasanaethu. Nid oedd yn gynllun cyfleus ac fe achosai broblemau o ran cylchrediad, ond mae'n dangos sut y deuai'r cynllun yn ail i olwg allanol y tŷ. Wrth i'r tŷ modern ddatblygu, bu priodi adeiladau cymesur â chynlluniau cyfleus yn dasg fawr i'r cynllunwyr.

Roedd tuedd i ystafelloedd gyflawni swyddogaethau gwahanol mewn tŷ modern ac o'r herwydd, amlhaodd yr ystafelloedd wrth iddynt gael eu neilltuo i gyflawni tasgau penodol – o baratoi bwyd i goginio, i fwyta, i ddiddanu gwestai yn y parlwr, i gysgu yn eich siambr eich hun. Llwyddodd y cynllun dau-dŵr, sef tŷ â dwy ran gyfochrog a wal rhyngddynt, i wahanu'r prif ystafelloedd yn gyfleus oddi wrth yr ystafelloedd gwasanaethu. Mewn tai o'r fath, yn y tu blaen y mae'r ystafelloedd gorau, sef y neuadd a'r parlwr, ac yn y cefn gan mwyaf y mae'r grisiau a'r ystafelloedd gwasanaethu, sef y gegin a'r storfa. Datblygodd y cynllun hwn yn drefniant

the Renaissance window was associated not only with showy elevations but with a new comfort – the draughtless room brought about by the increasing availability of window glass, which at houses like Alltybela was introduced with undisguised enthusiasm.

What were the defining features of new houses of modern type? The adoption of symmetry, Renaissance ornament, and the fondness for dates and inscriptions were three elements. The main elevation was emphasized by the growing emphasis on display with the dramatisation of the symmetrical front, especially through porches and gatehouses, and by the siting of the house across rather than down the slope. In terms of the arrangement of rooms, the emergence of the central entrance passage with stair, which gave independent circulation to all the rooms in the house, was a revolution in planning which still influences the way we live.

The modern house tended to be tall and square. Several high-status houses took the compact form of a cube. Bachegraig (1567) is a remarkably early example, and Plas-teg, Hope, Flintshire (1610), and Ruperra, Llanfedw, Glamorgan (1626), have status-enhancing towers set at the corners of the main block. Bachegraig has been lost, Plas-teg has been restored, and Ruperra remains a reproachful shell.

There was a tendency for these cube-like or rectangular houses to be arranged around a central feature, usually a fireplace but sometimes a service-room. This was not a convenient plan as it gave rise to problems of circulation, but it shows how the

cyffredin yn nhai'r mân foneddigion a hefyd mewn ffermdai sylweddol.

Mae'r enghreifftiau cynharaf o'r math hwn o gynllun i'w cael yn Newton, ger Aberhonddu, a Threowen (Llanwarw, Sir Fynwy). Adeiladwyd Newton ym 1582 gan sgweier dylanwadol a gyhoeddodd ei hawl i'w etifeddiaeth fel mab hynaf ac etifedd drwy osod datganiad achyddol uwchben y lle tân: JOHN GAMES MAB AG ETYFEDD HENA EDWARD GAMES AP JOHN AP MORGAN AP EVAN AP DAFYDD GAM. Tŷ sgwâr, fwy neu lai, yw Newton. Mae iddo dri llawr llawn, ond elfen amlycaf y cynllun yw'r neuadd draddodiadol sy'n codi drwy ddau lawr yn nhu blaen y tŷ. Mae i Dreowen, a adeiladwyd tua 1627, bedwar llawr llawn ac, fel yn Newton, ceir grisiau mawreddog yn nhu cefn y tŷ. Ymhlith yr enghreifftiau diweddarach o'r math hwn o gynllun mae Newton House (Plas Dinefwr, Llandeilo, Sir Gaerfyrddin) lle mae'r neuadd wedi'i diraddio'n rhag-ystafell i ystafelloedd crand iawn ac yn arwain at y grisiau mawr yn y cefn.

Datblygodd y grisiau mawr yn nodwedd bensaernïol allweddol ar y tai mawr a godwyd yn null y Dadeni. Byddent nid yn unig yn darparu mynediad i bob llawr ond yn greadigaethau cain iawn ynddynt eu hunain. Yn y tai cynharaf sydd ag un tŵr (fel Plas-mawr, Conwy), adeiladwyd estyniad, tebyg i dŵr, yn y cefn i gynnwys y grisiau, ond cyn hir câi grisiau eu cynnwys ym mhrif gorff y tŷ. Datblygodd ffrâm drawiadol anferth y grisiau o'r un â thro yn y gwaelod, neu'r grisiau siafft, yn un

plan was subordinate to the exterior elevation. The marrying of symmetrical elevations with convenient plans was the major task for the designers of the modern house as it developed.

The modern house tended to have separate room functions, that is the number of rooms multiplied as rooms were dedicated to specific tasks, from food preparation to cooking, to eating, to entertaining in parlours, to sleeping in one's own chamber. A convenient separation of the principal rooms from the service-rooms was achieved by the double-pile plan, that is a house of two parallel ranges separated by a spine wall. In houses of this type the best rooms – hall and parlour – are in the front while the service-rooms – kitchen and storage – and the stair are generally in the rear range. This type of planning became a common arrangement for lesser gentry houses and substantial farmhouses.

The earliest examples of the plan-type are found at Newton, near Brecon, and Treowen (Wonastow, Monmouthshire). Newton was built in 1582 by an influential squire who stated his claim to his inheritance as eldest son and heir in a genealogical statement set over the fireplace: JOHN GAMES MAB AG ETYFEDD HENA EDWARD GAMES AP JOHN AP MORGAN AP EVAN AP DAFYDD GAM. Newton is more-or-less square with three full storeys but the house is still dominated by a traditional hall rising through two storeys at the front of the house. Treowen, built about 1627, has four full storeys and like Newton has the grand stair in the rear of the house.

ysgafn a chywrain. Mewn tai dau-dŵr, ceid y grisiau gan amlaf yn y cefn ond fe'u hystyrid fwyfwy'n brif nodwedd ac weithiau, mewn tai crandiach, ni cheid ond sgrin o golofnau rhyngddynt a'r fynedfa. Mewn amryw byd o dai a godwyd gan fân uchelwyr ar ôl yr Adferiad, cyfunir cynlluniau dau-dŵr cyfleus iawn â'r cymesuredd a fynnir gan y tŷ modern. Enghraifft dda o hynny yw'r Great House (Talacharn, Sir Gaerfyrddin). Mae'r tu blaen yn gymesur am fod iddo ddrws a phediment canolog a simneiau pen. Yn nhu blaen y tŷ y mae'r neuadd a'r parlwr; yn y cefn y mae'r gegin, yr ystafelloedd gwasanaethu a'r grisiau cywrain â thro yn eu gwaelod. Tebyg yw patrwm Mandinam (Llangadog, Sir Gaerfyrddin), ond mae hanes ei godi'n fwy cymhleth a bu newid yn ei statws o dŷ agweddi i ffermdy.

Mae'r tai hyn yn mynd i gyfeiriad y cynllun sy'n gyfarwydd i ni i gyd lle trefnir yr holl ystafelloedd mewn tŷ o amgylch grisiau canolog. Yr enghraifft gynharaf o'r math hwnnw o gynllun, a fyddai'n ymledu i bobman maes o law, yw Tŷ-faenor (neu Devanner) yn Sir Faesyfed. Er nad yw'n dŷ rhodresgar, yn sicr bu'n arloesol. Mae ei gymeriad arbennig fel petai wedi deillio o'i swyddogaeth fel tŷ hela ym mharc mawr Abaty Cwm-hir, ystâd fwyaf Sir Faesyfed. Mae ffurf Tŷ-faenor yn debyg i dŵr ac iddo dri llawr llawn a chroglofft. Mae'r grisiau canolog yn codi o'r gegin ar yr islawr i siambrau'r groglofft ac yn fodd i gyrraedd pob un o'r ystafelloedd yn annibynnol. Does dim un ystafell yn arwain ymlaen at un arall. Ar y llawr cyntaf – uwchlaw'r gegin a'r gwasanaethau ar yr islawr – y mae'r prif ystafelloedd.

Later examples of this plan-type include Newton House (otherwise Dynevor Castle, Llandeilo, Carmarthenshire) where the hall has shrunk to the status of an ante-room before some very grand rooms and leads into the great stair in the rear range.

The great stair became the key architectural feature of large Renaissance houses. It not only provided access to all floors but became a work of high craft in its own right. In the earliest single-pile houses (like Plas-mawr, Conwy) it was housed in a rear tower-like projection but was soon accommodated within the main body of the house. The framed stair of dog-leg or well-type developed from the monumentally impressive to the light and elegant. In double-pile houses the stair was usually housed in the rear range but was increasingly regarded as a principal feature, sometimes in the grander houses divided from the entrance hall only by a screen of columns. Numerous post-Restoration minor-gentry houses combined double-pile plans of great convenience with the symmetry demanded by the modern house. Great House (Laugharne, Carmarthenshire) is a good example. The front is symmetrical with a central doorway and pediment and end chimneys. Hall and parlour are at the front of the house; kitchen, service-rooms, and an elegant dog-leg stair at the back. Mandinam (Llangadog, Carmarthenshire) is similar but with a more complicated building history and a change in status from dower-house to farmhouse.

These houses approach the fully centralised plan, familiar to all of us, where all the rooms of a

Treowen (Llanwarw, Sir Fynwy): edrych i fyny'r grisiau mawr
Treowen (Wonastow, Monmouthshire): the view up the great stairwell

Mae'n debyg nad oes neuadd fawr yn Nhŷ-faenor am mai encilfan a thŷ hela ydoedd. Er hynny, mae'r tŷ cymharol anffurfiol hwn yn symud i gyfeiriad y math safonol o dŷ a fyddai i'w weld ledled Prydain yn y ddeunawfed ganrif a'r ganrif ddilynol.

Er i gynllun eithaf safonol ddatblygu, doedd y tŷ modern ddim yn unffurf o bell ffordd. Ymhlith yr amrywiadau pwysig arno yr oedd y filâu neu'r plastai gwledig bach a gynlluniwyd gan John Nash yng ngorllewin Cymru yn y 1790au. Yn eu plith mae Ffynnone, y newidiwyd rhywfaint arno bellach, a Llanerchaeron (Aberaeron, Sir Aberteifi), a adferwyd gan yr Ymddiriedolaeth Genedlaethol. Adeiladwyd y filâu hyn ar ganol parcdir. Ymwrthododd Nash â'r demtasiwn i gynllunio tu blaen crand i'w filâu; yn hytrach, ceid amrywiadau cynnil rhwng y gwahanol ochrau am mai'r bwriad oedd iddynt gael eu gweld o wahanol onglau yn y parc. Yn wahanol i'r tŷ Sioraidd safonol, a oedd yn hyfryd o gymesur ond yn eithaf unffurf, parai filâu Nash dipyn o syndod am nad oedd modd rhag-weld cynllun eu tu mewn o edrych arnynt o'r tu allan, heblaw gwybod pa brif ystafelloedd i'w disgwyl a bod yno risiau da. Parodd dawn gynllunio Nash iddo droi'r grisiau'n nodwedd bensaernïol ganolog y tŷ. Roedd y neuadd allanol yn arwain at neuadd fewnol dywyll lle y deuid, yn annisgwyl ddigon, at risiau wedi eu goleuo oddi uchod. Yn wir, sicrhâi gwaith cynllunio Nash nad oedd modd cyrraedd yr un o brif ystafelloedd y tŷ heb ddod wyneb yn wyneb gyntaf â'i risiau soffistigedig.

Mae hanes hir i'r tŷ modern. Gall fod yn unffurf

house were arranged around a central stair-passage in a single pile. The earliest example of this plan-type, which was to become ubiquitous, is Tŷ-faenor (or Devanner) in Radnorshire. The house is not ostentatious but it was certainly innovative. Its special character seems to have derived from its function as a hunting lodge in the great park at Abbey Cwm-hir, the largest estate in Radnorshire. Tŷ-faenor is tower-like, with three full storeys and an attic. A central dog-leg stair rises from basement kitchen to attic chambers, providing independent access to all rooms. There are no intercommunicating rooms. The principal rooms are on the first floor above the basement kitchen and services. The use of Tŷ-faenor as a retreat and hunting lodge probably accounts for the absence of a large hall. However, this relatively informal house looks forward to the standard house type, which was to become generalised throughout Britain in the eighteenth and nineteenth centuries.

Although a fairly standard house plan emerged, the modern house was by no means uniform. Among significant variants were the pioneering villas or small country-houses designed by John Nash in west Wales in the 1790s. These included Ffynnone, now somewhat altered, and Llanerchaeron (Aberaeron, Cardiganshire) restored by the National Trust. These villas were put down in a parkland setting. Nash resisted the temptation of giving his villas a grand front; rather, there was subtle variation between the elevations, which were intended to be seen from different angles in the park. Unlike the standard Georgian house, which was delightful

a diflas ond gall hefyd fod yn bleserus iawn ac, yn wir, yn annisgwyl ac yn ddifyr yn nwylo meistr fel Nash. I rai pobl, y tŷ cyn-Sioraidd yn null y Dadeni a'i fanylion cerfiedig toreithiog yw'r tŷ delfrydol, a gall ei adfer ac ail-greu'r manylion coll ynddo (fel ym Mhennant, Pontfadog, Sir Ddinbych, neu Alltybela, ger Brynbuga) dyfu'n brosiect pensaernïol a hanesyddol eithriadol o ddifyr. I bobl eraill, ni ragorwyd erioed ar gymesuredd, cynllun a manylion y tŷ modern yn ei wedd Sioraidd, cymaint felly nes y caiff y tŷ Sioraidd (o gynnwys cyfleusterau cyfoes ynddo, wrth gwrs) ei godi'n gyson yn yr unfed ganrif ar hugain, ac weithiau'n grand iawn (fel ym Mhlasty Carden, Sir Gaer).

if predictable, Nash's villas were rather like boxes full of surprises since it was impossible to predict from the exterior the plan of the interior, apart from knowing what principal rooms to expect and that there would be a good stair. Nash's flair for planning led him to develop the surprise stair as the central architectural feature of the house. The outer hall led to a dark inner hall from where the top-lit cantilevered stair was encountered. Indeed, Nash's planning ensured that it was impossible to enter any of the principal rooms in the house without first encountering his sophisticated stair.

The modern house has a long history. It can be predictable and dull but it can also be very satisfying, and indeed unpredictable and fascinating in the hands of a master like Nash. For some, the pre-Georgian Renaissance house with its exuberant carved detail is the ideal, and restoration, involving the recreation of lost detail (as at Pennant, Pontfadog, Denbighshire, or Alltybela, near Usk), becomes an absorbing architectural and historical detection project. For others, the proportions, planning, and detailing of the modern house in its Georgian guise have never been bettered, so much so that the Georgian house (with contemporary conveniences, of course) is regularly built in the twenty-first century, sometimes lavishly so (as at Carden Hall, Cheshire).

Fferm Pennant (Pontfadog, Sir Ddinbych)
Pennant Farm (Pontfadog, Denbighshire)
© S4C & Nigel Hughes

Gwerthfawrogiadau
Appreciations

Tŷ-faenor
Abaty Cwm-hir, Sir Faesyfed

Tŷ-faenor (neu Devanner) yw un o'r tai cynharaf yng Nghymru i fabwysiadu'r cynllun cymesur modern a'i gylchrediad canolog. Mae'r grisiau canolog yn codi o'r islawr drwy'r ddau brif lawr ac i fyny i'r groglofft gan roi mynediad i bob ystafell. Golygai'r cynllun chwyldroadol hwn nad oedd angen nac oriel na choridor am fod modd cyrraedd pob ystafell yn y tŷ yn hwylus o'r grisiau. Mae'r grisiau derw a'u gwaelod tro yn sylweddol iawn yn Nhŷ-faenor ac mae iddynt falystrau cerfiedig, pyst grisiau enfawr a blaenau tapr gor-fawr. Mae'r grisiau'n tra-arglwyddiaethu ar y fynedfa i'r tŷ fel petai'r sawl a'i cododd yn gwneud datganiad wrth ddefnyddio'r cynllun ffasiwn-newydd hwn.

Codwyd Tŷ-faenor yn dŷ hela crand i Richard Fowler o Harnage, Sir Amwythig, yn yr ail ganrif ar bymtheg. Mae'r tŷ wedi cadw'i arddull o ganol yr ail ganrif ar bymtheg a'r mwyafrif o'i nodweddion gwreiddiol. Y tu mewn i gyntedd diweddarach ceir drws byrddiog o'r ail ganrif ar bymtheg ac iddo golynnau strap a phen addurniadol. Mae'r holl leoedd tân hardd a fowldiwyd o ofolo wedi goroesi, ac felly hefyd y cyrn simnai a osodwyd ar letraws i greu argraff. Mae'n amlwg bod rhai o'r

Tŷ-faenor (Devanner)
Abbey Cwm-hir, Radnorshire

Tŷ-faenor (or Devanner) is one of the earliest houses in Wales to adopt the modern symmetrical plan-form with centralised circulation. A central staircase rises from the basement through the two main floors and up to the attic giving access to all the rooms. This revolution in circulation meant that there was no need for galleries or corridors as all the rooms in the house could be easily reached from the staircase. The dog-leg oak stair at Tŷ-faenor is very substantial with carved balusters, massive newel-posts, and oversized tapering finials. The stair dominates the entrance to the house, as if the builder was making a statement about employing this newly-fashionable plan.

Built as a hunting lodge in the seventeenth-century for Richard Fowler of Harnage, Shropshire, Tŷ-faenor retains a mid-seventeenth-century style and most of its original features. The seventeenth-century boarded door on strap hinges with its decorative head survives inside a later porch. All the handsome ovolo-moulded fireplaces survive, as do the chimney stacks positioned diagonally for effect. It is evident that some of the stonework used to build the house was robbed from the ruins of the nearby Abbey Cwm-hir.

Tŷ-faenor / Devanner

meini a ddefnyddiwyd wrth godi'r tŷ wedi'u dwyn o adfeilion Abaty Cwm-hir gerllaw.

Rhaid bod Tŷ-faenor wedi teimlo fel cartref 'modern' iawn pan godwyd ef gyntaf. Byddai'r ystafelloedd wedi bod yn olau oherwydd y llu ffenestri mwliwn sylweddol. Oherwydd fod lle tân sylweddol ym mhob ystafell, byddai hefyd wedi bod yn dŷ cynnes. Cyfunai'r cynllun newydd breifatrwydd â mynediad hwylus i bobman ond fe ddiffiniwyd yn glir ynddo'r mannau a neilltuwyd i'r teulu ac i'r staff.

Houses of the Welsh Countryside (ail arg.), ffigur 144a-b.

Tŷ-faenor must have felt a very 'modern' home when first built. The rooms would have been light, as the mullioned windows are substantial and many. It would have been warm, as each room is heated by a substantial fireplace, and the novel floor-plan combined privacy with easy access to all areas as well as a clear definition of the areas reserved for family and staff.

Houses of the Welsh Countryside (2nd edn.), fig. 144a-b.

Castell y Fewpyr
Saint Hilari, Bro Morgannwg

Codwyd y maenordy canoloesol hwn tua 1300 a'i addasu yn ystod cyfnod y Tuduriaid. Ynddo cewch gyntedd wedi'i gerfio'n wych yn null y Dadeni ac sy'n dangos dylanwad cynlluniau o'r Eidal ar bensaernïaeth Cymru. Mae yng ngwarcheidiaeth Cadw erbyn hyn.

Codwyd y maenordy sylweddol hwn yn yr unfed ganrif ar bymtheg a'r ganrif ddilynol ac mae wedi'i drefnu o amgylch tri chwrt helaeth. Deuir ato drwy borthdy trawiadol a godwyd tua 1586. Arferai hwnnw fod yn grenelog ac fe ddangosai ddyddiad. Mae pilastrau Ïonaidd ffliwtiog ac arfbais teulu Bassett a'u harwyddair 'Gwell anghay na chwillydd' yno o hyd.

Fe eir i mewn i adeilad neuadd y de o'r cwrt mewnol drwy gyntedd trillawr a maint-llawn yn null y Dadeni hwyr. Y dyddiad arno yw 1600. Gellir ei gymharu ag 'wynebddalen' tai rhyfeddol eraill o'r cyfnod Elisabethaidd/Jacobeaidd fel Kirby Hall yn Sir Northampton. Mae wynebddalen yn derm arbennig o briodol am fod y cyntedd yn ymdebygu i'r wynebddalennau darluniedig, a braidd yn bensaernïol, a geid yn y llyfrau a gâi eu hargraffu ar y pryd. Mae'r cyntedd yn cyfleu gwybodaeth dda o'r drefn glasurol: mae iddo bennau colofnau Dorig ar y llawr isaf, rhai Ïonaidd ar y cyntaf ac yna rai Corinthaidd ar yr ail lawr.

Er gwaetha'i wreiddiau uchelwrol, yr oedd Castell y Fewpyr wedi llithro i lawr y raddfa

Old Beaupre
St Hilary, Vale of Glamorgan

This medieval manor-house of about 1300 was modified during the Tudor period and is home to a magnificently carved Renaissance porch that shows the influence of Italian design on Welsh architecture. It is now in the guardianship of Cadw.

The sixteenth- and seventeenth-century manor-house is substantial, arranged around three courts covering a large area. The main approach is marked by the impressive gatehouse of about 1586, formerly crenellated and dated, which still retains fluted Ionic pilasters and the Bassett coat of arms with the motto 'Gwell anghay na chwillydd' (Better death than dishonour).

The south hall range is entered from the inner court by a full-height, three-storey, late Renaissance porch dated 1600, which is comparable to the 'frontispiece' of other Elizabethan/Jacobean prodigy houses such as Kirby Hall, Northamptonshire. Frontispiece is a particularly appropriate term as the porch resembles the illustrated, rather architectural, frontispieces of books printed at this time. The porch displays good knowledge of the classical orders with Doric capitals to the ground floor, Ionic to the first and Corinthian to the second floor.

Despite its grand beginnings Old Beaupre had descended the social scale from manorhouse to farmhouse by 1709, and it later fell into dereliction. Today it stands largely roofless and floorless and

gymdeithasol o faenordy i ffermdy erbyn 1709 ac yn ddiweddarach aeth â'i ben iddo. Heddiw, nid erys fawr o'r to na'r llawr ac nid yw'n hawdd ei gyrraedd. Ar ddarn bach o waith plastr addurniadol yn y rhan dde-ddwyreiniol sydd â tho arno darlunnir rhosyn Tuduraidd mawr a llew ar ei sefyll. Ac yn adeilad y de mae'r neuadd fawr sylweddol a'r lle tân ynddi yn tystio i'r gogoniant a fu.

Inventory Morgannwg, Cyf. IV, Rhan 1: The Greater Houses, 46-63.

Mandinam
Llangadog, Sir Gaerfyrddin

Cyn i Fandinam gael ei uwchraddio ym 1660, yr oedd yno dŷ a fu'n eiddo i Jeremy Taylor, cyn-gaplan Siarl I ac awdur pwysig yn yr ail ganrif ar bymtheg. Mae'n debyg bod ailwampio mawr arall wedi bod arno'n gynnar yn y bedwaredd ganrif ar bymtheg wedi i'r eiddo droi'n dŷ agweddi i blas Glansefin gerllaw. Heddiw, ffermdy yw Mandinam unwaith eto ond mae ei risiau a'i waith plastr yn tystio i'w statws gynt.

Codwyd y tŷ ar ongl i fanteisio ar yr olygfa braf ar draws dyffryn Tywi – cynllun sydd fel petai'n dangos gwerthfawrogiad cynnar o dirwedd gorllewin Cymru. Cynllun dau-dŵr sydd i'r tŷ, a gosodwyd y grisiau yng nghanol y twˆ r cefn. Drwy fod ag ystafell y naill ochr a'r llall i dramwyfa ganolog y grisiau yn y tu blaen a'r tu ôl, mae'n dŷ cytbwys yr olwg. Heddiw, cerrig rwbel wedi'u gwyngalchu sydd ar du

without easy access. A small fragment of decorative plasterwork in the roofed section of the south-east range depicts a large Tudor rose and lion rampant. The substantial great hall with armorial shields and fireplace remains in the south range as a reminder of departed glory.

Glamorgan Inventory, Vol. IV, Part 1: The Greater Houses, 46-63.

Mandinam
Llangadog, Carmarthenshire

There was a house standing at Mandinam before it was upgraded in 1660 for Jeremy Taylor, the former chaplain to Charles I and an important seventeenth-century author. It appears that further major remodelling took place in the early nineteenth century, by which time the property had become the dower-house to nearby Glansevin. Today Mandinam has returned to use as a working farmhouse, albeit with a staircase and plasterwork that reflect its gentry history.

The house is angled to take advantage of a glorious view across the Towy valley, which seems to show an early appreciation of the west Wales landscape. It has a double-pile plan with the staircase placed in the centre of the rear pile. The house is balanced and centralised, with a room on either side of the central stair-hall at front and back. Today Mandinam has a whitewashed rubblestone exterior, but it is likely that it was stuccoed from at

Mandinam: llun o'r tu allan sy'n dangos y ddwy ran
Mandinam: exterior showing the double pile

allan Mandinam ond mae'n debyg mai styco oedd arno o ryw 1820, o leiaf, ymlaen adeg comisiynu'r gwaith plastr gwych ar y tu mewn.

Cynllun tair-ystafell sydd i du blaen y ddwy ran gyfochrog. Mae yno gyntedd mynediad eang sydd â'r brif ystafell y naill ochr iddo a'r parlwr ar yr ochr arall. Ceir cyrs deniadol ar forder y nenfwd a fframiau'r drysau, a phatrwm 'Regency' syml i'r gwaith plastr. Mae'n debyg i'r adeilad hwn gael ei godi a'i addurno yn ystod chwarter cyntaf y bedwaredd ganrif ar bymtheg, ac mai'n

least about 1820 when the fine interior plasterwork was commissioned.

The front of the two parallel ranges has a three-room plan with a broad entrance hall flanked by the principal drawing room and parlour. There is attractive reeding to the ceiling border and doorcases, and simple 'Regency' patterned plasterwork. It is likely that this range was constructed and decorated in the first quarter of the nineteenth century, and the eighteenth-century style fireplaces seen there today are a later insertion.

Tuag at y Tŷ Modern   151   Towards the Modern House

ddiweddarach yr ychwanegwyd y lleoedd tân, yn null y ddeunawfed ganrif, sydd yno heddiw.

Mae'r rhan gefn yn hŷn; efallai i waliau trwchus gofod y grisiau fod, yn wreiddiol, yn waliau allanol. Ar y nenfwd cilfwaog ceir rhosyn bach hirgrwn pigfain ac iddo ymyl droellog a blodyn troed yr arth yn ei ganol. Plaen yw'r ystafelloedd uchaf, ond ceir cornis is-doredig yn yr ystafell wisgo ganolog. Nid oes i risiau cul iawn y gweision i'r grogloftt ddim o gywreinrwydd y prif risiau derw.

Great House
Talacharn, Sir Gaerfyrddin

Tŷ tref Sioraidd cynnar o'r math gorau yw Great House. Mae iddo gynllun dau-dŵr, sef, yn ei hanfod, ddau lawr ond ag islawr mawr a chrogloftt i'r staff. Er y gall y ffenestri dalennog fod wedi'u disodli'n gynnar yn y bedwaredd ganrif ar bymtheg gan ffenestri mewn arddull debyg i'r rhai gwreiddiol, ac er y gall y styco fod wedi'i golli, mae ffrâm drawiadol y drws o'r cyfnod Baróc diweddar wedi goroesi ac wedi cadw ei gornis a'i fracedi eang, ei oruwchadail deiliog a'i bilastrau o gyrs Corinth – nodweddion arbennig o gain mewn stryd drefol yn y gorllewin. Efallai i ffrâm y drws ddod o ddrws mewnol a achubwyd o blasty Rhyd-y-gors yn Nhre Ioan (mewn ffotograff dangosir drws yn union yr un fath yno er i'r tŷ gael ei ddymchwel yn y 1970au).

P'un a ddaeth ffrâm gywrain y drws o blasty neu beidio, mae i Great House naws plasty bach gwledig yn y dref. Mae i'w gynllun dau-dŵr risiau

The rear range is older; the stair-hall having thick walls that may originally have been external. The coved ceiling has a small pointed oval rose with an acanthus centre and scrolled border. The upper rooms are plain, though there is an undercut cornice to the central dressing-room. The very narrow servants' stair up to the attic has none of the elegance of the oak main stair.

Great House
Laugharne, Carmarthenshire

Great House is an early Georgian townhouse of the best type. It has a double-pile plan, essentially of two storeys but with a large basement and an attic for staff. The sash windows may have been replaced in the early nineteenth century in a style similar to the original windows, and the stucco may be lost, but the impressive late Baroque door-case survives with its broad bracket cornice, foliage entablature, and Corinthian reeded pilasters – exceptionally fine for an urban street in west Wales. It may be that the door-case was originally from an internal doorway salvaged from Rhyd Gors country house in Johnstown (an identical door there is shown in a photograph, though the house was demolished in the 1970s).

Whether or not the elaborate door-case is from a country house, Great House does have the feel of a small country house set in the town. The double-pile plan has a central stair-passage. The principal rooms are panelled with large, painted

Great House

canolog. Yn y prif ystafelloedd ceir paneli mawr paentiedig o bren meddal sy'n dyddio o ail chwarter y ddeunawfed ganrif. Diben amlwg cynllun y grisiau a'r tro ar eu gwaelod oedd gwneud argraff am fod iddynt falystrau ffliwtiog, addurn deiliog ar ymyl pob gris a chanllaw fowldiedig.

Yn ôl y disgwyl, yn y tŵr blaen y mae'r prif ystafelloedd ac edrychant allan dros y dref drwy ffenestri dalennog mawr sydd wedi cadw eu caeadau gwreiddiol. Mae'r grisiau bach cul sy'n codi i ystafelloedd y groglofft yn dangos mai grisiau i ystafelloedd y staff yn unig oedd y rheiny. Mae'r lle tân sylweddol yn dangos mai yn y tŵr cefn, wrth ochr y grisiau, yr oedd y brif gegin, ac mae'n sicr bod pantri, cegin gefn a storfa ar yr islawr. Mae olion yn y cefn yn awgrymu efallai bod cegin yno'n gynt.

Houses of the Welsh Countryside, ffigur 150b.

Plasty Carden
Sir Gaer

Mae'r ffaith mai yn Sir Gaer y mae Plas Carden, ac na chodwyd mohono tan yr unfed ganrif ar hugain, fel petai'n ei gau allan o lyfr fel hwn, ond mae'n ddiwedd diddorol i stori esblygiad y 'tŷ modern'. Oherwydd nad oes yr un plasty gwledig wedi'i godi yng Nghymru dros yr hanner canrif diwethaf, rhaid edrych rhyw ychydig dros y ffin i weld enghraifft gyfoes.

Cafwyd caniatâd i godi'r tŷ hynod hwn oherwydd newid yn y gyfraith gynllunio ym 1997. Gelwir y newid hwnnw, yn anffurfiol, yn 'egwyddor

softwood panels dating from the second quarter of the eighteenth century. The dog-leg stair was clearly designed to impress, having fluted balusters, foliage ornament to the end treads, and a moulded handrail.

The main rooms are found, as expected, in the front pile, overlooking the town through large sash windows that retain original shutters. The small and narrow stair rising to the attic rooms reflects that this was only for staff accommodation. A substantial fireplace indicates that the main kitchen was in the rear pile to the side of the staircase, supplemented no doubt by pantry, scullery and storage in the basement. Remains at the rear indicate the possible location of an earlier kitchen.

Houses of the Welsh Countryside, fig. 150b.

Carden Hall
Cheshire

The fact that Carden Hall is located in Cheshire and constructed only in the twenty-first century would seem to exclude it from a book such as this, but it makes for an interesting end to the story of the evolution of the 'modern house'. No new country houses have been built in Wales in the last half century; hence one has to look just over the border to see a contemporary example.

This remarkable house gained planning permission due to a 1997 alteration in planning law that has become known informally as the 'Gummer

"Gwnaeth y Dadeni a chynlluniau cyfandirol ddylanwadu ar gynlluniau'r cyfnod Sicraidd ym Mhrydain fel y gwelir yn y pileri marmor gwyrdd bendigedig a'r cerfluniau marmor gwyn wedi eu comisiynu o'r Eidal."

"The Renaissance and continental designs influenced the designs of the Georgian era in Britain as we see in the wonderful green marble pillars and white marble sculptures commissioned from Italy."

Plasdy Carden / Carden Hall
dyfyniad a llun gan Aled Samuel / quotation and drawing by Aled Samuel

Gummer' gan mai Ysgrifennydd yr Amgylchedd Llywodraeth Geidwadol y dydd, John Selwyn Gummer, a gyflwynodd baragraff 3.21 yn y ddogfen gyfarwyddyd ynghylch polisi cynllunio, sef PPG7, i ganiatáu codi plastai o ansawdd 'nodedig' mewn ardaloedd gwledig lle byddai cynlluniau datblygu'r sir a'r dosbarth wedi rhwystro hynny. Mae ansawdd y crefftwaith a'r cynllunio pensaernïol yn Carden yn dangos i Gummer fod yn llygad ei le wrth ganiatáu prosiectau newydd o'r fath. Fel arall, byddai traddodiad plastai gwledig Prydain wedi dod i ben.

Mae Plas Carden yn edrych i bob pwrpas fel petai wedi'i godi yn y 1820au, ond nid yw'n gopi o dŷ ddoe na heddiw. Y pensaer Julian Bicknell a enillodd y gystadleuaeth i gynllunio tŷ o ryw 24,000 o droedfeddi sgwâr, ac fe gafodd ei ysbrydoli gan y porthdai a godwyd ym 1826 wrth fynedfa'r ystâd. Saif Carden ar safle lle codwyd y naill blasty ar ôl y llall dros yr hanner mileniwm diwethaf; dinistriwyd yr olaf gan dân ym 1912.

Mae'n ddiddorol bod chwaeth yr unfed ganrif ar hugain wedi mynd yn ôl at y ffurfiau clasurol a oedd yn boblogaidd ar ddechrau'r bedwaredd ganrif ar bymtheg ac, i lawer, golwg plasty o gyfnod y Rhaglywiaeth sydd ar y plasty hwn. Peth cyffredin yw gweld fersiynau wedi'u glastwreiddio o gynlluniau Sioraidd mewn pensaernïaeth a chynllunio mewnol newydd, ond yma gwnaed ymdrechion eithafol i gyplysu'r mowldiadau'n fanwl-gywir, i gomisiynu lleoedd tân newydd o farmor o'r Eidal, ac i wneud copïau union o ddrysau a fframiau mahogani 'plu'.

principle'. Conservative Environment Secretary John Selwyn Gummer introduced paragraph 3.21 into planning policy guidance document PPG7, allowing country houses of 'outstanding' quality to be built in rural areas, where the prevailing county and district development plans would have prevented it. The quality of craftsmanship and architectural design at Carden shows that Gummer was right to allow for such new projects – otherwise the British country house tradition would have come to an end.

Carden Hall looks to all intents and purposes as if it was constructed in the 1820s, yet it is not a replica of any existing or historical house. Architect Julian Bicknell won the competition to design a house of approximately 24,000 square feet house, inspired by the gatehouses of 1826 at the entrance to the estate. Carden occupies a site that has seen a sequence of country houses over the past half millennium, the last having been destroyed by fire in 1912.

It is interesting that by the twenty-first century taste had reverted to the classical forms popular at the beginning of the nineteenth century, and to many viewers the mansion will appear to date from the Regency period. Watered-down and pastiche versions of Georgian designs are common in new architecture and interior design, but here extreme efforts have been made to match mouldings precisely, commission new marble fireplaces from Italy, and make exact replicas of 'feather' mahogany doors and casings.

The mansion has many details that one would

Mae i'r plasty lu o fanylion y disgwylid eu gweld mewn plasty a godwyd adeg y Rhaglywiaeth – coridor 'Tsieineaidd', grisiau i'r gweision, colofnau marmor Ïonaidd, a chynllun cymesur i'r llawr. Bu'n gynllun anferth, ac fe gafodd ei gwblhau o fewn un mis ar bymtheg, cyfnod rhyfeddol o fyr a thebyg i'r amser a gymerwyd i godi'r plastai Sioraidd gwreiddiol. Agorwyd chwarel dywodfaen yn arbennig ar gyfer yr adeilad a bu 150 o ddynion yn gweithio ar y safle gan ddefnyddio'u ffreutur eu hunain a chyfleusterau eraill. Bu cystadlu ffyrnig rhwng y gwahanol grwpiau o grefftwyr medrus i gwblhau eu rhan nhw o'r gwaith o flaen pawb arall ac i'r safon uchaf.

Fferm Pennant
Pontfadog, Sir Ddinbych

Er bod ffermdai diymhongar ag un llawr a hanner yn gyffredin yn nhirwedd uwchdir rhwng Llangollen a'r Waun, mae statws gwahanol i Bennant am fod ei du blaen a'r tri llawr llydan yn tra-arglwyddiaethu ar ben uchaf cwm tawel. Does fawr ddim sy'n esbonio pam y mae statws uwch i'r hen fferm ystâd hon o Gastell y Waun nag sydd i'w gymdogion brodorol o'i hamgylch. Ond yn wahanol i fythynnod llai rhodresgar yr ystâd, sydd wedi'u codi o lechi sialaidd o chwarel leol, fe geir ym Mhennant fanylion yn y cerrig nadd, megis y conglfeini sgwâr a weithiwyd o'r un tywodfaen ag a ddefnyddiwyd wrth godi'r castell.

 Amddiffynnir ymylon y to gan gerrig pen-wal

expect in a Regency country house – a 'Chinese' corridor, servants' stair, Ionic marble columns, and symmetry in the floor-plan. The mammoth project, completed in a remarkably short period of sixteen months, was akin to what must have been required during the construction of the original Georgian country houses. A sandstone quarry was opened especially for the building, about 150 men worked on the site with their own canteen and other facilities, and competition was fierce between the different skills groups to complete their element of the project in the fastest time and to the highest quality.

Pennant Farm
Pontfadog, Denbighshire

Humble farmhouses of one-and-a-half storeys are common in the upland landscape between Llangollen and Chirk, but Pennant has a different status with its broad, three-storey elevation dominating the head of a quiet valley. There is little to point to why this former estate farm of Chirk Castle is of noticeably higher status than its surrounding vernacular neighbours. But unlike the more modest cottages on the estate, which are built of a locally quarried shaley slate, at Pennant there is dressed-stone detail such as the square, tooled quoins formed from the same sandstone as that used at the castle.

 The roof verges are also protected by sandstone copings, supported at the eaves by shaped kneelers indicative of a seventeenth-century

Fferm Pennant: ar ôl ei adfer
Pennant Farm: after restoration

o dywodfaen ac fe'u cynhelir wrth y bargodion â phenlinwyr a siapiwyd. Awgryma hynny mai yn yr ail ganrif ar bymtheg y codwyd y tŷ, ac awgryma'r pinnau haearn ar frig pen y wal mai blaenau neu beli oedd yn addurno'r tŷ cynt. Mae'r manylion difyr hynny wedi'u hadfer yn ystod y gwaith adnewyddu a wnaed gan y perchennog presennol, Nick Davies,

origin. Iron pins on the top of the kneeler coping suggest that finials or balls previously decorated the house, and this detail has been restored during renovations by the present owner, Nick Davies, who was able to employ his experience as a Cadw conservation specialist to recreate such authentic detail.

drwy iddo fanteisio ar ei brofiad fel arbenigwr Cadw ar gadwraeth.

Er ei bod hi'n amlwg i'r tŷ gael blaenoriaeth gan yr ystâd pan godwyd ef, yn yr ail ganrif ar bymtheg mae'n debyg, newidiodd y gwaith adnewyddu yn y bedwaredd ganrif ar bymtheg olwg ei du blaen. Gan fod y grisiau derw canolog, sy'n rhoi i'r tŷ ei gydbwysedd heddiw, hefyd fel petai'n dyddio o chwarter cyntaf y bedwaredd ganrif ar bymtheg, efallai iddyn nhw ddisodli grisiau cynharach yn y wal. Mae'r grisiau cerrig cynharach a llai o faint yn troi wrth godi o amgylch yr aelwyd sylweddol i'r llawr cyntaf yn null yr ail ganrif ar bymtheg, ac mae grisiau pren yn codi o'r fan honno i'r llawr uchaf.

Canolbwynt y gwaith adnewyddu yn yr unfed ganrif ar hugain oedd adfer i'r tŷ yr olwg allanol a oedd arno yn yr ail ganrif ar bymtheg. Er ychwanegu ato gyntedd trillawr sylweddol nad oedd unrhyw dystiolaeth hanesyddol ohono, mae'n cyd-fynd yn ddigon taclus â'r manylion pensaernïol gwreiddiol. Llwyddwyd i achub ffenestri myliynog a'u gosod yn lle'r ffenestri o'r bedwaredd ganrif ar bymtheg a'r ugeinfed ganrif, ac mae rhai myliynau newydd wedi'u naddu i gyd-fynd â'r mowldiadau o ffenestri'r castell. Mae gasebo wedi'i godi, a hwnnw'n debyg iawn i'r gasebos oedd yn arfer sefyll o flaen y castell tan tua 1800 pryd y cawsant eu symud oddi yno adeg ailwampio'r tiroedd. Mae'r ffaith ei bod hi bellach yn amhosibl gwahaniaethu rhwng y defnyddiau gwreiddiol a'r defnyddiau newydd yn tystio i safon ryfeddol yr adfywio pensaernïol sydd wedi digwydd yn Fferm Pennant.

Although obviously a favoured dwelling of the estate when built, probably in the seventeenth century, nineteenth-century renovations had altered the front of the property. The central oak staircase that gives the house its balance today also seems to date from the first quarter of the nineteenth century, and it may replace an earlier mural stair. A smaller and earlier stone stair curves around the substantial inglenook to the first floor in seventeenth-century fashion, and a timber stair continues up to the top floor.

Twenty-first century renovations have concentrated on bringing a seventeenth-century external appearance to the house, with the addition of a substantial three-storey porch for which there was no historical evidence, but which sits comfortably alongside original architectural detailing. Salvaged mullioned windows replace the nineteenth- and twentieth-century replacements, and some new mullions have been cut to match the mouldings from the castle windows. A gazebo has been constructed similar to those that stood in front of the castle until about 1800 when they were cleared away during a remodelling of the grounds. The fact that it is now impossible to tell the original material from the new is testimony to the remarkable standard of the architectural reinvigoration undertaken at Pennant Farm.

Castell y Fewpyr: golygfa o'r awyr a'r cyntedd mawreddog. Lluniau sydd wedi eu cynhyrchu gan gyfrifiadur yn arbennig gan y Comisiwn Brenhinol a See 3D ar gyfer y gyfres deledu *Cartrefi Cefn Gwlad Cymru*, S4C

Old Beaupre: aerial view and the great porch. Computer generated pictures created especially by the Royal Commission and See 3D for the television series *Cartrefi Cefn Gwlad Cymru*, S4C

Y bwthyn ar fin y ffordd: Tyrpeg Mynydd (Pentrefoelas, Sir Ddinbych)
The roadside cottage: Tyrpeg Mynydd (Pentrefoelas, Denbighshire)

7

Y Bwthyn
The Cottage

Fe fyddai teithwyr yng Nghymru'r ddeunawfed ganrif a'r ganrif ddilynol yn gwahaniaethu rhwng ffermdai a bythynnod, a byddent yn cyfeirio'n aml at gyflwr gwachul bythynnod a oedd, yn fynych, yn adeiladau ac iddynt waliau mwd, toeon gwellt a simneiau go fregus ac yr oedd eu tu mewn yn frwnt o afiach. Ond fe all mai gor-ddweud oedd hynny: yn aml, mae'r bythynnod sydd wedi goroesi (a detholiad o'r goreuon yn unig sydd wedi goroesi, wrth gwrs) yn adeiladau cadarn ac ôl saernïo crefftus ar eu nodweddion. Roedd artistiaid teithiol yn tynnu lluniau o du mewn yn ogystal â thu allan y bythynnod ac felly gallwn weld bod bythynnod yn gallu cynnwys digonedd o gelfi solet a llestri – a hyd yn oed cloc a nwyddau eraill. Gobaith y crefftwr eithaf cysurus ei fyd oedd prynu llawn cymaint o bethau â'r ffermwr. Ar ei daith i astudio amaethyddiaeth Sir Gaerfyrddin sylwodd Iolo Morganwg ar ddresel mewn bwthyn, a hwnnw'n llawn platiau; mae'n debyg nad oedd y ffasiwn honno wedi cyrraedd Bro Morgannwg ar y pryd. Mae lluniau a phaentiadau o fythynnod yn ffynhonnell wych o wybodaeth am ffordd o fyw a oedd, yn bendant iawn, fwy neu lai wedi darfod erbyn y Rhyfel Byd Cyntaf ond a oedd yn dal o fewn cof ein

Travellers in eighteenth- and nineteenth-century Wales distinguished between farmhouses and cottages, often alluding to the wretched state of cottages that were frequently mud-walled, thatched, with make-shift chimneys, and internally dark and squalid. And yet this picture can be overdrawn: surviving cottages (and of course they are only the select survivors) are often robust with well-crafted features. Travelling artists depicted cottage interiors as well as picturesque exteriors. Their pictures show that cottages might be cluttered with well-made furniture, crockery, and even a clock and other consumer goods. The reasonably prosperous craftsmen aspired to be as consumerist as the farmer. A cottage dresser covered in plates caught Iolo Morganwg's eye during an agricultural tour of Carmarthen, and presumably was a fashion that had not yet reached his native Vale of Glamorgan. Drawings and paintings of cottages are a wonderful source of knowledge for a way of life that had very definitely past, more or less with World War I, but was within the memory of our fairly recent ancestors. In Eurwyn Wiliam's felicitous phrase, cottages were 'home-made homes': they were often built by the

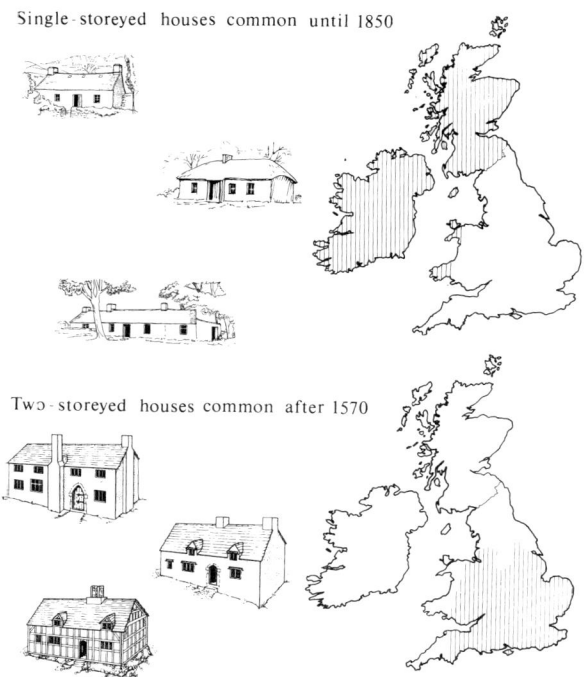

Dosbarthiad aneddiadau unllawr ar ochr orllewinol yr Ynysoedd Prydeinig, P. Smith, *Archaeologia Cambrensis*, 1980

The western distribution of single-storeyed dwellings in the British Isles, P. Smith, *Archaeologia Cambrensis*, 1980

hynafiaid cymharol ddiweddar. Yng ngeiriau craff Eurwyn Wiliam, 'cartrefi o waith cartref' oedd y bythynnod: yn aml, y bobl a'u codai a fyddai'n byw ynddynt a defnyddient sgiliau'r crefftau traddodiadol at y gwaith. Mae gan fythynnod o'r fath wersi i ni o hyd.

Erbyn y bedwaredd ganrif ar bymtheg codai tensiynau'n fynych rhwng swyddogion a bythynwyr. Mewn aml i adroddiad swyddogol câi'r bythynnod eu condemnio am fod yn afiach, a chrëwyd y

people who lived in them using their traditionally-learnt craft skills. They still present lessons for us to learn.

By the nineteenth century there were often tensions between officials and cottagers. Cottages were frequently condemned as unsanitary in official reports, creating an image of cottagers sharing a dank dwelling with pigs and fowls, all contributing to the ubiquitous dung-heap at the cottage door. Cottages may have been picturesque in an artistic sense but many were increasingly regarded as socially undesirable. Cottages were often sited in out-of-the-way places and therefore not under the direct supervision of authority figures. Their inhabitants were often independent craftsmen or day-labourers who were not dependent for a weekly wage on respectable farmers and others. The cottager could come and go as he pleased and sometimes acquired a reputation for 'laziness' and 'criminality'. In the rural-industrial world of quarry, lead mine, and colliery, the cottage gave the worker independence. During industrial disputes, workers melted away from quarry to cottage and were able to survive on their smallholdings. In west Wales cottages clustered around large farms in a symbiotic way. Cottagers were sometimes allowed to plant rows of potatoes in return for helping in the fields, especially at harvest. Prejudice against cottagers obscured their economic importance as a self-reliant army of craftsmen and labourers. Cottages were the homes of masons and carpenters, weavers and stocking-makers, cobblers and clogmakers, and

ddelwedd o fythynwyr yn cyd-fyw â moch ac ieir yn eu bwthyn tamp, ac i gyd yn cyfrannu at y domen dail wrth y drws. Efallai i fythynnod apelio at lygaid artistiaid, ond credid fwyfwy fod llawer ohonynt yn gymdeithasol-annymunol. Codwyd llawer o fythynnod mewn mannau diarffordd ac felly câi gwŷr mewn awdurdod drafferth i gadw golwg arnynt. Crefftwyr annibynnol neu weithwyr dydd a drigai mewn llawer ohonynt, heb fod yn dibynnu ar gyflog wythnosol gan ffermwyr parchus ac eraill. Gallai'r bythynnwr fynd a dod fel y mynnai a magai enw drwg weithiau am ddiogi a throseddu. Yn niwydiannau cefn gwlad – y chwarel, y mwynglawdd plwm a'r gwaith glo – rhoddai'r bwthyn annibyniaeth i'r gweithiwr. Yn ystod anghydfodau diwydiannol, gallai gweithwyr gilio o'r chwarel i'r bwthyn a llwyddo i fyw ar gynnyrch y tyddyn. Yn y gorllewin, codai bythynnod yn glwstwr o amgylch ffermydd mawr mewn ffordd symbiotig. Weithiau, câi'r bythynwyr blannu rhesi o datws yn gyfnewid am eu cymorth yn y caeau, yn enwedig adeg y cynhaeaf llafur. Tueddai'r rhagfarn yn erbyn bythynwyr i guddio'u pwysigrwydd economaidd fel byddin hunanddibynnol o grefftwyr a llafurwyr. Bu bythynnod yn gartrefi i seiri maen a seiri coed, gwehyddion a gwneuthurwyr sanau, cryddion a chlocswyr, a chrefftwyr eraill a wnâi gyfraniad hollbwysig – ond nid cwbl amlwg bob amser – i'r economi leol.

Yn ôl map dadlennol iawn yn *Houses of the Welsh Countryside*, ceid aneddiadau unllawr (bythynnod) yn y gorllewin yn bennaf, nid yn unig yng Nghymru

Tŷ unnos: tŷ'r sgwatiwr, fel y'i darluniwyd yn gynnar yn yr ugeinfed ganrif
Tŷ-unnos: the squatter's house, as depicted in the early twentieth century

other craftsmen who made an essential contribution to the local economy, sometimes in ways that are not immediately obvious.

A very revealing map from *Houses of the Welsh Countryside* shows the essentially westerly distribution of single-storey dwellings – that is, cottages – not only in Wales but in Ireland and Scotland. Cottages of course might be found anywhere but they were particularly a feature of marginal land – the common or wasteland and the roadside verge. The large tracts of common in west and central Wales were particularly attractive to the squatter. 'Cottage' is rather a catch-all term for quite a number of different types of dwelling which it is useful to distinguish. These included permitted cottages on common land; squatters' cottages erected without permission, often as 'one-night' houses; summer dairies (*hafod*, *lluest*) attached to farms; industrial cottages, and estate cottages. Estate

ond hefyd yn Iwerddon a'r Alban. Gellid dod o hyd i fythynnod yn unrhyw le, wrth gwrs, ond fe'u ceid yn arbennig ar dir ymylol – tir comin neu dir gwastraff neu ar fin y ffordd. Roedd i'r darnau helaeth o dir comin yn y gorllewin a'r canolbarth apêl arbennig i'r sgwatiwr. Mae 'bwthyn' yn derm sy'n rhychwantu cryn nifer o wahanol fathau o anheddiad y mae'n fuddiol gwahaniaethu rhyngddynt. Yn eu plith yr oedd bythynnod y ceid caniatâd i'w codi ar dir comin; bythynnod sgwatwyr, sef tai unnos, a godid heb ganiatâd neb; hafotai neu luestau ffermydd; bythynnod diwydiannol; a bythynnod ystâd. Mae bythynnod ystâd yn arbennig o ddiddorol oherwydd eu bod yn amlygu'r tensiwn rhwng y bwthyn delfrydol a'r bwthyn go iawn. Diben codi bwthyn ystâd oedd harddu'r olygfa a bod yn wledd i'r llygad yn hytrach nag ysgogi gwg. Enghraifft dda o hynny yw bythynnod Merthyr Mawr a'u toeon gwellt a'u cerrig nadd. Gweithwyr ystâd oedd trigolion y bythynnod hynny a byddent yn llai annibynnol na'r bythynnwr cyffredin.

Mae hafotai neu luestau a bythynnod bugeiliaid hefyd ymhlith y rhai mwyaf diddorol am eu bod yn aneddiadau tymhorol ac nid, o reidrwydd, yn rhai parhaol. Mudai pobl i fyw ynddynt yn yr haf fel rhan o'r drefn amaethu. Mae'r elfennau *lluest* a *hafod* sy'n digwydd mewn amryw byd o enwau lleoedd yn dangos pa mor gyffredin oedd bythynnod o'r fath. Wrth arolygu olion archaeolegol ar yr uwchdiroedd cofnodwyd amryw byd o lwyfannau a thwmpathau yr arferai luest neu hafod sefyll arnynt. Yn aml, safai'r hafod ar dir pori uchel ac oddi yno y tywysid y gwartheg a oedd yn pori'r tiroedd comin. Yno mewn

cottages are particularly interesting because they show the tension between the ideal and the actual cottage. The estate cottage was designed to provide picturesque incident to an estate – to delight the eye rather than prompt a reforming frown. The Merthyr Mawr cottages, with their sweeping thatched roofs and dressed-stone detail, are a good example of the type. The inhabitants of these cottages were estate workers and less independent than the ordinary cottager.

Summer dairies and shepherds' cottages are among the most interesting cottages since they were seasonal and not necessarily permanent dwellings attached to farms and occupied during the summer as part of the farming routine. Numerous place-names incorporating the elements *lluest* or *hafod*, often translated as summer-house or summer dairy, show how common these upland cottages were. Archaeological surveys of the uplands have recorded numerous platforms and grass-covered mounds that were the sites of summer dairies. The summer cottage was often sited on the high pastures and used as a base for guiding cattle that grazed the commons and as a dairy for turning the summer milk into butter and cheese for sale and winter use. The older summer-houses are often sited in small groups near streams. They were occupied between spring and autumn, but some summer-houses became permanently settled in the seventeenth century as upland farms, part of the drive to enclose and cultivate high ground. The shift from cattle to sheep in the seventeenth and eighteenth centuries, and the parcelling up of commons into sheep walks,

Bwthyn ystâd ym Merthyr Mawr (Morgannwg)
An estate cottage at Merthyr Mawr (Glamorgan)

llaethdy y câi llaeth yr haf ei droi'n fenyn a chaws i'w defnyddio yn y gaeaf ac i'w gwerthu. Ger nentydd ac mewn grwpiau bach y ceir llawer o'r hafotai hynaf. Trigai pobl ynddynt o'r gwanwyn hyd yr hydref, ond yn yr ail ganrif ar bymtheg dechreuwyd byw'n barhaol mewn rhai ohonynt a'u troi'n ffermydd mynydd fel rhan o'r ymdrech i gau a diwyllio tir uchel. Canlyniad y newid o fagu gwartheg i fagu defaid yn yr ail ganrif ar bymtheg a'r ganrif ddilynol, a pharselu tir comin yn

also led to the permanent occupation of many summer cottages by shepherds. Lewis Morris has left a description of these shepherds' cottages, often occupied by single men, in eighteenth-century Cardiganshire.

Small-scale encroachments on the common, whether permitted or surreptitious, had taken place throughout the early-modern period. However, in the eighteenth and nineteenth centuries a new

barthau defaid, oedd i lawer bugail – gŵr sengl, ran fynychaf – fynd i fyw mewn hafoty'n barhaol. Ceir disgrifiad gan Lewis Morris o'r bythynnod hynny yn Sir Aberteifi yn y ddeunawfed ganrif.

Er i ddarnau bach o dir comin gael eu meddiannu neu eu llechfeddiannu drwy gydol y cyfnod modern cynnar, gwelwyd datblygiad newydd yn y ddeunawfed ganrif a'r ganrif ddilynol. Aeth 'sgwatwyr' ati i gyfaneddu llawer o dir cyffredin heb ofyn gair o ganiatâd. Po fwyaf ohonynt a wnâi hynny, wrth gwrs, lleiaf yn y byd oedd y siawns o gael eu herlyn ond rhoes cyflwyno'r arfer o dyfu tatws hwb newydd i'r sgwatio. Serch mai tir digon diffrwyth oedd llawer o'r tir comin, fe ellid, o feddu ar fuwch a mochyn a chae tatws, gyfaneddu mannau go lwm. Datblygodd aneddiadau o fythynnod ar uwchdiroedd a fyddai'n anghyfannedd gynt, ac weithiau caent enwau eironig, fel yn achos Moelfre 'City', anheddiad a gychwynnwyd gan sgwatwyr yn Sir Faesyfed ac sydd yno o hyd.

Enillid sêl bendith ar y broses o sefydlu tŷ unnos yn sgil hen arfer. Credid yn gyffredin fod modd sefydlu bwthyn ar dir comin yn gyfreithlon o'i godi dros nos a'i gwblhau erbyn toriad gwawr. Yn aml, codid tai unnos gan griw o bobl a neilltuid y gwahanol dasgau i wahanol grwpiau ohonynt. Gallai criw penderfynol orffen codi tŷ unnos erbyn y bore a sicrhau bod mwg yn codi o'i simnai fregus. Llwyddwyd i godi miloedd o dai unnos (er mai methiant fu llawer ymgais, mae'n rhaid) a byddai'r enwau arnynt yn aml yn cyfuno hiwmor a thristwch, fel yn achos 'Labour-in-Vain' neu 'Morning Surprise'.

Fesul cam y câi tŷ unnos ei droi'n fwthyn

phenomenon occurred. This was the large-scale settlement of common land by 'squatters' without permission. There was of course safety in numbers but the introduction of the potato probably gave new impetus to squatting. Many commons were inhospitable places but the possession of a cow and pig and field of potatoes made settlement viable in unlikely spots. Cottage settlements grew up in the uplands where there had not been settlements before and were sometimes given ironic names, as in Moelfre 'City', a settlement of squatter origin in Radnorshire which still survives.

The process of establishing a squatter's cottage was sanctioned by custom. It was widely believed that a cottage could be legally established on a common if it was built overnight and completed by dawn. Cottages of this type – the *tŷ-unnos* or one-night house – were often built collectively with different groups responsible for different tasks. A determined group would complete the 'clod house' by morning with smoke issuing from a make-shift chimney. Thousands of these one-night houses were successfully built (although there must have been many failures) and their names often combined humour with tristesse, as in 'Labour-in-Vain' or 'Morning Surprise'.

There were usually several phases to the squatter's cottage that extended from temporary dwelling to permanent habitation. The original clod (turf) hut, thrown up in a night, was replaced by a more permanent dwelling, often rubble walled. In time this was replaced by a permanent dwelling built in stone, timber or clay, according

Y bwthyn o ffermdy: Cwm-bras (Saint Harmon, Sir Faesyfed)

The cottage-farmhouse: Cwm-bras (St Harmon, Radnorshire)

Llechwedd: bwthyn o glai yn mynd â'i ben iddo yn Lledrod (Sir Aberteifi)

Llechwedd: a decaying clay cottage at Lledrod (Cardiganshire)

parhaol fel rheol. Yn lle'r tŷ a godwyd dros nos, codid adeilad mwy parhaol, un â waliau rwbel yn aml. Ymhen hir a hwyr, codid adeilad parhaol o gerrig, coed neu glai, yn ôl y traddodiad brodorol lleol, yn lle hwnnw. Yn y pen draw, câi tyddyn go iawn ei sefydlu drwy ymestyn ar y darn tir. Oes aur y bwthyn oedd y cyfnod 1750-1850 a chafodd yr arbrofion hynny mewn byw ar dir ymylol effaith aruthrol ar amgylchedd adeiledig Cymru.

Cymharol ddiweddar yw'r bythynnod sydd wedi goroesi. Codwyd yr hynaf ohonynt, mae'n debyg, tua diwedd y ddeunawfed ganrif. Er i'r mwyafrif gael eu codi yn ystod y ganrif ddilynol, golwg dipyn yn hŷn sydd ar lawer ohonynt. Yn aml, fel y gwnaed ym Merthyr Mawr, Morgannwg, câi bwthyn pert ar ystâd ei addurno'n fwriadol â nodweddion gothig. Byddai bythynnod yn ymddangos yn hynafol eu gwedd yn rhannol am fod prif ystafell llawer ohonynt yn agored i'r to (fel mewn tŷ neuadd canoloesol) a bod yno fantell fawr i'r lle tân. Nid yw'n anodd dod o hyd i'r rhesymau dros oroesiad y neuadd agored honno. Roedd bargodion y bwthyn yn isel ac felly byddai creu llofft braidd yn anodd am fod angen llawer o le ar fantell fawr y tân. Fel rheol, cynllun dwy-uned sydd i'r bwthyn unllawr. Er bod gan rai bythynnod hŷn ddrws yn y talcen, drws canolog oedd i'r mwyafrif ohonynt a agorai'n syth i'r gegin ochr yn ochr â phared. Y tu hwnt i'r pared ceid parlwr-ystafell wely ac weithiau bantri/llaethdy wrth ei ochr. Yng ngofod y to ceid croglofft, lle'r âi'r plant i gysgu ar ôl dringo ysgol a osodid yn erbyn pared y cyntedd. Bach – rhy fach, yn aml – oedd y bythynnod. Pan fyddent yn cael eu hymestyn, y drefn arferol oedd

to the local vernacular building tradition. A viable smallholding was eventually established through extending the original area of encroachment. The heyday of the cottage was between 1750 and 1850 and these experiments in living on the margin made an extraordinary impact on the built environment of Wales.

Surviving cottages are relatively late. The oldest probably date from the later eighteenth century; the majority were built in the nineteenth century. Nevertheless cottages often appear much older than they actually are. The picturesque estate cottage was often deliberately embellished with gothic features, as at Merthyr Mawr, Glamorgan. Cottages appeared archaic partly because the main room was often open to the roof (as in a medieval hallhouse) and dominated by a giant louver or fireplace-hood. The reasons for the survival of this open hall are not difficult to find. The low eaves of the cottage made a loft somewhat inconvenient and the capacious fireplace-hood needed plenty of room. The single-storeyed cottage characteristically had a two-unit plan. Some older cottages might be entered from the gable end but most had a central doorway which took them directly into the kitchen alongside a partition. Beyond the partition was a parlour-bedroom, sometimes with pantry/dairy alongside. In the roof space above there was a *croglofft*, where children might sleep, reached by a ladder propped against the partition in the entrance passage. Cottages were small – often too small. When they were enlarged it was usually by adding service-rooms along the rear in a lean-to, as at

ychwanegu ystafelloedd gwasanaethu atynt ar hyd y cefn, fel y gwnaed yng Nghae'r-gors (Rhosgadfan, Sir Gaernarfon).

Serch mai prin yw'r bythynnod sy'n hŷn na diwedd y ddeunawfed ganrif, ceir cyfeiriadau dogfennol at eu rhagflaenwyr yn y ganrif flaenorol, sef tarddiad rhai o'r ffermdai-bwthyn bach. Testun pryder mynych i swyddogion y plwyfi oedd gweld codi bythynnod ar dir gwastraff ac ar ymylon ffyrdd: petai'n mynd yn fain iawn ar eu preswylwyr, gallent fod yn faich ar y plwyf. Er bod y gyfraith yn caniatáu codi bwthyn ar dir gwastraff, rhaid oedd meddu ar bedair erw o dir ynghlwm wrtho. Credid mai pedair erw oedd y maint lleiaf y gellid byw arno ac osgoi mynd ar y clwt. Yn sicr, erlynwyd pobl yng Nghymru yn yr ail ganrif ar bymtheg am adael i fythynnod gael eu codi heb fod ganddynt y pedair erw statudol.

Adeiladu bythynnod

Yr oedd gwrthgyferbyniad sylfaenol rhwng y bwthyn o waith cartref a'r tŷ wedi'i adeiladu'n broffesiynol. Roedd tŷ o waith cartref yn rhan o ddiwylliant o dlodi, ond ni olygai hynny dlodi diwylliannol. I'r gwrthwyneb, yr oedd codi a dodrefnu tŷ yn gofyn am amryw o sgiliau crefft a manteisio'n aml ar ddefnyddiau lleol hwylus. Yr oedd hynny'n arbennig o wir am y bythynnod â waliau clai ar hyd ochr orllewinol y wlad.

Oherwydd y duedd i fythynnod gyd-fynd â natur y fro ar y pryd, tueddai bythynnod siroedd Caernarfon a Morgannwg i fod yn rhai o gerrig a'r rhai ym Mhowys i gael eu codi o goed. Ond clai a ddefnyddid

Cae'r-gors (Rhosgadfan, Caernarfonshire).

Cottages are rarely older than the later eighteenth century but there are documentary references to their seventeenth-century predecessors, the origin of some small cottage-farmhouses. Building on wastes and roadsides was often regarded with some anxiety by parish officials because the inhabitants of these cottages might eventually become paupers chargeable to the parish. Legislation permitted the construction of a cottage on the waste, but only if four acres of land were attached to it. The four-acre patch was regarded as the minimum necessary for survival without destitution. Certainly, there were prosecutions in seventeenth-century Wales for permitting the construction of cottages without the statutory four acres.

Cottage construction

There was a fundamental contrast between the home-made cottage and the professionally-made house. The home-made house was part of the culture of poverty, but it did not represent a poverty of culture. On the contrary, constructing and furnishing a house involved numerous craft skills, often using materials which were truly vernacular and found close at hand. This was particularly true of the clay-walled cottages of the western side of Wales.

Cottages tended to reflect the prevailing vernacular of a region – so cottages in Caernarfonshire and Glamorgan tended to be

amlaf wrth godi bythynnod mewn rhan helaeth o'r gorllewin. Dylid pwysleisio mai clai, i raddau helaeth iawn, oedd defnydd adeiladu'r tlodion: yr unig gost oedd y llafur o'i godi a'i drin. Ni ddefnyddid clai byth i godi tai i uchelwyr nac i godi ffermdai sylweddol, ond fe'i defnyddid weithiau wrth godi capeli. Roedd hynny'n adlewyrchu statws cymdeithasol llawer o'r aelodau, sef bythynwyr a ffermwyr bach. Mae'r map o'r enghreifftiau o adeiladau clai sydd wedi goroesi yn dangos i'r dechneg estyn ar hyd llain lydan o dir ar hyd y gorllewin o Lŷn yn y gogledd i siroedd Aberteifi (cadarnle adeiladu mewn clai), Caerfyrddin a Phenfro. Ceir rhai hefyd yng Ngŵyr a Sir Frycheiniog. Awgryma'r cyfeiriadau hanesyddol i adeiladu â chlai ddigwydd yn helaethach ar un adeg ac y digwyddai hefyd, er enghraifft, ym Môn a Sir Drefaldwyn.

Er nad oes yr un disgrifiad cyfoes o adeiladu mewn clai, gellir ail-greu'r dechneg drwy archwilio adfeilion adeiladau. Yn rhanbarthau Lloegr, defnyddid pridd cywasg neu flociau o glai, ond adeiladu fesul cwrs a wnaed yng ngorllewin Cymru. Pan ddymchwelir waliau tai o glai, mae modd gwneud hynny drwy wthio'r clai ymaith fesul cwrs. Cymysgid y clai â graean a gwellt mâl a'i osod mewn cwrs o ryw droedfedd o drwch, gan gychwyn ar sylfaen o gerrig. Câi pob cwrs gyfle i sychu cyn gosod y cwrs nesaf arno. Proses faith oedd hi felly, a phan ailgodwyd bwthyn â muriau clai (Nantwallter, Taliaris, Sir Gaerfyrddin) yn Sain Ffagan, gwelwyd y gallai hi gymryd rhai misoedd i godi ei waliau.

Defnyddid adnoddau lleol yn effeithlon wrth godi bwthyn. Oherwydd bod coed yn brin yn y gorllewin, gosodid y to ar nenffyrch sgarff. Ni wneid

in stone, in Powys they tended to be of timber. However, in much of west Wales clay was the dominant building material for cottages. Clay, it should be emphasized, was very much the building material of the poor: it cost nothing but labour. Gentry houses and substantial farmhouses were never built of clay, but it was sometimes used in chapel building and reflected the social origin of many chapel members drawn from cottagers and small farmers. The mapping of surviving examples of clay buildings shows that the technique extended in a broad belt on the western side of Wales from Llŷn in the north to Cardiganshire (the heartland of clay building), Carmarthenshire and Pembrokeshire. There were outliers of the distribution in Gower and Breconshire. Historical references suggest that clay building was once more widespread and found in, for example, Anglesey and Montgomeryshire.

There are no contemporary accounts of clay building but the technique can be reconstructed from examining ruined buildings. Clay-building techniques in English regions used rammed earth or clay blocks but in west Wales building in courses was the favoured method. When clay houses are taken down it is found that the walls can be demolished layer by layer by pushing off the courses. The clay was mixed with gravel and chopped straw and laid in a course about a foot thick initially on a stone base. Each course was allowed to dry before a further course was laid. The building process was therefore prolonged. Re-erection at St Fagans of a clay-walled cottage (Nantwallter, Taliaris, Carmarthenshire) suggested

y lleoedd tân o gerrig o reidrwydd, ond byddai llawer ohonynt ar ffurf canopïau (mentyll) anferth a wneid o blethwaith wedi'i blastro. Yn siroedd Aberteifi a Chaerfyrddin y ceir y mwyafrif o'r rhai sydd wedi goroesi, ond mae'r ffaith fod rhai mewn mannau eraill yn dangos bod dosbarthiad helaethach iddynt a'r un adeg. Câi paredau, hefyd, eu gwneud o blethwaith a defnyddiau naturiol eraill, gan gynnwys mieri a gâi eu gwehyddu'n baneli twt i'w plastro. Ar ôl gorffen y tŷ, gosodid to arno. To gwellt fyddai hwnnw gan amlaf ond fe ddefnyddid defnyddiau eraill hefyd, gan gynnwys brwyn. Ymfalchïai towyr yn fawr yn eu crefft a cheid ganddynt doeon twt. Amrywiai patrwm y toeon hynny o ranbarth i ranbarth. Ychydig sy'n hysbys am grefft toi cyn y ddeunawfed ganrif. Yn ei gyfrol *Y Bwthyn Cymreig* (2010), mae Eurwyn Wiliam yn disgrifio sawl techneg wahanol ac yn cynnwys yr astudiaeth genedlaethol gyntaf o'r grefft o doi yng Nghymru. Mae dull toi Morgannwg yn creu to twt a chadarn (sy'n cael ei ddal yn ei le gan geibrennau neu sgolpiau) ac mae i'r adeilad 'aeliau' uwchlaw ffenestri'r llawr cyntaf. Yn y gorllewin a'r gogledd, ffurfid haen uchaf fwy garw drwy wthio bwndeli o wellt neu frwyn i'r defnydd o dan y to. Yn Sir Aberteifi, yn enwedig, clymid y gwellt i'w le â rhaffau gwellt wedi eu gosod mewn patrwm addurnol. Mewn mannau eraill ar hyd yr arfordir, cedwid y gwellt yn ei le trwy begio rhaffau wrth y walblad neu roi cerrig trwm arno i'w gadw rhag i'r gwynt ei chwythu ymaith.

Bu'r bwthyn gwyngalchog â'i waliau clai a'i do gwellt wrth fodd calon y teithwyr hyd at ddechrau'r ugeinfed ganrif. Yn *Highways and Byways in South Wales* (1903) mynnodd A. G.

that the walls might take several months to construct.

Building a cottage used available local resources in an efficient way. In west Wales timber was scarce and the roof was carried on jointed timbers ('scarfed crucks'). Fireplaces were not necessarily of stone but often took the form of huge canopies ('louvres') made from plastered wickerwork. Surviving examples are concentrated in Cardiganshire and Carmarthenshire but outliers show that they were once more widely distributed. Partitions, too, were constructed from wickerwork and other natural materials, including brambles woven into neat panels for plastering. The finished house was thatched, generally with straw but other materials were also used, including rushes. Thatching was a craft technique in which great pride was taken, producing neat roofs which varied regionally. Little is known about thatching before the eighteenth century. Eurwyn Wiliam's *The Welsh Cottage* (2010) includes the first national study of thatching in Wales. He distinguishes between several techniques. Glamorgan thatch is a neat, durable thatch (held in place by hidden spars or scallops) with swept 'eyebrows' above first-floor windows. In the west and north a rougher top coat was formed by thrusting bundles of straw or rushes into the underthatch. In Cardiganshire, particularly, the thatch was secured by straw ropes laid in a decorative way. Elsewhere on the Welsh coast the thatch might be held down with ropes pegged to the walltop or held down by heavy stones.

The thatched, clay-walled and limewashed

Bradley mai yn Sir Gaerfyrddin, ac yn fwy fyth yn Sir Aberteifi, y ceid 'the quaintest and most picturesque cottages in the world', ac esboniodd fod y to'n 'thing of joy and a work of art that throws the thatched cottages of Devon or Northampton, the best of their kind known to me in England, hopelessly in the shade'. Ac er bod miloedd o'r 'delightful and primitive habitations' hyn ar wasgar ledled y gorllewin adeg taith Bradley, ei broffwydoliaeth ddigalon oedd y byddent i gyd, mae'n debyg, wedi darfod o'r tir cyn pen hanner canrif.

Er i'r broffwydoliaeth honno gael ei gwireddu i raddau helaeth iawn, wrth gwrs, roedd dirywiad traddodiad y bwthyn wedi cychwyn rhyw hanner canrif ynghynt. Mewn cyfrolau ar hanes plwyfi ac mewn darnau a luniwyd ar gyfer cystadlaethau eisteddfodol, disgrifir dirywiad y bwthyn mewn gwahanol ardaloedd. Yn Llannewydd (Sir Gaerfyrddin), er enghraifft, rhestrodd y ficer (a ysgrifennai ar yr un adeg â Bradley) enwau persain rhyw ddeg a phedwar ugain o fythynnod a oedd wedi darfod amdanynt – o Aberddwylan i Wenallt. Yr oedd anheddau to gwellt yn diflannu'n gyflym o'r plwyf: dim ond wyth bwthyn bach ac un ffermdy oedd ar ôl. Cawsai haen o sinc ei rhoi dros doeon rhai o'r rheiny a chafodd y mwyafrif o'r ffermdai eu hailadeiladu.

Ar wahanol adegau, mae'r bwthyn wedi cynrychioli gwahanol agweddau ar fywyd cymdeithasol y wlad. I'r teithiwr neu'r ymwelydd yn y ddeunawfed ganrif a'r ganrif ddilynol, yr oedd yn symbol o wahaniaeth ac o 'liw' lleol. I'r bythynnwr

cottage delighted the traveller until the early twentieth century. A. G. Bradley's *Highways and Byways in South Wales* (1903) maintained that Carmarthenshire and, still more, Cardiganshire boasted 'the quaintest and most picturesque cottages in the world', explaining that 'the roof is a thing of joy and a work of art that throws the thatched cottages of Devon or Northampton, the best of their kind known to me in England, hopelessly in the shade'. There were thousands of these 'delightful and primitive habitations' scattered over west Wales at the time of Bradley's tour but he gloomily prophesised that in 'fifty years hence there will be probably none left'.

The prophecy has been more-or-less fulfilled, of course. However, the erosion of the cottage vernacular had begun some fifty years before. Parish histories and eisteddfod competition entries chart the decline of the cottage in different localities. In Newchurch (Carmarthenshire), for example, the Edwardian vicar (writing at the same time as Bradley) listed the ninety or so disappeared cottages of the parish in a litany of delightful names from Aberddwylan to Wenallt. Thatched dwellings were rapidly disappearing from the parish: only eight small cottages and one farmhouse were left, and some of these roofs had been covered by zinc sheeting. Most farmhouses had been rebuilt.

The cottage has represented different aspects of social life at different times. For the eighteenth- and nineteenth-century traveller or tourist it represented difference and local colour. For the

Y lwfer neu fantell y lle tân yn Wig-wen-fach (Llanerchaeron, Sir Aberteifi)

The 'louver' or fireplace-hood at Wig-wen-fach (Llanerchaeron, Cardiganshire)

a'r ffermwr, cynrychiolai'r gwahaniaethau rhwng y ffermdy a'r bwthyn wahaniaethau dosbarth. Trigfannau'r 'dynion bach' – fel y galwent eu hunain – oedd y bythynnod. Eto i gyd, gallai'r bwthyn, ac yn enwedig bwthyn sgwatiwr, fod yn arwydd o annibyniaeth yn ogystal â thlodi cymharol. Yn ystod ail hanner y bedwaredd ganrif ar bymtheg bu rhamanteiddio ar y bwthyn gwledig (*bwthyn bach melyn*

cottager and farmer, the differences between farmhouse and cottage represented class differences. Cottages were the habitations of the self-styled 'little people' (*dynion bach*) having little influence. Nevertheless, the cottage, especially the squatters' dwelling, could represent independence as well as relative poverty. Romanticisation of the rural cottage (*bwthyn bach melyn fy nhad* …) was expressed

fy nhad …) mewn baledi, ond erbyn hynny yr oedd y bythynwyr yn rhoi'r gorau i'w bythynnod ac yn mudo i'r ardaloedd diwydiannol.

Yn ddiweddar, mae'r bwthyn fel tŷ haf ac ail gartref wedi bod yn symbol o rai o'r tensiynau economaidd ac ieithyddol yng Nghymru'r ugeinfed ganrif. Yn fwy diweddar eto, mae astudiaeth Eurwyn Wiliam o'r bwthyn Cymreig wedi pwysleisio pa mor berthnasol yw'r bwthyn hwnnw i bryderon yr unfed ganrif ar hugain ynghylch cynaliadwyedd. Efallai y bydd gan y broses gydweithredol o godi'r bwthyn Cymreig o ddefnyddiau cynaliadwy wersi i'w dysgu i gymdeithas yng Nghymru ddydd a ddaw.

in ballads in the second half of the nineteenth century but by then cottages were being abandoned as the cottagers migrated to industrial areas.

Latterly the cottage as summer-house and second-home has represented some of the economic and linguistic tensions of twentieth-century Wales. Most recently, the study of the Welsh cottage by Eurwyn Wiliam has emphasized its relevance to twenty-first century concerns about sustainability. The Welsh cottage built co-operatively and from sustainable materials may have lessons for future society in Wales.

Pwllmelyn (Y Rhiw, Penrhyn Llŷn)
Pwllmelyn (Rhiw, Llŷn Peninsula)

Gwerthfawrogiadau
Appreciations

Wig-wen-fach
Llanerchaeron, Sir Aberteifi

Weithiau, bydd eiddo hanesyddol yn rhy fregus i'w droi'n annedd modern, ac felly y mae hi yn Wig-wen-fach. I gychwyn, dau neu dri bwthyn i weithwyr ystâd Llanerchaeron (neu un o ffermydd yr ystâd) oedd yr adeilad brodorol syml hwn. Yn wahanol i Bontbrenmydr gerllaw, nid oes yr un tŷ allan a fyddai wedi galluogi'r trigolion gwreiddiol i fod, i ryw raddau beth bynnag, yn hunangynhaliol.

Bu Wig-wen-fach yn wag am ddegawdau cyn cael ei adael i'r Ymddiriedolaeth Genedlaethol ym 1989. Mae tu mewn un pen i'r adeilad sy'n ddu gan fwg yn awgrymu nad oes neb wedi cyffwrdd ag ef am ganrif a rhagor. Cyflwr bregus sydd i arwyneb gwreiddiol y wal, y llawr, y simnai o fasgedwaith a'r defnydd o dan y to. Mae'r pared anarferol o fasgedwaith a blastrwyd o dan y groglofft yn awgrymu bod Wig-wen-fach yn un o'r bythynnod cynharaf a godwyd cyn 1800 sydd wedi goroesi yn Sir Aberteifi. Fel rheol, defnyddid byrddau (yn aml o fath 'i-mewn-ac-allan' fel yn Nhroedrhiwfallen, Cribyn) wrth godi'r paredau mewnol, ond gallai'r adeiladwaith o glwydi basgedwaith awgrymu, yn hytrach, nad oedd modd cael gafael ar goed da.

Yn sicr, byddai'r mwyafrif, os nad y cyfan, o'r

Wig-wen-fach
Llanerchaeron, Cardiganshire

Some historic properties are too delicate to suit conversion to modern dwellings, and such is the case at Wig-wen-fach. This simple vernacular building started life as two or three cottages for estate workers on the Llanerchaeron estate (or one of its estate farms). Unlike nearby Pontbrenmydr there are no associated outbuildings that would have allowed a degree of self-sufficiency for the original occupants.

Wig-wen-fach was empty for decades before being left to the National Trust in 1989 – the smoke-blackened interior of one end of the building appears to have been virtually untouched for over a century. The original wall surface, floor, wickerwork chimney and underthatch survive in a delicate but original condition.

An unusual plastered wickerwork partition wall under the croglofft may indicate that Wig-wen-fach is one of the earlier surviving Cardiganshire cottages, dating from before 1800 – internal partitions are more commonly constructed using rustic boards (often in an 'in-and-out' type as at Troedrhiwfallen, Cribyn), though the wickerwork hurdle construction might instead reflect a lack of access to good timber.

Certainly most, if not all, of the building

Wig-wen-fach

defnyddiau adeiladu wedi bod ar gael yn ddigon rhad yn lleol – tynnid polion o'r perthi i greu'r simnai a fframwaith y to, eithin o'r caeau ar gyfer y defnydd o dan y to, a phridd a cherrig o'r caeau i godi'r waliau. Bydd penderfyniad doeth yr Ymddiriedolaeth i beidio â datblygu'r bwthyn ond i ganiatáu mynediad iddo drwy apwyntiad yn diogelu'r nodweddion bregus ond hynod ddiddorol sydd yno.

Cardiganshire County History III, ffigur 92.

materials would have been available at little or no cost in the vicinity – poles from hedges for the chimney and roof structure, gorse from the fields for the underthatch, earth and field stone for the walls. The enlightened decision not to develop the cottage but to allow access by appointment will preserve the fragile features, which are of great interest.

Cardiganshire County History III, fig. 92.

Pwllmelyn
Y Rhiw, Penrhyn Llŷn

Am fod llawer o fythynnod mor fach nes bod yn annigonol o ran disgwyliadau modern, y duedd yw newid mwy arnynt nag ar unrhyw fath arall o adeilad yng Nghymru. Bellach, defnyddir llawer o'r rhai sydd wedi cadw eu ffurf wreiddiol yn fythynnod haf am nad yw dygymod â cheginau bach, ystafelloedd ymolchi bach a phrinder o ystafelloedd gwely am egwyl fer oddi cartref mor bwysig ag y byddai i lawer o bobl yn eu bywydau bob-dydd.

Mae Pwllmelyn yn nodweddiadol o'r don newydd o geisio addasu bythynnod heb ddifetha'r adeilad gwreiddiol. Yma, mae'r tai allan wedi'u ymgorffori'n ofalus ym mhatrwm mewnol y bwthyn heb i hynny amharu dim ar ei olwg allanol. Ystafell wely yw'r hen feudy bellach a throwyd y twlc yn ystafell ymolchi. Mae'r ffenestri bach wedi'u cadw ac mae'r fframiau pren modern yn cydweddu'n berffaith â'r rhai gwreiddiol. Yn wir, gellid byw'n barhaol yn y bwthyn bach hwn am ei fod yn hawdd ei wresogi ac felly'n gartref deniadol a chynaliadwy ar gyfer yr unfed ganrif ar hugain.

Pontbrenmydr
Llanerchaeron, Sir Aberteifi

Mae Pontbrenmydr yn un o sawl bwthyn brodorol ar ystâd Llanerchaeron, ac mae'n debyg iddo gael ei godi cyn fila John Nash a welir yng nghanol yr ystâd heddiw. Yn wahanol i'r plasty clasurol ei arddull

Pwllmelyn
Rhiw, Llŷn Peninsula

Cottages tend to be the most changed of Welsh building types, as their small size often makes them incompatible with modern expectations. Of those that have retained their original form many are now used as holiday cottages, as having small kitchens, bathrooms and few bedrooms for a short break away from home is not as important as it would be for many people in their everyday life.

Pwllmelyn is typical of the new wave of cottage conversions that has been led by the preservation of the original building. Here the adjoining outbuildings have been carefully included within the internal layout of the cottage without detracting from the external appearance. The former cowshed is now a bedroom and the pigsty has become a bathroom. Small windows have been retained, and modern timber replacements match the originals exactly. The cottage could in fact be lived in full-time, its small size making it easy to heat and an attractive and sustainable home for the twenty-first century.

Pontbrenmydr
Llanerchaeron, Cardiganshire

Pontbrenmydr is one of several vernacular cottages on the Llanerchaeron estate, and it is likely that it predates John Nash's villa, at the heart of the estate today. Unlike the classically-inspired mansion,

– nad oes fawr o gysylltiad rhyngddo ac arddulliau pensaernïol rhanbarthol – adeilad cwbl 'leol' yw Pontbrenmydr. Cafodd ei godi o glom a cherrig, a nenffyrch sgarff sy'n cynnal y to gwellt (sydd bellach a sinc drosto). Mae'n 'glasur' ynddo'i hun, ond yn perthyn i'r math o fwthyn a geid yn gyffredin yn Nyffryn Aeron.

Er bod y mwyafrif o fythynnod brodorol fel petaent yn gogwyddo at y ffurf Sioraidd gymesur drwy fod â drws canol a ffenestr bob ochr iddo, gwahanol yw ffurf Pontbrenmydr. Mae'n adeilad hir ac isel ac fe eir i mewn iddo o'r talcen, ochr yn ochr â'r brif aelwyd goginio. Mae'n debyg mai cyn 1800 y codwyd bythynnod o'r math hwn sydd â mynediad iddynt yn y pen.

Ym mhen pellaf y bwthyn o'r fynedfa mae'r hen feudy (sydd bellach wedi'i droi'n ystafell

which owes little to regional architectural styles, Pontbrenmydr is entirely a 'local' building. Clom and stone built, with scarfed crucks supporting a thatch roof (now under tin), it is a 'classic' itself, but of the Vale of Aeron type.

Most vernacular cottages seem to nod to the Georgian symmetrical form with a central doorway balanced by a window either side, but Pontbrenmydr has a different form. The building is long and low, with the cottage entered from the gable end alongside the main cooking hearth. Cottages of this 'end entry' type seem to date from before 1800.

At the other end of the cottage from the entrance are the former cowshed (now converted to a bathroom but retaining the stalls), other attached outbuildings (also now converted) and pigsties. The National Trust (with the advice of Martin Davies) restored this building and decided to retain the 'tin' corrugated-iron roof in recognition of its importance in the local building tradition (they have even built their Visitor Centre on the estate using the same material). Several layers of the original thatch still poke out at eaves level, preserved for the future as a record of former vernacular building practice.

Cardiganshire County History III, fig. 93e.

Pontbrenmydr

ymolchi ond yn cadw'r corau), tai allan cysylltiedig eraill (sydd hefyd wedi'u haddasu) a thylciau. Wrth adfer yr adeilad (ac ar sail cyngor Martin Davies) penderfynodd yr Ymddiriedolaeth Genedlaethol gadw'r to sinc oherwydd ei bwysigrwydd yn y traddodiad adeiladu lleol (maent hyd yn oed wedi defnyddio'r un defnydd wrth godi eu Canolfan Ymwelwyr ar yr ystâd). Mae sawl haen o'r gwellt gwreiddiol yn dal i ymestyn allan ar lefel y bargodion ac felly'n diogelu cofnod o hen arfer adeiladu brodorol.

Cardiganshire County History III, ffigur 93e.

Nantwallter
Taliaris, Sir Gaerfyrddin (bellach yn Sain Ffagan)

Codwyd Nantwallter yn wreiddiol tua 1780 a'r bwthyn clom hwn, mae'n debyg, yw'r un symlaf a mwyaf gwladaidd o'r llu adeiladau sydd wedi'u hailgodi yn Sain Ffagan. Mae ychwanegiadau diweddarach (gan gynnwys ffenestri dormer) wedi'u hepgor wrth ail-greu'n ffyddlon hen fwthyn gweithiwr fferm. Cartref teuluol fyddai hwn am mai'r traddodiad oedd i weision dibriod gael llety yn y prif ffermdy a'r tai allan (cysgent, er enghraifft, yn y daflod ond caent eu bwyd yng nghegin y ffermdy).

Yn ei hanfod, gofod agored yw tu mewn y bwthyn ond mae yno bared i wahanu'r man byw a'r man cysgu. Ar hyd ysgol amrwd y dringid i'r groglofft ac yno, hwyrach, y byddai'r plant wedi cysgu. Ym misoedd oer y gaeaf, efallai y byddai'r

Nantwallter
Taliaris, Carmarthenshire (now at St Fagans)

Originally built around 1780, Nantwallter is a clom cottage that is probably the most simple and rustic of the many buildings that have been re-erected at St Fagans. Later additions (including dormer windows) have been removed in this faithful recreation of a farm labourer's cottage. It would have been a family home, as unmarried farm labourers traditionally would have been accommodated in the main farmhouse and outbuildings (for example sleeping in hay-lofts, but eating in the farm kitchen).

Internally the cottage is essentially one open space but with a partition wall separating off the sleeping area. A rustic ladder provides access to a croglofft (half-loft) which may have been where the children slept. In colder months it is possible that the whole family would have migrated closer to the fire

Nantwallter

teulu cyfan wedi nesáu at y tân gyda'r nos ac wedi cysgu ar wellt ar y llawr pridd. Fel arall, byddent wedi defnyddio sachau neu flancedi rhag y drafftiau o amgylch y gwelyau pyst.

Yr unig eitem annodweddiadol yw'r lle tân oherwydd ei fod yn ymwthio y tu allan i wal y talcen, ond mae ffurf ei fasgedwaith a'r simnai gwellt yn nodweddiadol o'r hyn y byddai rhywun yn disgwyl ei weld mewn bwthyn yn y gorllewin. Er bod golwg y bwthyn a'i ardd gynhyrchiol yn apelio at ein chwaeth ni heddiw, digon prin fyddai'r cysur yno 'slawer dydd.

Y Bwthyn Cymreig, ffigurau 9, 85,139.

Melincoed
Abermeurig, Sir Aberteifi

Er bod adeiladau o bridd i'w cael yn gyffredin mewn llawer rhan o Gymru gynt, mae'n debyg mai yn Nyffryn Aeron rhwng Llanbedr Pont Steffan ac Aberaeron y ceir y crynodiad mwyaf o fythynnod clom (mwd). Mae Sir Aberteifi yn nodedig am na cheir fawr o dai cynnar (cyn 1700) ac un esboniad posibl yw mai hofelau syml o bridd oedd llawer o'r adeiladau cynnar a bod bythynnod wedi'u codi yn eu lle. Fel rheol, cysylltir clom ag adeiladau to gwellt brodorol ac adeiladwyd tu blaen 'ffurfiol' o gerrig i rai ohonynt (fel Panteg, Gibeon, Sir Gaerfyrddin). Oherwydd i bob un ohonynt gael ei godi ar lwyfan isel o gerrig, mae hynny'n siŵr o fod wedi helpu i'w diogelu.

Er nad hofel oedd Melincoed – byddai wedi bod yn gartref bach ond parchus i'r teulu a gadwai'r

at night, sleeping on straw on the beaten earth floor. Otherwise, sacking or blankets would have been used to reduce draughts around the post beds.

The only feature that is not typical is the fireplace, which projects outside the gable wall, though its wickerwork form and thatched chimney are what is expected in a west Wales cottage. Although the cottage set in its productive garden is charming to the modern eye, life here would have included few comforts.

The Welsh Cottage, figs. 9, 85,139.

Melincoed
Abermeurig, Cardiganshire

Although earth-built buildings were once common in many areas of Wales, the Vale of Aeron between Lampeter and Aberaeron seems to contain the largest surviving concentration of cottages of 'clom' (the Welsh term for clay or 'cob' walls). Cardiganshire is notable for a general absence of early (pre-1700) houses and one explanation for this is that many early buildings may have been simple earth-built hovels and have been replaced. Clom is usually associated with thatched vernacular buildings, and some (such as Panteg, Gibeon, Carmarthenshire) were built with a 'formal' stone front. All are raised on a low stone plinth which has doubtless aided their preservation.

Melincoed is not a hovel – it would have been a small but respectable home for the family that ran the

felin gerllaw – y mae ymhlith yr adeiladau mwyaf diymhongar sydd i'w gweld ar dirwedd Cymru. Codwyd y cyfan ohono o glom (mwd) a defnyddir technegau gwreiddiol a thraddodiadol wrth ei adfer. Nenffyrch sgarff sy'n cynnal y to gwellt (sydd â sinc drosto ar hyn o bryd) ac mae fframwaith arbennig o amrwd y to yn awgrymu ei fod yn un o'r rhai cynharaf sydd wedi goroesi o'r cyfnod cyn 1800. Ymhlith bythynnod clom eraill sy'n goroesi yn yr un dyffryn mae Ffynnon-oer yn Temple Bar (hwnnw hefyd â tho gwellt) ac o leiaf un ffermdy deulawr.

Llainfadyn
Rhostryfan Gwynedd (bellach yn Sain Ffagan)

Er mai rhywbryd rhwng 1750 a 1850, mae'n debyg, y codwyd y mwyafrif o fythynnod traddodiadol Cymru, gall fod yn anodd priodoli dyddiad pendant iddynt. Y duedd yw i goed y fframwaith ynddynt fod yn rhy denau i'w dyddio'n llwyddiannus ar sail eu blwyddgylchau, ac os nad oes tystiolaeth ddogfennol dda does dim modd gwneud mwy na sylwadau cyffredinol fel 'mae i'w weld ar fap cynharaf Argraffiad Cyntaf yr Arolwg Ordnans' neu 'mae'n perthyn, mae'n debyg, i fath o dŷ a godwyd yn y ddeunawfed ganrif'.

Eithriad i'r rheol honno yw Llainfadyn oherwydd fod y dyddiad 1762 wedi'i gerfio ar ochr dde capan y lle tân. Er y gall dyddiadau o'r fath gofnodi priodasau a digwyddiadau eraill weithiau, mae 1762 fel petai'n taro ar gyfer codi'r bwthyn hwn i weithiwr chwarel. Ac er bod Llainfadyn yn fwthyn

adjacent mill – but it is among the humbler buildings to be seen in the Welsh landscape. Built entirely from clom, it is being restored using traditional and original techniques. The thatched roof (currently under tin) is supported by scarfed crucks, and the particularly rustic roof structure suggests that this is one of the earlier pre-1800 survivors. Other clom cottages such as Ffynnon-oer at Temple Bar (also thatched), and at least one storeyed clom farmhouse, survive in the same valley.

Llainfadyn
Rhostryfan, Gwynedd (now at St Fagans)

Although the majority of traditional cottages in Wales seem to date from somewhere between 1750 and 1850, giving them an exact date can be difficult. Structural timbers tend to be too slight for successful tree-ring dating, and unless there is good documentary evidence it is only possible to make such generalised statements as 'shown on earliest Ordnance Survey First Edition map' or 'appears to be of eighteenth-century type'.

Llainfadyn is an exception to the rule as it has a date carved on the right-hand side of the fireplace lintel – 1762. Although such dates can sometimes be records of marriages and other events, it seems about right for the construction of this quarry-worker's cottage. The cottage is smaller in size than Cae'r-gors, but Llainfadyn originally also had its own detached byre, pigsty, and wash-house. These were similarly built using large

llai ei faint na Chae'r Gors, yr oedd iddo feudy, twlc a golchdy ar wahân yn wreiddiol. Cafodd y rheiny eu codi mewn dull tebyg, sef o glogfeini mawr o'r mynydd, a'u toi â llechi bach lleol wedi eu torri â llaw.

Pryd a gwedd y bwthyn tua diwedd y bedwaredd ganrif ar bymtheg a ddangosir heddiw, ac mae ansawdd y celfi'n adlewyrchu'r cyflog cymharol dda a gâi'r gweithiwr chwarel. Rhaid oedd cydbwyso incwm y chwarelwr â pheryglon ei alwedigaeth oherwydd roedd damweiniau angheuol yn y chwarel yn ddigwyddiad cyffredin. Er bod gan y teulu yn Llainfadyn safon byw lawer uwch, dyweder, nag un y gweision fferm yn Nantwallter, mae'n debyg y byddai waliau pridd a tho gwellt Nantwallter wedi cadw'r trigolion yno'n fwy clyd yn y gaeaf.

Fron-deg
Y Rhiw, Penrhyn Llŷn

Mae bythynnod gwledig gwasgaredig wedi goroesi'n dda, at ei gilydd, mewn dwy ran o Gymru, sef gogledd Sir Benfro a Phenrhyn Llŷn. Ceir y rhan fwyaf o'r bythynnod sydd wedi'u diogelu orau ymhellach yng ngorllewin Penrhyn Llŷn, ac ar ystâd Plas-yn-Rhiw (sydd bellach yn eiddo i'r Ymddiriedolaeth Genedlaethol) ceir sawl enghraifft wreiddiol a da a godwyd yn ail hanner y bedwaredd ganrif ar bymtheg. Gall gwasgariad ymddangosiadol ddi-drefn y bythynnod ar draws ochrau'r bryniau ddeillio o'r ffaith fod rhai ohonynt yn dai unnos er mor solet a pharhaol yr olwg ydynt i gyd erbyn hyn. Nododd y Comisiwn Brenhinol ym 1893 fod 'cryn

mountain boulders and were roofed with small hand-cut local slates.

The cottage is displayed as it would have appeared towards the end of the nineteenth century, and the good-quality furniture reflects the relatively well-paid occupation of the quarry worker. The income of the quarryman had to be balanced against the dangers of the profession as fatalities at work were not uncommon. Although the family at Llainfadyn enjoyed a much better standard of living than, say, the farm labourers at Nantwallter, the earth-built walls and thatched roof at the latter would probably have made their home warmer in winter.

Fron-deg
Rhiw, Llŷn Peninsula

There are two areas of Wales where there is a good general survival of dispersed rural cottages – North Pembrokeshire and the Llŷn Peninsula. The better preserved cottages in Llŷn are generally found further west on the peninsula, and the Plas-yn-Rhiw estate (now owned by the National Trust) has several good, original examples dating from the second half of the nineteenth century. The apparently random dispersal of cottages over the hillside may echo the origins of some of them as *tai unnos* (literally 'one-night houses' or squatters' dwellings), though all of them today are solid and permanent rebuilds. The Royal Commission of 1893 noted that 'Within the last twenty years, very

Fron-deg: croglofft/
crogloft

wella wedi bod dros yr ugain mlynedd diwethaf yng nghyflwr anheddau gweithwyr yng Nghymru'.

Yn bendant, mae bythynnod ystâd Plas-yn-Rhiw yn perthyn i'r math 'gwell' hwnnw ac mae Fron-deg yn nodweddiadol ohonynt. Mae ynddo ddwy ystafell a llofft, ac mae'n fwthyn sydd wedi'i godi'n syndod o gelfydd a chadarn o gerrig lleol da. O ystyried ansawdd y gwaith maen a wnaed ar y waliau hyn a'r simneiau a'r arian y bu'n rhaid ei wario ar eu ffenestri codi, tybed pam na chodwyd bythynnod mwy o faint? Ond oherwydd fod simnai ym mhob pen iddynt, rhaid bod y bythynnod hynny'n gynnes a chlyd, hyd yn oed ganol gaeaf.

Mae rhai o fythynnod ystâd Plas-yn-Rhiw yn anarferol am fod i'r parlwr lawr pren crog (nodwedd sydd unwaith eto'n pwysleisio bod ansawdd yr adeiladu yma'n well na'r cyffredin), a bod y pared mewnol yn un solet yn hytrach nag yn un o goed. Datblygiad newydd yn Fron-deg yw bod dresel wedi'i hadeiladu'n gelfydd i gefn y pared bach wrth ddrws y ffrynt.

Engine Row
Gweithfeydd Haearn Blaenafon, Blaenafon, Sir Fynwy

Ar un adeg safai llu o dai teras cynnar y gweithwyr diwydiannol ar y dirwedd Treftadaeth Byd o amgylch Gweithfeydd Haearn Blaenafon. O fewn safle gwarcheidiaeth Cadw o'r Gweithfeydd Haearn eu hunain, gall ymwelwyr weld Stack Square (sy'n

considerable improvement has taken place in the condition of labourers' dwellings in Wales.'

The Plas-yn-Rhiw estate cottages are definitely of this better type. Fron-deg is typical: it has two rooms with a loft over, and is surprisingly well and solidly built from good local stone. Considering the quality of the stonework that went into these walls and their chimneys, and the money that must have been spent on their sash windows, one wonders why these cottages were not built larger. But with a chimney at each end these cottages must have been warm and comfortable, even in winter.

Some of the Plas-yn-Rhiw estate cottages are unusual in that the parlour has a suspended timber floor (a feature that again emphasises the better-than-average quality of the build), and in that the internal partition is solid rather than timber built. Fron-deg is novel in that it has a cleverly built-in dresser to the rear of the small partition by the front door.

Engine Row
Blaenavon Ironworks, Blaenafon, Monmouthshire

The World Heritage landscape around Blaenavon Ironworks once had many terraces of early industrial workers' housing. Within the Cadw guardianship site of the Ironworks itself visitors can view Stack Square (dressed as it would have been in the Second World War) and Engine Row which has two furnished cottages dressed as they may have looked in 1790 and 1841.

Engine Row

edrych yn union fel y byddai wedi bod adeg yr Ail Ryfel Byd) ac Engine Row lle mae dau fwthyn wedi'u dodrefnu yn null 1790 a 1841.

Yn Engine Row ceir teras twt o dai unffurf sy'n gymysgedd difyr o draddodiadau Cymreig a syniadau newydd o Orllewin Canolbarth Lloegr. Mae'r waliau rwbel gwyngalchog a'r grisiau murol yn adlewyrchu'r traddodiadau brodorol lleol, ond amlygir eu cysylltiadau diwydiannol gan ffurf reolaidd y tai a'u simneiau o frics a'r ffenestri o haearn bwrw â bwâu segment. Ym mhen y rhes safai siop y cwmni.

Cymerwyd gofal mawr wrth arddangos y bythynnod hyn. Fel y dengys ffurflenni cyfrifiad

Engine Row is a neat terrace of uniform houses and an interesting mix of Welsh traditions and new ideas brought from the West Midlands. The random rubble lime-washed walls and mural stairs reflect local vernacular traditions, yet the regularity of the houses and their brick chimneys and segmentally-arched cast-iron windows reveal their industrial associations. The company shop sat at the end of the row.

Great care has gone into displaying these cottages. As the census returns of 1841 reinforce, the early occupants would have been migrants – the residents in No.1 from the established Midlands

1841, ymfudwyr oedd y trigolion cynnar – daethai preswylwyr tŷ rhif 1 o waith haearn yng Nghanolbarth Lloegr a theulu tŷ rhif 2 o Sir Corc yn Iwerddon. Wrth ail-greu tu mewn y bythynnod, barnwyd bod y teulu yn rhif 2 wedi dod â chelfi gwledig gyda nhw o Iwerddon, a'r rheiny'n edrych ychydig yn anghyffyrddus yn eu cyd-destun newydd yng Nghymru. Ar waliau eu hystafelloedd gwely ceir copïau hynafol o bapurau newydd Corc. Defnyddir gofod yn effeithlon yn y cartrefi syml hyn, ac yn y bedwaredd ganrif ar bymtheg codwyd miloedd ar filoedd o dai teras tebyg, neu addasiadau ohonynt, ar hyd a lled ardaloedd diwydiannol Cymru.

Cae'r-gors
Rhosgadfan, Sir Gaernarfon

Er mai oherwydd i'r llenor Kate Roberts (1891–1985) fyw yng Nghae'r-gors yn blentyn yr aethpwyd ati i ddiogelu ac adfer y tyddyn hwn, mae'n bwysig fel mynegiant o ffordd o fyw gweithwyr y chwareli llechi yn niwedd y bedwaredd ganrif ar bymtheg. Brithir bryniau ardal Rhosgadfan â thyddynnod fel Cae'r-gors, ac mae llawer ohonynt wedi'u hestyn a'u moderneiddio. Yn wahanol i lawer ardal lle codwyd cartrefi pwrpasol i'r gweithwyr diwydiannol, trigai teuluoedd y chwarelwyr yma mewn bythynnod bach unigol a bythynnod pâr digon gwledig eu golwg.

Er bod tu blaen Cae'r-gors yn awgrymu bod iddo gynllun arferol bwthyn dwy-ystafell a beudy ynghlwm wrtho, o fynd i mewn fe wêl yr ymwelydd batrwm anarferol i fwthyn, sef ei fod yn ddwy ystafell o

ironworks and the family at No.2. from County Cork, Ireland. In the re-creation the latter are assumed to have brought with them Irish country furniture that looks slightly out of place in its new Welsh context, and their bedroom walls are papered with antique copies of Cork newspapers. The use of space in these simple homes is efficient, and similar if modified versions of these terraced homes were constructed in their thousand across industrial Wales in the nineteenth century.

Cae'r-gors
Rhosgadfan, Caernarfonshire

It is because the author Kate Roberts (1891–1985) lived at Cae'r-gors that this *tyddyn* or smallholder's cottage has been preserved and restored, but it is important as an expression of the way of life of slate quarry workers at the end of the nineteenth century. The hillside around Rhosgadfan is littered with cottage small-holdings like Cae'r-gors, though many have been extended and modernised. Unlike many areas where there were purpose-built homes for the industrial workers, here the quarry families occupied small detached and semi-detached cottages that are essentially rural in appearance.

The front elevation of Cae'r-gors suggests a typical two-room cottage plan with attached byre, but once inside the visitor sees that the cottage is, unusually, two rooms deep. The ubiquitous *cegin/parlwr* (kitchen/parlour) arrangement is still present at the front of the house, but it is supplemented by

ddyfnder. Yn ogystal â'r gegin/parlwr arferol yn nhu blaen y tŷ, ceir ynddo ail ystafell wely a llaethdy yn ogystal â llofft bach bach uwchben y parlwr. Byddai'r teulu wedi ennill ei incwm o'r chwarel a thrwy ofalu am ychydig erwau o dir yn union y tu ôl i'r bwthyn – tir digon llwm, fel yr awgryma'r enw Cae'r-gors. Dangosir y tu mewn fel y gallai fod wedi edrych adeg plentyndod Kate Roberts ar ddechrau'r ugeinfed ganrif, ac yn oes Victoria y gwnaed y rhan fwyaf o'r dodrefn sydd yno. Rhaid bod bywyd wedi bod yn galed ar y llethr wyntog hon. Fel yr ysgrifennodd Kate Roberts yn ei hunangofiant, *Y Lôn Wen* (1960):

> Pobl yn ymladd yn erbyn tlodi oedd pobl fy nghyfnod i ... Ni welsom erioed gyfoeth, ond cawsom gyfoeth na all neb ei ddwyn oddi arnom, cyfoeth iaith a diwylliant.

Houses of the Welsh Countryside, ffigur184d.

a second bedroom and a dairy as well as a tiny loft over the parlour. The family would have made its income from the quarry as well as tending the few acres of land immediately beside the cottage, which, as the name Cae'r-gors (Marsh Field) suggests, was not of the best quality. The interior has been displayed as it may have looked in Kate Roberts's day in the early twentieth century, with most of the furnishings Victorian in origin. Life must have been difficult on this windswept slope. As Kate Roberts wrote in her autobiography, *Y Lôn Wen* (1960):

> 'The people of my time were people fighting against poverty... we never saw wealth, but we had a wealth that nobody could take away from us, the wealth of language and culture.

Houses of the Welsh Countryside, fig.184d.

Cae'r-gors

Cae'r-gors: y tu allan a golygfa o'r awyr. Lluniau sydd wedi eu cynhyrchu gan gyfrifiadur yn arbennig gan y Comisiwn Brenhinol a See 3D ar gyfer y gyfres deledu *Cartrefi Cefn Gwlad Cymru* ar S4C

Cae'r-gors: exterior and aerial view. Computer generated pictures created especially by the Royal Commission and See 3D for the television series *Cartrefi Cefn Gwlad Cymru* on S4C.

Tŷ-draw

8 Achub Tai: darn o hunangofiant Peter Smith
Saving Houses: an extract from a memoir by Peter Smith

Un o bleserau mwyaf edrych yn ôl yw meddwl am yr adeiladau y cefais i ryw ran yn y broses o'u hachub.

Tŷ-draw
Llanarmon Mynydd Mawr, Sir Ddinbych

Ym 1955 buom ar wyliau yng nghwmni ffotograffydd y Cofnod Adeiladau Cenedlaethol, Bernard Mason a'i wraig, ym Mhant-glas-uchaf ger Clynnog. Soniodd ef wrthyf am dŷ nenfforch hynod ddiddorol, sef Tŷ-draw, ym mhlwyf Llanarmon Mynydd Mawr yn ne Sir Ddinbych. Credai y dylwn fynd yno i'w weld. Llwyddais, felly, i gael fy rhyddhau o waith yr *Inventory* a mynd i weld y tŷ nenfforch ac iddo rai manylion hynod brydferth, yn enwedig y drysau pigfain ym mhared y llwyfan a'r cwpl canolog â'i fwâu cynhaliol – cwpl a ymgorfforai bwyslathau cysbedig dros y neuadd. Yno hefyd roedd pared cyntedd a barodd benbleth fawr i mi am fod ynddo baneli hir, agored a llorweddol ryw bedair troedfedd uwchlaw'r llawr. Yn ddiweddarach, a'r adeilad yn wag ers tro byd, dangosais ef i Arglwydd Rhaglan a'r Athro Cordingley. Ffrwyth hynny

One of the greatest pleasures in looking back is reflecting on the buildings I had some part in saving.

Tŷ-draw
Llanarmon Mynydd Mawr, Denbighshire

In 1955 we had a holiday in the company of the National Building Record's photographer, Bernard Mason and his wife, at Pant-glas-uchaf near Clynnog, and he told me of a fascinating cruck-framed house, Tŷ-draw, in the south Denbighshire parish of Llanarmon Mynnydd Mawr, which he thought I ought to look at. So I managed to secure release from the Inventory routine and saw a cruck-framed house with some really beautiful detail, notably pointed doorways in the dais partition, an archbraced central truss incorporating cusped struts over the hall as well as a passage-partition which puzzled me greatly as it incorporated long horizontal open panels situated at about four feet above the floor. I later showed this long-empty building to Lord Raglan and Professor Cordingley and we came up with the far-fetched and, as I

oedd llunio damcaniaeth go annhebygol, a chwbl gyfeiliornus yn fy marn i, sef na chawsai'r tŷ erioed mo'i orffen oherwydd cychwyn gwrthryfel Glyndŵr. Bellach, diolch i ddendrocronoleg, gwyddom iddo gael ei adeiladu ymhell ar ôl gwrthryfel Glyndŵr ac ar adeg tua diwedd y bymthegfed ganrif pan oedd Cymru'n bur lewyrchus. Erbyn hyn, rydym hefyd yn eithaf siŵr bod y paneli agored yn arwyddion o lwybr bwydo (syniad a gynigiwyd gyntaf gan Stanley Jones), bod yr ystafell allanol arfer bod yn feudy, ac iddo fod yn 'dŷ hir' gynt. Ond yr oedd y tŷ, fel y dywedodd yr Athro Cordingley, yn 'adeilad bach hyfryd'. Dyma anfon at Arglwydd Rhaglan lythyr y bwriadwn iddo fod yn un cyfrinachol. Ynddo, awgrymais y byddai'r tŷ'n gaffaeliad gwych i'r Amgueddfa Werin ac, i mi, yn llawer gwell coffadwriaeth i grefftwyr Cymru na'r bwthyn o Sir Gaernarfon a oedd yn cael ei brynu i'r Amgueddfa ar y pryd. Gwaetha'r modd, dangosodd Arglwydd Rhaglan fy llythyr i Dr Peate a dyna, rwy'n ofni, gychwyn tipyn o straen yn fy mherthynas â Churadur Sain Ffagan. Er i Dr Peate edrych ar Tŷ-draw, ni wnaeth ddigon o argraff arno i wneud dim ynhylch ei gael i'r Amgueddfa. Rwy'n credu fy mod i erbyn hynny'n adnabod hen wlad ei dadau yn well mewn llawer ffordd nag yr oedd ef. Yma, ar hyd y gororau, ceid gwaith nad oedd fawr ddim i gyfateb iddo yn y gorllewin o ran oedran ac ansawdd. Petai'r naill neu'r llall ohonom wedi sylweddoli bod hwnnw'n dŷ hir cynnar iawn, efallai y byddai'r tŷ wedi apelio mwy ato fel ychwanegiad at yr Amgueddfa. Ond gyda chymorth Douglas Hague, fe gyhoeddon ni erthygl ddarluniedig yn *Archaeologia*

think, totally erroneous theory that the house had never been finished because of the outbreak of Glyndŵr's rebellion. We now know, thanks to dendrochronology, that it was built long after Glyndŵr's rebellion and in the midst of Wales' late-fifteenth-century prosperity. We are now also pretty sure that the open panels were indications of a feeding walk, an idea first mooted by Stanley Jones, that the outer room must have been a byre, and that it had been a "long-house". However, it was, as Professor Cordingley said, "a beautiful little building". I wrote to Lord Raglan what I intended to be a confidential letter suggesting it would be a splendid acquisition for the Welsh Folk Museum, and, to my mind, a much better monument to Welsh craftsmanship than the Caernarfonshire cottage then being acquired for the Museum. Lord Raglan unfortunately showed my letter to Dr Peate, and that I fear was the beginning of a strained relationship with the Curator of St. Fagans. Dr Peate looked at Tŷ-draw but was not sufficiently impressed to take any steps to obtain it for the Museum. I think that by then I knew the land of his fathers in many ways better than he did. Here, in the eastern borderland was work of an age and a quality rarely found in the west. Had either of us grasped that this was a very early long-house he might have looked more favourably on it as a Museum exhibit. However, with Douglas Hague's help we published an illustrated article in *Archaeologia Cambrensis* (1958), and now after the house had almost nodded to its ruin, a Shropshire architect, Graham Moss, is now with the help of

Cambrensis (1958) ac erbyn hyn, a'r tŷ bron â mynd â'i ben iddo, mae pensaer o Sir Amwythig, Graham Moss, wrthi gyda chymorth ein lluniadau yn ei adfer er mwyn gallu byw ynddo. Ond byddai'r tŷ wedi bod yn adeilad gwych i'w gael yn yr Amgueddfa gan mai hwn fyddai'r tŷ hynaf a chywreiniaf yno.

Y Garreg-fawr
Waunfawr, Sir Gaernarfon

Yna, diolch i 'nghyfeillion Mary (née Parry) a William Jones, bûm yn rhan o achub y Garreg-fawr, Waunfawr, Sir Gaernarfon. Fy nghyfraniad i oedd darbwyllo Moses Gruffydd, y tirfeddiannwr, i beidio â dymchwel y tŷ er mor adfydus oedd ei gyflwr. Cynigiodd ei fab, yr Athro Geraint Gruffydd, y tŷ i Sain Ffagan. Derbyniodd Trefor Owen ef ar ran yr Amgueddfa, ac un o ddyletswyddau cyntaf Eurwyn Wiliam oedd ei ailgodi. Pam y mae'r Garreg-fawr mor bwysig i mi? Am ei fod yn dangos nad oedd iwmyn Sir Gaernarfon, yn wahanol i lawer o rai'r de, yn byw mewn tai hirion, nac ychwaith mewn tai a allai fod wedi deillio mewn unrhyw ffordd o'r tŷ hir. Roedd iddo neuadd a dwy ystafell fach ar y llawr isaf a dwy siambr ar y llawr uchaf. Ceir y simneiau arferol yn y talcen, y naill yn simnai'r neuadd ar y llawr gwaelod a'r llall yn simnai'r siambr fewnol ar y llawr cyntaf, yn ogystal â chroes-gyntedd, drysau allanol a ffenestri pren di-wydr â myliynau diemwnt. Am unwaith, nid mater o 'mae'n ddiweddarach nag y byddech chi'n ei dybio' oedd hi ond cynharach! Awgrym petrus Fox cyn hynny oedd mai tua 1570 y codwyd y tŷ bychan hwn,

our drawings, restoring it for his own occupation. But what a splendid exhibit it would have made for the Museum, the oldest and most elegant house in the collection.

Y Garreg-fawr
Waunfawr, Caernarfonshire

I next was involved in the saving of Garreg-fawr, Waunfawr, Caernarfonshire, which was thanks to my friends Mary (née Parry) and William Jones. My contribution was persuading Moses Gruffydd, the landowner, not to pull it down, in spite of its very decrepit state. His son, Professor Geraint Gruffydd, offered it to St Fagans. Trefor Owen accepted it for the Museum, and it was amongst Eurwyn Wiliam's first duties to re-erect it. Why is Garreg-fawr so important to me? Because it shows that the yeomen farmers of Caernarfonshire did not, unlike many of their confreres in South Wales, live in long-houses, or in houses that could by any stretch of imagination be derived from a long-house. It consisted of a hall and two small rooms on the ground floor beneath two chambers upstairs. There are the usual gable-end chimneys, one to the hall on the ground floor, and one to the inner chamber on the first floor, as well as a surviving cross-passage, outer doorways and pre-glazing, diamond-mullioned wooden windows. And for once it was not 'later than you think' but earlier! Fox had hazarded a date of 1570 for this little house, but dendrochronology later suggested 1540 would have

ond yn ddiweddarach fe awgrymodd dendrocronoleg y byddai 1540 wedi bod yn nes ati. Mae'n dangos bod yr ymwrthod â'r tŷ neuadd canoloesol – nad oes ond ychydig ohonynt wedi goroesi yn Eryri o'i gymharu â'r rhai sydd wedi goroesi ar y gororau – wedi cychwyn, mae'n rhaid, yn eithaf cynnar. Ac mae'n dangos nad oedd ffermwyr sylweddol Sir Gaernarfon yn byw o dan yr unto â'u gwartheg. Bellach, mae'n adeilad gwych yn Sain Ffagan ac, i mi, yn gwneud peth iawn am golli Tŷ-draw!

Gweler tudalen 77

Plas-ucha
Llan-gar, Meirionnydd

Cymerodd y tŷ hwn fwy o'm hamser nag yr hoffwn gyfaddef. Tynnwyd fy sylw ato gan Ffrangcon Lloyd er i'r tŷ gael ei ddarlunio ynghynt mewn erthygl fer gan Leonard Monroe pan oedd yn gweithio i'r Comisiwn. Dyma'r tŷ a wnaeth ennyn fy niddordeb yn y tŷ â chwpl eil, tŷ y mae patrwm ei ddosbarthiad yng Nghymru yn un hynod iawn. Cawsai Plas-ucha ei brynu gan rywun a oedd wedi llygadu ynddo'r nenfwd o oes Elisabeth ynddo gan fwriadu ei symud i dŷ arall. Erbyn iddo symud y nenfwd, doedd ganddo fawr o ddiddordeb yn yr adeilad am fod ei gyflwr mor wael. Ond o leiaf gellid dweud iddo adfer y tŷ i'w olwg wreiddiol fel neuadd ganoloesol agored! Dywed dendrocronoleg wrthym bellach mai tua 1430 y adeiladwyd y tŷ. Gwnaeth ansawdd ei do, sef cymysgedd o adeiladwaith o nenffyrch a

been nearer the mark. It shows that the change away from the medieval hallhouse – of which few survive in Snowdonia compared with those that survive in the borderland – must have begun quite early. And it shows that substantial Caernarfonshire farmers were not living in the presence of their cattle. It now makes a splendid exhibit at St. Fagans and helps to make up for me for the non-appearance of Tŷ-draw there!

See page 77

Plas-ucha
Llangar, Merioneth

This house, which consumed more of my time than I care to admit, was drawn to my attention by Ffrangcon Lloyd, although it had earlier been illustrated by a short article by Leonard Monroe when he was working for the Commission. It aroused my interests in the aisle-truss house whose distribution pattern in Wales is quite remarkable. Plas-ucha had been purchased by someone whose only interest was the Elizabethan ceiling which he wished to acquire for removal to another house, and once he had removed the ceiling he had really no further interest in the building which by then was in a truly sorry state. But at least it could be said that he had restored the house to its original appearance as a medieval open hall! Dendrochronology now tells us that it must date from about 1430. I was so impressed by the quality of the surviving roof, a mixture of cruck and aisle-truss construction, that I made a

chyplau eil, gymaint o argraff arnaf nes i mi wneud adluniad uchelgeisiol iawn ohono a thynnu sylw'r awdurdodau at y perygl y gellid colli'r cyfan o un o dai canoloesol gwychaf Cymru. Bûm yn ffodus i gael gwybod am Ymddiriedolaeth Landmark, a dyma gysylltu â hwy. Un o'u polisïau yw prynu adeiladau hanesyddol i'w hadfer cyhyd â'u bod mewn mannau a fyddai'n apelio at y rhai sy'n chwilio am dŷ haf. Yn ffodus iawn, bodlonai Plas-ucha eu gofynion. Erbyn hyn, mae'r tŷ wedi'i adfer yn sensitif iawn. Ond oni bai i mi dynnu sylw at y lle a chodi stŵr amdano, go brin y byddai wedi'i arbed.

Gweler tudalen 26

Plas Cadwgan
Esclusham Isaf, Sir Ddinbych

Dyma dŷ hynafol arall ac iddo nenffyrch a chyplau eil. Deuthum ar ei draws gyntaf pan oedd yng nghanol fferm weithredol, a'i denantiaid yn ei werthfawrogi'n fwy na'i landlord. Euthum ati'n syth i sicrhau y câi ei restru'n adeilad Gradd I ac arbedodd hynny ef am gyfnod. Cawsai caniatâd i'w ddymchwel ei wrthod mewn ymchwiliad cyhoeddus, ond ni fu'r ymchwiliad heb ei ddigrifwch. Un o'r rhesymau a gynigiwyd gan gynrychiolydd yr awdurdod lleol dros ganiatáu ei ddymchwel oedd nad oedd iddo gwrs gwrth-leithder. Dyna pryd y tynnodd Ffrangcon Lloyd sylw at y ffaith nad oedd cwrs gwrth-leithder gan Gastell Caernarfon, ond na chawsai hynny ei gynnig yn rheswm dros ei ddymchwel!

very ambitious reconstruction drawing and drew the attention of the authorities to the danger of the total loss of one of the finest medieval houses in Wales. I was fortunate to learn of the existence of the Landmark Trust, which I contacted. The Landmark Trust has a policy of acquiring historic buildings for restoration providing they are in situations which would appeal to those looking for a holiday home, and happily Plas-ucha measured up to the Trust requirements. It has now been very sensitively restored. But I doubt whether without my drawing attention to the monument and making a fuss it would have been saved.

See page 26

Plas Cadwgan
Esclusham Below, Denbighshire

Plas Cadwgan was another ancient cruck and aisle-truss house. I first encountered it as the centre of a working farm, more appreciated by its tenants than by its landlord. I hastily got it listed as a Grade I building which saved it for a time. Permission to demolish had been refused at a public enquiry. The enquiry itself was not without its farcical moments. One of the reasons advanced by the representative of the local authority for allowing the demolition was that the house had no damp-proof course. At this point Ffrangcon Lloyd interjected to the effect that Caernarfon Castle had no damp-proof course, but that had not been advanced to argue for its demolition!

Plas Cadwgan cyn ei ddymchwel
Plas Cadwgan before demolition

Ond fe apeliodd y tirfeddiannwr, a phenderfyniad yr awdurdod uwch oedd gadael i'r tŷ fynd ar yr amod y cynigid unrhyw rannau arbennig o ddiddorol i amgueddfa. O glywed hynny, cysylltais â Freddie Charles ac fe ddarbwyllon ni Amgueddfa Adeiladau Avoncroft i dderbyn y trawst palis a'r nenfforch i'w hailgodi yn Avoncroft. Yno bellach y safant wedi i Gunolt Greimer eu datgymalu a'u hailgodi'n fedrus iawn a'u paentio'n hael. Saer o Fafaria oedd Gunolt. Roedd wedi ffoi i Loegr am na allai oddef llywodraeth Hitler a threuliodd gyfnod

However, the landowner appealed and the decision of higher authority was to let the house go providing any parts of particular interest were offered to a museum. On this I contacted Freddie Charles and we persuaded Avoncraft Museum of Buildings to accept the spere-truss and cruck truss for re-erection at Avoncroft where they now stand, dismantled and re-erected by Gunolt Greimer with great skill and paint. Gunolt was a Bavarian carpenter who, unable to swallow Hitler's regime, had fled to England, spent the war in

y rhyfel ar Ynys Manaw. Neilltuodd weddill ei oes i adfer hynafiaethau Prydain – stori gwbl ryfeddol ynddi'i hun. Ef oedd wedi gwneud y gwaith adfer ar Blas Ucha cyn ymwneud â Phlas Cadwgan.

Tŷ-gwyn
Abermo, Meirionnydd

Daethai fy ymgyrch i achub Plas-ucha â mi i gysylltiad â Chyngor Sir Meirionnydd, ac â'r Cyrnol Campbell, uwch-swyddog yn adran gyfreithiol y sir. Er mai'r gyfraith oedd galwedigaeth y Cyrnol, ei ddiléit mawr oedd adeiladau ac yr oedd ef, ar ei ben ei hun, wedi adfer tŷ hyfryd y Dduallt, tŷ sy'n haws ei gyrraedd ar Reilffordd Ffestiniog nag mewn car. Defnyddiais lun o'r tŷ ar wynebddalen liw fy llyfr. Fel rhai eraill a gawsai eu hudo gan hanes Meirionnydd, buasai'r Cyrnol yn awyddus i ddod o hyd i dŷ Gruffydd Fychan, y 'tŷ â'i hanner mewn tonnau', a ddisgrifiwyd yng nghywydd enwog Tudur Penllyn. Bu'n ystyried i gychwyn ai tŷ Gruffydd Fychan oedd y tŷ trawiadol â thŵr cloc a seleri fowtiog ar ynys ychydig i'r dwyrain o bont y rheilffordd yn Abermo. Edrychai'n addawol, ond ar ôl ymweld ag ef ni ches fy argyhoeddi. Cyn hir, cysylltodd y Cyrnol â mi eto i ddweud bod perchennog Tŷ-gwyn yn dymuno gwerthu'r lle am fod y tenant statudol ar fin gadael, a'i fod yn awr yn fodlon i ni archwilio tu mewn yr adeilad hynod. A ddown i? Roedden yn frwd dros unrhyw beth a ddygai atgofion o wyliau fy mhlentyndod i gof. Dyma fynd, felly, ac anelu'n syth (yn ôl fy arfer) am y to. Hwnnw a'm hargyhoeddodd yn y fan a'r lle

the Isle of Man and devoted the rest of his life to restoring British antiquities – a truly remarkable story in itself. He had carried out the restoration of Plas-ucha before dealing with Plas Cadwgan.

Tŷ-gwyn
Barmouth, Merioneth

My campaign to save Plas-ucha had brought me in contact with the Merioneth County Council, and with Colonel Campbell, a senior figure in the county's legal department. Though Colonel Campbell's profession was the law, buildings were his passion, and he had restored single-handed the delightful Dduallt, more easily accessible by the Ffestiniog Railway than by road, which I used for the colour frontispiece to my book. Like many others drawn to the history of Merioneth he had been anxious to identify for certain the house described in a famous Welsh poem by Tudur Penllyn, the house of Gruffydd Fychan, 'half-standing in the waves'. He first wondered if the picturesque house with the clock tower standing on an island just to the east of Barmouth railway bridge might be Gruffydd Fychan's house as it had some vaulted cellars that looked promising, but after a visit I was unconvinced. Not long afterwards the Colonel contacted me again to say that the owner of Tŷ-gwyn wished to sell it as the statutory tenant was about to leave, and that we had permission, previously withheld, to examine the interior of this rather strange building. Would I come? I responded enthusiastically to anything which revived

mai dyma'r Tŷ-gwyn a fu'n gyfrwng i Harri Tudur, ac yntau'n ddim ond Iarll Richmond, drafod gyda'i gefnogwyr ymhlith y Cymry. Ar sail fy honiad, prynodd y sir y tŷ oddi ar y perchennog (gŵr yr oedd si bod ganddo hawl nid yn unig ar goron Lloegr ond ar orsedd Persia, gan ychwanegu elfen ramantus arall at y stori). Er na allaf honni i mi achub Tŷ-gwyn yn yr union un ffordd ag yr arbedais y lleill rhag mynd i ddifancoll, o leiaf fe wnes i sicrhau ei ddyfodol a chadarnhau mai hwn oedd tŷ Gruffydd Fychan.

Tŷ-mawr
Castell Caereinion, Sir Drefaldwyn

Dyma'r olaf o fy nhai â chyplau eil, a'r mwyaf damweiniol o fy holl ddarganfyddiadau. Roeddwn i ar un o fy nheithiau Pasg gyda Cecil Owen. Roedd ein teithiau'n dibynnu ar ei wyliau ysgol ef, ac yn gyfle i ddifyrru fy meibion tra oeddent hwy ar eu gwyliau. Roedden nhw'n cael arian poced am bob nenfforch yr oedden nhw'n ei gweld! Wrth i ni yrru i lawr y bryn sy'n arwain i bentref Castell Caereinion ar ein ffordd i ymchwilio i gyfoeth adeiladau Dyffryn Meifod dyma sylwi ar adeiladwaith o haearn gwrymiog a oedd, fe'm trawodd i, yn debyg ei batrwm i ysguboriau gwenith Hampshire. Nid oeddwn eto wedi dod o hyd i ysgubor wenith hanesyddol ag eiliau yng Nghymru, felly, yn fy marn i, roedd yn werth edrych arni. Wrth fentro i mewn i'r adeiladwaith digon di-raen hwnnw, adeilad ac ynddo wartheg a gwair o hyd, tybiais yn wyllt fy mod i'n edrych ar adeilad ag eil. Nid ysgubor mohoni'n wreiddiol ond tŷ ac arno, yn ôl fy map,

memories of childhood holidays so I came, made (as usual) straight for the roof which convinced me at once that this must indeed be the house, Tŷ-gwyn, through which Henry Tudor, when still only Earl of Richmond, negotiated with his Welsh sympathisers. On the strength of my assertion the County bought the house from the then owner (rumoured to have been a claimant not to the English but the Peacock throne of Persia, which added another touch of romance to the story). I cannot claim that I saved Tŷ-gwyn quite in the same way I saved the others from certain destruction, but at least I placed its future on a secure basis, and its identification beyond doubt.

Tŷ-mawr
Castle Caereinion, Montgomeryshire

This was the last of my aisle-truss houses and the most accidental of all my discoveries. I was out on one of my Easter tours with Cecil Owen, for our travels depended on his school holidays, and were an opportunity for me to create a holiday diversion for my sons. They received pocket money for each cruck they spotted! We were driving down the hill leading to the village of Castle Caereinion on our way to explore the richly endowed Vale of Meifod when I noticed a corrugated-iron-roofed structure which struck me as having the proportions of a Hampshire aisled corn-barn. As I had not yet found an historic aisled corn barn in Wales I thought it worth a look. As I ventured inside this semi-derelict structure still partly occupied by cattle and hay, I saw with wild

Tŷ-mawr: y tu mewn ar ôl ei adfer, gan edrych tua phared y llwyfan a'r lle tân a ychwanegwyd
Tŷ-mawr: the restored interior looking towards the dais partition and the inserted fireplace

enw yr arferid ei roi' n gyffredin ar dai a fu'n bwysig gynt, sef 'Tŷ-mawr'. Anghofiwyd am ein bwriad i ymweld â Dyffryn Meifod. Gwnaethom arolwg o'r adfail orau y gallem a chael fod y fferm yn eiddo i ystâd Castell Powys. Roedd y tenant, Mr Hughes, wedi amau ei fod o beth diddordeb hynafiaethol ond wedi methu ennyn diddordeb neb ynddo. Ysgrifennais yn syth at Dr Mike Apted, Arolygydd Henebion Cymru ar y pryd, i ofyn am i'r adeilad gael ei restru a'i gofrestru. Ymatebodd ef yn syth i fy apêl. Yna, dyma geisio meddwl sut y gellid sicrhau y câi'r tŷ ei adfer, ac fe aeth i warcheidiaeth Cadw. Ansicr oedd dyddiad yr adeiladwaith. Yn y pen draw, fe'i dendro-ddyddiwyd gan Dan Miles, a chawsom wybod ei bod yn rhaid iddo fod wedi cael ei adeiladu ym 1461, ar ddechrau un yr Oes Iorcaidd. Fe gymerodd hi fwy o amser na'r oes Iorcaidd i'w adfer, ond fe wnaed hynny yn y pen draw ac yn goron ar bopeth fe'i henwebwyd yn 'Adeilad y Flwyddyn' gan Sefydliad Brenhinol y Syrfewyr Siartredig, achlysur gwych i Mike Garner, y pensaer a oedd yn gyfrifol am y gwaith adfer, ac i mi. Pleser ychwanegol oedd cael gwybod iddo guro'r Tate Modern, ymhlith ymgeiswyr eraill, am yr anrhydedd hwnnw. Roedd tŷ neuadd o'r bymthegfed ganrif yng Nghymru wedi trechu gorsaf bŵer a godwyd, er gwaethaf protestiadau'r cyhoedd, ar draws yr afon o eglwys gadeiriol St Paul yn yr ugeinfed ganrif. A minnau fel petawn i'n cofio llofnodi deiseb flynyddoedd yn ôl yn erbyn codi'r orsaf bŵer, pleser arbennig iawn oedd ei churo yng nghystadleuaeth 'Adeilad y Flwyddyn'.

Peter Smith

surmise that I was indeed looking at an aisled building, not originally a barn but a house, which, according to my map, still carried a name commonly bestowed on houses once important, 'Tŷ-mawr' or 'Great House'. The plan for a visit to the Vale of Meifod was abandoned. We surveyed the ruin as best we could, discovered it was on a farm belonging to the Powis Castle estate, and that the tenant, Mr Hughes, had suspected it was of some antiquarian interest, but had failed to interest anyone in it. I wrote at once to Dr Mike Apted, then Inspector of Ancient Monuments for Wales, to ask for it to be listed and scheduled to which appeal he immediately responded. We then tried to think of getting it restored and it passed into the guardianship of Cadw. The date of the structure was uncertain. It was eventually dendro-dated by Dan Miles, and we discovered that it must have been built in 1461, at the very beginning of the Yorkist Age. It took longer than the Yorkist age to get it restored, but that was finally achieved, and to crown everything it was nominated 'Building of the Year' by the Royal Institute of Chartered Surveyors, a great occasion both for the architect responsible for the restoration, Mike Garner, and for me. The fact that it had beaten Tate Modern amongst other candidates for this honour gave an added satisfaction. A fifteenth-century Welsh hallhouse had outshone a twentieth-century power-station, built in spite of public protest across the river from St Paul's. I seem to remember signing a petition years ago against building the power-station. Beating it for nomination as 'Building of the Year' gave an especial satisfaction.

Peter Smith

Darllen pellach

Peter Smith, *Houses of the Welsh Countryside: a Study in Historical Geography* (Llundain: Gwasg Ei Mawrhydi, 1975)

Peter Smith, *Houses of the Welsh Countryside: a Study in Historical Geography* (ail argraffiad, wedi'i helaethu, Llundain: Gwasg Ei Mawrhydi, 1988)

M. W. Barley a Peter Smith, *The Buildings of the Countryside. Chapters from the Agrarian History of England and Wales* (Caergrawnt, 1990).

Iorwerth C. Peate, *The Welsh House: a Study in Folk Culture* (1940 a 1944). Mae hwn wedi'i ailgyhoeddi gyda rhagymadrodd gan Greg Stevenson (Llanerch Press, 2004).

Eurwyn Wiliam, *Y Bwthyn Cymreig: Arferion Adeiladu Tlodion y Gymru Wledig* (CBHC, 2010)

Eurwyn Wiliam, *Welsh Long-houses: Four Centuries of Farming at Cilewent* (Caerdydd: Gwasg Prifysgol Cymru ac Amgueddfa Genedlaethol Cymru, 1992)

Eurwyn Wiliam, *The Historical Farm Buildings of Wales* (Caeredin, 1986)

Kathryn Davies, *Artisan Art: Vernacular Wall Paintings in the Welsh Marches, 1550–1650* (Logaston, 2008)

Môn
CBHC, *An Inventory of the Ancient Monuments in Anglesey* (Llundain: Gwasg Ei Mawrhydi, 1937).

Meirionnydd
Peter Smith, 'Houses *c.* 1415–1645' yn *The History of Merioneth, Volume II: The Middle Ages*, goln J. ac Ll. Beverley Smith (Caerdydd, 2001), tt. 422–506.

Peter Smith a Richard Suggett, 'Themes and variations in Merioneth: an essay on vernacular houses for Ron Brunskill', *Transactions of the Ancient Monuments Society* 46 (2002), tt. 55–82.

Morgannwg
CBHC, *Glamorgan Farmhouses and Cottages* (Llundain, 1988)

CBHC, *Glamorgan …The Greater Houses* (Llundain, 1981)

Bernard Morris, *Old Gower Farmhouses and their Families* (The Gower Society, 1998)

Sir Aberteifi
Peter Smith, 'The Rural Domestic Architecture: Ffermdy, Plas a Bwthyn' yn *The Cardiganshire County History, Vol. III: Cardiganshire in Modern Times*, goln Geraint H. Jenkins ac Ieuan Gwynedd Jones (Caerdydd, 1998), tt. 233–88.

Sir Benfro
Tony Parkinson, 'Medieval Domestic Architecture in Pembrokeshire' yn *Pembrokeshire County History, Vol. II: Medieval Pembrokeshire,* gol. R. F. Walker (Hwlffordd, 2002), tt. 548–86.

J. Romilly Allen, 'Old farm-houses with round chimneys near St David's', *Archaeologia Cambrensis* 1902, tt. 1–24.

Further reading

Peter Smith, *Houses of the Welsh Countryside: a Study in Historical Geography* (London: HMSO, 1975)

Peter Smith, *Houses of the Welsh Countryside: a Study in Historical Geography* (2nd enlarged edition, London: HMSO, 1988)

M. W. Barley & Peter Smith, *The Buildings of the Countryside. Chapters from the Agrarian History of England and Wales* (Cambridge, 1990).

Iorwerth C. Peate, *The Welsh House: a Study in Folk Culture* (1940 & 1944). This has been reissued with an introduction by Greg Stevenson (Llanerch Press, 2004).

Eurwyn Wiliam, *The Welsh Cottage: Building Traditions of the Rural Poor* (RCAHMW, 2010)

Eurwyn Wiliam, *Welsh Long-houses: Four Centuries of Farming at Cilewent* (Cardiff: University of Wales Press & National Museum of Wales, 1992)

Eurwyn Wiliam, *The Historical Farm Buildings of Wales* (Edinburgh, 1986)

Kathryn Davies, *Artisan Art: Vernacular Wall Paintings in the Welsh Marches, 1550–1650* (Logaston, 2008)

Anglesey
RCAHMW, *An Inventory of the Ancient Monuments in Anglesey* (London: HMSO, 1937).

Breconshire
S. R. Jones & J. T. Smith, 'The Houses of Breconshire', Parts I–IV, *Brycheiniog* IX (1963)–XII (1966/7).

Caernarfonshire
H. Hughes & H. J. North, *The Old Cottages of Snowdonia* (Bangor, 1908).

RCAHMW, *An Inventory of the Ancient Monuments in Caernarvonshire, Volumes I–III* (London: HMSO, 1956–64)

Cardiganshire
Peter Smith, 'The Rural Domestic Architecture: Ffermdy, Plas a Bwthyn' in *The Cardiganshire County History, Vol. III: Cardiganshire in Modern Times*, ed. Geraint H. Jenkins & Ieuan Gwynedd Jones (Cardiff, 1998), pp. 233–88.

Carmarthenshire
Peter Smith, 'Historical Domestic Architecture in Dyfed: an Outline' in Tudor Barnes & Nigel Yates (eds), *Carmarthenshire Studies: Essays Presented to Major Francis Jones* (Carmarthen, 1974), pp. 43–108.

Flintshire
M. Bevan-Evans & W. H. Jones, *Farmhouses and Cottages. An Introduction to Vernacular Architecture in Flintshire* (Hawarden, 1964)

Glamorgan
RCAHMW, *Glamorgan Farmhouses and Cottages* (London, 1988)

RCAHMW, *Glamorgan …The Greater Houses* (London, 1981)

Bernard Morris, *Old Gower Farmhouses and their Families* (The Gower Society, 1998)

Sir Gaerfyrddin
Peter Smith, 'Historical Domestic Architecture in Dyfed: an Outline' yn Tudor Barnes a Nigel Yates (goln), *Carmarthenshire Studies: Essays Presented to Major Francis Jones* (Caerfyrddin, 1974), tt. 43–108.

Sir Gaernarfon
H. Hughes ac H. J. North, *The Old Cottages of Snowdonia* (Bangor, 1908).
CBHC, *An Inventory of the Ancient Monuments in Caernarvonshire*, Volumes I–III (Llundain: Gwasg Ei Mawrhydi, 1956–64).

Sir Faesyfed
Harry Brooksby, 'The houses of Radnorshire', Rhannau I–VI, *The Transactions of the Radnorshire Society* XXXVIII (1968)–XLIII (1973).
Richard Suggett, *Houses and History in the March of Wales: Radnorshire 1400–1800* (Aberystwyth: CBHC, 2005).

Sir Frycheiniog
S. R. Jones a J. T. Smith, 'The Houses of Breconshire', Rhannau I–IV, *Brycheiniog* IX (1963)–XII (1966/7).

Sir Fynwy
Cyril Fox ac Arglwydd Rhaglan, *Monmouthshire Houses: a Study of Building Techniques and Smaller House-plans in the Fifteenth to Seventeenth Centuries*. Parts I–III (Caerdydd, Amgueddfa Genedlaethol Cymru, 1951–4)).

Sir y Fflint
M. Bevan-Evans a W. H. Jones, *Farmhouses and Cottages. An Introduction to Vernacular Architecture in Flintshire* (Hawarden, 1964).

Cyfres Buildings of Wales
Mae cyfrolau Pevsner *Buildings of Wales* yn cynnig gorolwg defnyddiol o bensaernïaeth ddomestig a disgrifiadau o safleoedd o bwys: *Powys* (1979); *Clwyd* (1986); *Glamorgan* (1995); *Gwent/Monmouthshire* (2000); *Pembrokeshire* (2004); *Carmarthenshire and Ceredigion* (2006); *Gwynedd* (2008).

Cyhoeddir dyddiadau blwyddgylchau yn flynyddol yn y cyfnodolyn *Vernacular Architecture* ac mae mynegai chwiliadwy ar gael ar-lein yn: http://ads.ahds.ac.uk/catalogue/specColl/vag_dendro/results.cfm. Mae rhestr gyfun o ddyddiadau blwyddgylchau Cymreig ar gael yn Richard Suggett, 'Dendrochronology: Progress and Prospects' yn C. S. Briggs (gol.), *Towards a Research Agenda for Welsh Archaeology* (BAR British Series 343, 2003), tt. 153–69.

Mae gwybodaeth i'w chael am amryw byd o safleoedd unigol ar Coflein, cronfa ddata ar-lein y CBHC: www.coflein.gov.uk

Cydnabyddiaeth:
℗ Hawlfraint y Goron Comisiwn Brenhinol Henebion Cymru ar y testun a'r lluniau oni nodir yn wahanol. Prif luniau'r safleoedd gan Iain Wright. Hoffwn ddiolch i Gwenda Griffith, Fflic ac S4C am ysgogi'r prosiect hwn gyda'u cyfres deledu. Diolch hefyd i Stephen Bailey-John, Susan Fielding, Gwenda Griffith, Neil Harries, Penny Icke, Berwyn Prys Jones, Ffion Jones, Aled Samuel, S4C, See 3D, Peter Smith am ei ganiatâd i gyhoeddi darnau o'i hunangofiant, Peter Wakelin, Eurwyn Wiliam, a'r perchnogion sydd wedi caniatáu i staff y Comisiwn gael mynediad i gartrefi cefn gwlad Cymru dros nifer o flynyddoedd.

Merioneth
Peter Smith, 'Houses c. 1415–1645' in *The History of Merioneth, Volume II: The Middle Ages*, ed. J. & Ll. Beverley Smith (Cardiff, 2001), pp. 422–506.
Peter Smith and Richard Suggett, 'Themes and variations in Merioneth: an essay on vernacular houses for Ron Brunskill', *Transactions of the Ancient Monuments Society* 46 (2002), pp. 55–82.

Monmouthshire
Cyril Fox and Lord Raglan, *Monmouthshire Houses: a Study of Building Techniques and Smaller House-plans in the Fifteenth to Seventeenth Centuries*. Parts I–III (Cardiff, National Museum of Wales, 1951–4)).

Pembrokeshire
Tony Parkinson, 'Medieval Domestic Architecture in Pembrokeshire' in *Pembrokeshire County History, Vol. II: Medieval Pembrokeshire*, ed. R. F. Walker (Haverfordwest, 2002), pp. 548–86.
J. Romilly Allen, 'Old farm-houses with round chimneys near St David's', *Archaeologia Cambrensis* 1902, pp. 1–24.

Radnorshire
Harry Brooksby, 'The houses of Radnorshire', Parts I–VI, *The Transactions of the Radnorshire Society* XXXVIII (1968)–XLIII (1973).
Richard Suggett, *Houses and History in the March of Wales: Radnorshire 1400–1800* (Aberystwyth: RCAHMW, 2005).

Buildings of Wales series
The volumes in the Pevsner *Buildings of Wales* series provide useful overviews of domestic architecture and descriptions of significant sites: *Powys* (1979); *Clwyd* (1986); *Glamorgan* (1995); *Gwent/Monmouthshire* (2000); *Pembrokeshire* (2004); *Carmarthenshire and Ceredigion* (2006); *Gwynedd* (2008).

Tree-ring dates are published annually in the journal *Vernacular Architecture* and a searchable index is available on-line: http://ads.ahds.ac.uk/catalogue/specColl/vag_dendro/results.cfm. A consolidated list of Welsh tree-ring dates is available in Richard Suggett, 'Dendrochronology: Progress and Prospects' in C. S. Briggs (ed.), *Towards a Research Agenda for Welsh Archaeology* (BAR British Series 343, 2003), pp. 153–69.

Information on numerous individual sites is available on RCAHMW's on-line database Coflein: www.coflein.gov.uk

Acknowledgement:
All images and text are Crown Copyright © Royal Commission on the Ancient and Historical Monuments of Wales unless otherwise stated. Principal site photography is by Iain Wright. We wish to thank Gwenda Griffith, Fflic and S4C for stimulating this project with their television series. Thanks are also due to Stephen Bailey-John, Susan Fielding, Gwenda Griffith, Neil Harries, Penny Icke, Berwyn Prys Jones, Ffion Jones, Aled Samuel, S4C, See 3D, Peter Smith for permission to publish extracts from his autobiography, Peter Wakelin, Eurwyn Wiliam, and the owners who have allowed Commission staff access to the houses of the Welsh countryside over many years.